Contemporánea

George Orwell (Motihari, India, 1903 - Londres, 1950), cuyo nombre real era Eric Blair, fue novelista, ensayista y periodista. Su corta vida resume muchos de los sueños y pesadillas del mundo occidental en el siglo xx, que también quedaron reflejados en su extensa obra. Nació en la India británica en el seno de una familia de clase media; estudió con una beca en el exclusivo colegio de Eton; sirvió en la Policía Imperial en ultramar (*Los días de Birmania*, 1934); volvió a Europa, donde vivió a salto de mata (*Sin blanca en París y Londres*, 1933); se trasladó a la Inglaterra rural y se dedicó brevemente a la docencia (*La hija del clérigo*, 1935); trabajó en una librería de lance (*Que no muera la aspidistra*, 1936); trabó conocimiento directo de la clase obrera inglesa y la explotación (*El camino a Wigan Pier*, 1937); luchó contra el fascismo en la guerra civil española (*Homenaje a Cataluña*, 1938); vislumbró el derrumbe del viejo mundo (*Subir a respirar*, 1939); colaboró en la BBC durante la Segunda Guerra Mundial; se consagró en el *Tribune* y el *Observer* como uno de los mejores prosistas de la lengua inglesa (entre su producción ensayística cabe destacar *El león y el unicornio y otros ensayos*, 1941); fabuló las perversiones del estalinismo (*Rebelión en la granja*, 1945) y advirtió sobre los nuevos tipos de sociedad hiperpolítica (*1984*, 1949). A pesar de su temprana muerte, llegó a ser la conciencia de una generación y una de las mentes más lúcidas que se han opuesto al totalitarismo.

George Orwell

Homenaje a Cataluña

Prólogo de
Miquel Berga

Traducción de
Miguel Temprano García

Papel certificado por el Forest Stewardship Council®

MIXTO
Papel procedente de
fuentes responsables
FSC® C117695
www.fsc.org

Penguin
Random House
Grupo Editorial

Título original: *Homage to Catalonia*

Cuarta edición: julio de 2014
Decimotercera reimpresión: febrero de 2022

© 1938, Eric Blair
© 1986, Herederos de Sonia Brownell Orwell
© 2011, de la presente edición en castellano para todo el mundo:
Penguin Random House Grupo Editorial, S. A. U.
Travessera de Gràcia, 47-49. 08021 Barcelona
© 2011, Miguel Temprano García, por la traducción
© 2011, Miquel Berga, por el prólogo

Printed in Spain – Impreso en España

ISBN: 978-84-9989-087-6
Depósito legal: B-32.778-2012

Compuesto en M. I. Maquetación, S. L.
Impreso en Liberdúplex
Sant Llorenç d'Hortons (Barcelona)

P 9 9 0 8 7 A

Prólogo

Orwell y sus editores:
apuntes para una historia políticamente sintomática

La breve pero intensa carrera literaria de Eric Blair empezó con un cierto pánico al fracaso y la adopción preventiva de un pseudónimo: George Orwell. El manuscrito de *Sin blanca por París y Londres*, completado en octubre de 1930, había acumulado rechazos en Jonathan Cape y en Faber & Faber. A Orwell le rondaban los treinta años y el terror de haber dado un rumbo equivocado a su vida apostando radicalmente por la literatura. Regaló el manuscrito a una amiga para no tener que tirarlo él mismo a la basura. Sin embargo, Mabel Fierz resultó ser una mujer sensata que mandó, por su cuenta y riesgo, la primera obra de Orwell al agente literario Leonard Moore. El agente se puso en contacto con el joven autor y le aseguró que aquel material era publicable. «Bueno, si por casualidad se lo aceptan en alguna parte, publíquenlo con un pseudónimo, no estoy muy orgulloso de mi trabajo», le contestó Orwell con su habitual facilidad para la autodevaluación. Sin reputación que perder y con la posibilidad de mantener el pseudónimo si, contra pronóstico, el libro funcionaba, Orwell esperó resultados. Llegaron en 1933 cuando Victor Gollancz, un editor de militancia izquierdista, leyó con interés un relato que parecía responder perfectamente a la demanda de realismo social y literatura documental que los efectos de la depresión económica de los años treinta alentaban.

Editor y agente escogieron George Orwell de la lista de posibles
pseudónimos que les había propuesto el autor. Todos igualmente
comunes y poco relucientes: P. S. Burton, Kenneth Miles o H.
Lewis Allways. Aunque George Orwell fuera un nombre llano (el
patrón del país, George, y el nombre de un pequeño río inglés sin
historia, Orwell), la argucia de escribir con pseudónimo acabó ge-
nerando fecundas posibilidades en la configuración de un astuto
narrador, un álter ego que supo explorar con eficacia el potencial
narrativo de las experiencias autobiográficas de Eric Blair.

   Victor Gollancz y Secker and Warburg iban a convertirse en las
dos editoriales que publicaron los libros de Orwell y que tuvieron
que lidiar con las incomodidades de todo tipo que les presentó un
autor controvertido, lúcido y tenaz, que nunca pudo evitar vivir y
escribir contra las corrientes dominantes de una época marcada por
extraordinarias turbulencias políticas y la masiva presencia de guerras atroces. En el período que va de 1933 a 1949, Orwell publicó
nueve libros y numerosos ensayos y artículos. A pesar de su muerte
prematura, a los cuarenta y seis años, el corpus orwelliano se percibe
como una presencia notable de alcance universal, como el corpus literario que ha ejercido, probablemente, una mayor influencia en las
percepciones políticas de generaciones de lectores. Tuvo el tiempo
justo de constatar que sus dos últimos libros (*Rebelión en la granja* y
Mil novecientos ochenta y cuatro) se convertían en éxitos editoriales in-
discutibles, pero la magnitud de su reconocimiento le llegó póstu-
mamente. La publicación de los cuatro volúmenes editados por Ian
Angus y Sonia Orwell en 1968 (*The Collected Essays, Journalism and
Letters of George Orwell*) dio la medida de su trayectoria y supuso un
acontecimiento editorial que incentivó la revalorización de la obra
de Orwell en su conjunto. George Steiner describió estos volúmenes
como «un lugar para la renovación de la imaginación moral».[1] Trein-

---

1. *New Yorker*, marzo de 1969.

ta años más tarde, la monumental y ejemplar edición de los veinte volúmenes de la obra completa que debemos a Peter Davison selló el alcance de la contribución de Orwell a la lengua inglesa.[2] No hay otro autor coetáneo en la literatura inglesa que haya sido escrutado con tanto interés: seis biografías completas y un sinfín de *memoirs* y estudios monográficos dedicados a un autor cuya producción bibliográfica se limitó a quince años. Tenemos, además, tres libros que ponen en perspectiva los avatares de sus dos editores: un estudio sobre los primeros cincuenta años del editor Gollancz[3] y las memorias, en dos entregas, de Frederick Warburg.[4] Puede, pues, darse noticia documentada de las reveladoras relaciones de Orwell con sus editores.

Aunque Gollancz valoró muy positivamente el primer libro de Orwell, un texto que consideraba «una denuncia extraordinariamente vigorosa y efectiva sobre las consecuencias del desempleo y las anomalías sociales actuales», expresó muchos reparos cuando el autor le ofreció su primera novela, *Los días de Birmania*. Gollancz se temía problemas graves de libelo instigados por la administración colonial británica ante una novela que leemos, ahora, como precozmente anticolonialista. Ante la negativa de Gollancz, Leonard Moore, su agente literario, buscó alternativas que solo se concretaron en Estados Unidos. La firma de Nueva York Harper Brothers publicó la novela en 1934. La publicación tuvo efectos sobre la decisión de Gollancz, que releyó el manuscrito y, con algún cambio menor, la novela vio finalmente la luz en el Reino Unido el 24 de junio de 1935. Gollancz publicó, también, las dos siguientes novelas de Orwell —*La hija del clérigo* y *Que no muera la aspidistra*—, obras

2. *The Complete Works of George Orwell*, Secker & Warburg, Londres, 1998.

3. Sheilla Hodges, *Gollancz, the Story of a Publishing House, 1928-1978*, Victor Gollancz, Londres, 1978.

4. Frederick Warburg, *An Occupation for Gentlemen*, Hutchinson, Londres, 1959 y *All Authors Are Equal*, Hutchinson, Londres, 1973.

que Orwell siempre consideró fallidas. En ambas el editor tuvo que
limar aspectos que le parecían, también, susceptibles de libelo. Recordando estos problemas iniciales, Sheilla Hodges escribió:

> No es que fuera deliberadamente difícil, sino todo lo contra-
> rio. El problema era que le costaba muchísimo, o bien darse cuen-
> ta de lo que significa el libelo en este país —a pesar de que le ex-
> plicamos reiteradamente la situación jurídica—, o bien calibrar los
> peligros muy reales que aquello implicaba.[5]

Los costes de acciones legales derivadas de acusaciones de difa-
mación o libelo podían acarrear, efectivamente, problemas graves
para una modesta editorial de izquierdas. El abogado de Gollancz,
Norman Collins, se lo intentó transmitir al joven autor rogándole,
con delicado tacto inglés, que viera el problema «a la luz de la extraordinaria legislación que sufrimos en este peculiar país».[6] A pesar
de estas dificultades, en 1937 Gollancz y Orwell firmaron un contrato por el que el editor tenía la primera opción de publicación de
sus dos siguientes obras de ficción.

Las tensiones entre Orwell y su editor iban a tomar un cariz
mucho más político cuando este le propuso visitar el norte indus-
trial de Inglaterra y documentar en un libro el ambiente social de
aquellas zonas castigadas por un «desempleo masivo». Durante los
dos primeros meses de 1936, Orwell viajó y tomó notas para lo que
iba a convertirse en *El camino a Wigan Pier*. A finales de año el libro
estaba listo, y para entonces Gollancz había creado el Left Book
Club, una especie de Club del Libro para consumo de literatura izquierdista. La iniciativa fue un éxito, y Gollancz propuso que *El camino a Wigan Pier* fuera el libro del mes de marzo de 1937 para los

5. Hodges, *op. cit.*, p. 107.
6. Peter Davison, *George Orwell: A Literary Life*, Macmillan, Londres, 1996,
p. 57.

socios del club. Con la decisión tomada y su esposa, Eileen, encargada de seguir el proceso de producción del nuevo libro, Orwell partió para España con la intención de sumarse a la lucha antifascista. Llegó a Barcelona el 26 de diciembre de 1936.

El proceso de publicación del libro tuvo importantes consecuencias en varios aspectos. En lo personal, la inmersión de Orwell en el mundo de los mineros ingleses en plena depresión económica fue un paso más en su toma de conciencia de las desigualdades de clase que ya había observado en Birmania y en los ambientes marginales de París y Londres; una experiencia formativa de reafirmación en sus convicciones socialistas que pronto iba a culminar en otra inmersión, más radical, en el frente de Aragón con los milicianos del POUM y en el ambiente de la Barcelona revolucionaria de los primeros meses de 1937. En su carrera de escritor, *El camino a Wigan Pier* significó un notable paso adelante con más de cuarenta mil ejemplares vendidos en pocos meses. Orwell se había convertido en un autor conocido. La publicación generó, por otra parte, una de las situaciones más curiosas entre un autor y un editor. Gollancz quedó muy satisfecho con la primera parte del libro: el minucioso estudio de las condiciones de vida en las zonas industriales bajo los efectos de la Gran Depresión. Sin embargo, Orwell escribió una segunda parte en la que polemizaba abiertamente contra las actitudes de la izquierda ortodoxa y los planteamientos que mantenían los intelectuales de izquierda, demasiado alejados de las duras realidades. El editor, lógicamente, se sintió aludido, y escribió un extraordinario prólogo al libro para hacer constar sus discrepancias y neutralizar la probable reacción airada de los lectores del Left Book Club; un caso curioso en la historia de la literatura: el editor desautoriza al autor en el mismo libro que pone a la venta. Gracias a esta peculiar iniciativa, Gollancz pudo salvar sus instintos editoriales a pesar de sus reticencias ideológicas. Cuando Orwell, de permiso en Barcelona justo antes de los Hechos de Mayo de 1937, pudo

ver el resultado de la operación de su editor, le escribió una carta que
debería incluirse en una antología de las cosas inefablemente inglesas.
Está fechada el 9 de mayo. Orwell se disculpa por no haber podido
escribir antes para agradecerle la introducción, que había podido ver
diez días antes, y se lamenta de que, desde entonces, «he estado más
bien ocupado» (¡claro!, han sido los días trágicos de los enfrentamientos sangrientos en las calles de Barcelona). Orwell añade:

> Me gustó mucho la introducción, aunque hubiera podido
> contestar a muchas de las críticas que contiene. Se trata del tipo de
> discusión que uno siempre desea, pero que difícilmente se produ-
> ce con los críticos profesionales». Al final de la carta, Orwell le co-
> munica que, si puede regresar en agosto, estará en condiciones de
> ofrecerle un libro sobre España para finales de año en el que espe-
> ra poder contar «la verdad sobre lo que he visto.

El libro sobre España será, precisamente, lo que pondrá definitivamente a prueba los precarios equilibrios entre autor y editor. Orwell
llegó a España con la firme voluntad de participar activamente en la
lucha antifascista más allá de los matices ideológicos que sugería el lío
de siglas de las organizaciones políticas que formaban un frente común contra el golpe militar de Franco. Ya hemos visto que Orwell era
poco dado a las ortodoxias partidistas y que no militaba en ningún
partido, pero había conseguido credenciales del Partido Laborista Independiente, un partido con conexiones con el POUM, y por ello se
alistó en las milicias del partido de Maurín y de Nin, y luchó en el
frente de Aragón. Sin embargo, pasó casi todo el tiempo intentando
gestionar su incorporación a las Brigadas Internacionales, sabiendo
perfectamente que el Partido Comunista desempeñaba un papel he-
gemónico en esta organización. También debía de ser consciente de
que el POUM era un partido marxista crítico con los métodos estalinistas. Su periódico, *La Batalla*, había osado denunciar los juicios farsa
de Stalin contra varios líderes bolcheviques de la primera hora. Lo que

no podía sospechar era que, probablemente, la suerte del POUM ya estaba echada antes de su propia llegada a Barcelona. Sabemos ahora que ya en octubre de 1936 Alexander Orlov, el jefe del NKVD en España, enviaba informes a sus superiores en Moscú asegurando que «la organización trotskista POUM puede ser liquidada fácilmente».[7] La utilización del adjetivo *trotskista*, en este contexto, era una malévola manera de criminalizar al POUM en los entornos estalinistas. En realidad, Nin (asesinado por agentes estalinistas en junio de 1937) y Trotski discreparon abiertamente en relación con la estrategia política en la Guerra Civil. Tampoco podía imaginar Orwell, en su salida precipitada de España, con el POUM ya declarado ilegal, que existía una ficha policial en el dossier mandado al Tribunal Especial de Espionaje y Alta Traición en la que se consideraba a «Enric [*sic*] Blair y su mujer Eileen Blair» como «trotzquistas [*sic*] pronunciados».[8] Como observará el lector de *Homenaje a Cataluña*, después de los Hechos de Mayo, Orwell pudo experimentar de cerca lo que significa el terror político, y su huida clandestina de España, a la vista de lo que sabemos hoy, fue cualquier cosa menos una acción paranoica. El antifascista precoz vivió, entre mayo y junio de 1937, en plena Guerra Civil, un curso intensivo sobre los mecanismos de control de los partidos totalitarios que le convirtieron en un antiestalinista, también precoz, y que germinó en sus obras posteriores, notablemente en *Mil novecientos ochenta y cuatro*, acaso la novela política más influyente del siglo XX.

La «verdad» que Orwell quería contar en su libro sobre España resultaba excesivamente incómoda para un editor que se sentía, como tantos intelectuales ingleses del momento, compañero de viaje del Partido Comunista. Sin haber leído el libro y aclarando que no era militante de dicho partido, Gollancz ya anticipó que no po-

7. Christopher Andrew y Mitrokhin Vasili, *The Mitrokhin Archive: The KGB in Europe and the West*, Allen Lane, Londres, 1999, p. 95.

8. Victor Alba y Marisa Ardèvol, *et al.*, eds., *El proceso del POUM. Documentos judiciales y policiales*, Lerna, Barcelona, 1989, p. 75.

dría publicar «algo que podía perjudicar a la lucha contra el fascismo». En su respuesta a Orwell admitió la ironía de rechazar el testimonio de alguien que había luchado en el frente antifascista mientras él seguía tranquilamente en su despacho, y suavizó su negativa pidiéndole que se lo tomara como una excepción a su relación habitual y que, por lo demás, siguiera considerándole su editor al tiempo que le recordaba el contrato que habían suscrito para publicar sus tres siguientes novelas.[9] Frederick Warburg, de Secker & Warburg, entonces una modesta editorial, aprovechó la ocasión y se ofreció a publicar el libro. Orwell había encontrado un editor que no iba a rechazar un manuscrito por cuestiones políticas. Con el paso del tiempo, Orwell se convertiría en su autor estrella, pero la apuesta de Warburg no dio resultados inmediatos con la publicación de *Homenaje a Cataluña*. El libro fue un fiasco editorial. Los 1.500 ejemplares de la primera edición aún no se habían agotado a la muerte de Orwell en 1950. Warburg tardó catorce años en recuperar el avance de 150 libras que había pagado a su nuevo autor. Sin embargo, en 1975 la edición de bolsillo de Penguin ya estaba en la undécima edición y las ventas globales de la obra son millonarias. *Homenaje a Cataluña*, junto con *Mil novecientos ochenta y cuatro*, sigue siendo en la actualidad uno de los textos de Orwell más leídos y mejor valorados por la crítica.

Leal a sus compromisos, Orwell publicó en Gollancz su siguiente novela, *Subir a por aire* (1939), y el libro de ensayos *Dentro y fuera de la ballena* (1940). En 1944, y aunque no contara exactamente como novela por su corta extensión, le ofreció el manuscrito de *Rebelión en la granja*. El autor de *Homenaje a Cataluña* quiso prevenir a su editor:

> Es un cuentecito de hadas, de unas treinta mil palabras, con intención política. Debo decirte que pienso que te va a parecer políticamente inaceptable desde tu punto de vista. Es anti-Stalin.

9. Davison, *op. cit.*, vol. XI, pp. 37-38.

La respuesta de Gollancz, ofendido por la etiqueta política que le había colgado Orwell, fue inmediata:

> No tengo la menor idea de lo que significa «anti-Stalin». Los comunistas me consideran violentamente antiestalinista, cosa que suponía que sabías perfectamente. Las razones son que me opuse total y abiertamente a la política exterior soviética desde el pacto nazi-soviético hasta que Rusia entró en la guerra; que he sido siempre muy crítico con las tendencias poco liberales en la política interna soviética, y que los dos últimos números de *Left News* contienen críticas intransigentes sobre las propuestas soviéticas en relación con Prusia Oriental, Pomerania y Silesia. Personalmente, no me parece correcto ni justo llamar a eso antiestalinismo; yo lo considero el tipo de crítica, de la Unión Soviética o de cualquier otro Estado, a la que ningún socialista debe renunciar. Otra cosa es el antiestalinismo de Hitler, lord Haw-Haw o de los *tories* más reaccionarios. Con estos, por supuesto, no quiero saber nada, y me sorprendería que este no fuera, también, tu caso.

A pesar de la elocuencia de esta respuesta, al cabo de dos días, y ya leído el manuscrito, Gollancz le comunicó que «tenías razón tú, y no yo. Lo siento mucho», y fue algo más explícito con el agente literario de Orwell: «Soy sumamente crítico con muchos aspectos de la política exterior soviética, pero tal como Blair/Orwell previó, nunca podría publicar un ataque general de esta naturaleza».[10]

La necesidad de contar con un editor estable se estaba convirtiendo en apremiante. Alguien dispuesto a publicar su obra sin someterla a presiones políticas. En una carta a su agente literario, Leonard Moore, expresa su preocupación al respecto en estos términos:

10. La correspondencia concerniente a la publicación de *Rebelión en la granja* puede consultarse en Hodges, *op. cit.*, p. 109.

No tengo nada contra él [Gollancz] personalmente, me ha tratado con generosidad y ha publicado mis libros cuando otros no
quisieron, pero es obviamente insatisfactorio encontrase atado a
un editor que acepta o rechaza libros, en parte, por motivos políticos, y cuyos puntos de vista políticos varían constantemente.

A partir de aquí, Orwell se lanzó a la búsqueda de un editor
dispuesto a publicar *Rebelión en la granja*, donde fuera y como fuera.
El via crucis generó alguna objeción memorable, como la del responsable de Dial Press, en Nueva York, que sentenció que en Estados Unidos es imposible vender historias de animales. Teniendo en
cuenta que la primera edición norteamericana del libro vendió, de
un tirón, quinientos mil ejemplares, quizá pueda ponerse en duda
la clarividencia de ese editor. En Inglaterra, las dificultades para
encontrar editor se movían entre dos polos, uno logístico y otro
político. El primero era la escasez de papel debido a las restriccio-
nes de la guerra, y el segundo que el Reino Unido y la Unión Soviética eran aún potencias aliadas. Los rechazos se sucedían hasta
que Jonathan Cape, a pesar de algunas objeciones (a Cape le parecía que sería mejor que no fueran precisamente cerdos los animales
que representaban a los bolcheviques), le presentó una propuesta
satisfactoria en firme. Sin embargo, pasados unos días, cambió su
decisión debido a los consejos de un importante funcionario del
Ministerio de Información, un tal Peter Smollet. Smollet, como
tantos otros casos célebres de aquellos años, acabó denunciado como
espía soviético, lo que arroja una curiosa luz sobre los criterios editoriales del momento.[11] Según el autor de una historia de la editorial
Jonathan Cape, los informes de los dos lectores de la obra eran posi-

11. D. J. Taylor, *Orwell: The Life*, Chatto & Windus, Londres, 2003.
p. 337.

tivos, pero el señor Cape, ante los consejos que recibió de Smollet, decidió «actuar como debe hacerlo un ciudadano responsable».[12]

T. S. Eliot, de Faber & Faber, también rechazó el manuscrito. Eliot, sin embargo, siempre valoró la figura y la obra de Orwell, y en su respuesta al agente literario se evidencia un cierto aire de autocensura preventiva, un mecanismo que conocieron bien los editores españoles durante el franquismo. El informe de Eliot decía: «Pensamos que se trata de un magnífico texto literario, que la fábula está desarrollada con mucha habilidad, y esto es algo que pocos autores han conseguido desde Gulliver. Sin embargo, no estamos convencidos de que se trate de un punto de vista adecuado para criticar la situación política del momento».[13] El razonamiento no parece, ciertamente, basarse en méritos literarios. Explica Warburg en sus memorias que Geoffrey Faber, ausente de Londres aquellos días, solía contarle que, de haber estado en la oficina, la decisión de la editorial hubiera sido otra. Irritado y frustrado ante tantos rechazos, en julio de 1944, y de acuerdo con su amigo Paul Potts, que tenía la pequeña imprenta Whitman Press, exploró la posibilidad de publicar el texto por su cuenta y riesgo.

A pesar de que en Secker & Warburg no disponían, por el momento, de papel suficiente, los que asumieron el riesgo de publicar *Homenaje a Cataluña* eran, de nuevo, una opción segura. Efectivamente, en cuanto pudieron leer el manuscrito decidieron publicarlo, no sin antes haber superado un intenso debate interno sobre riesgos y dificultades.[14] El acuerdo se cerró los primeros días de

12. Michael Howard, *Jonathan Cape, Publisher 1921-1971*, Jonathan Cape, Londres, 1972.

13. El informe de Eliot se dio a conocer, por primera vez, en *The Times*, 6 de enero de 1969, p. 9.

14. Además, Frederick Warburg tuvo que soportar la hostilidad abierta de su esposa, que, según cuenta, le amenazó con estas palabras: «¡Si publicas este libro, te dejo! ¡Y no creas que no seré capaz!». Véase Warburg, *op. cit.*, p. 49.

agosto de 1944, meses antes del final de la guerra. La editorial consiguió papel de unos impresores escoceses, Morrison & Gibb, pero hubo tantos retrasos en la producción del libro que la publicación tuvo que esperar un año más. Para entonces, 17 de agosto de 1945, la guerra había terminado, el Reino Unido tenía un nuevo gobierno laborista y las «dificultades» políticas eran ahora, para desconsuelo de unos cuantos editores, insustanciales.

«La satirita» —así llamaba Orwell al manuscrito de *Rebelión en la granja*— se convirtió enseguida en un éxito de crítica y de ventas. Al cabo de pocos años se había traducido a treinta y nueve lenguas, y según cálculos elaborados a principios de los años setenta, se habían vendido once millones de ejemplares del libro y las ventas seguían a un ritmo anual de 350.000 en Estados Unidos y de 140.000 en el Reino Unido. El éxito comercial traducía la culminación de la búsqueda tenaz por encontrar un estilo propio que fuera capaz de fusionar la intencionalidad política y la literaria, de desenmascarar las mentiras políticas sin violentar los instintos literarios del autor, de encontrar un lenguaje transparente que fuera eficaz para presentar cuestiones complejas; un estilo, en fin, que ha generado un adjetivo propio: orwelliano. Este estilo está ya conseguido en *Homenaje a Cataluña* y en múltiples ensayos, pero con *Rebelión en la granja* Orwell afirma que, por primera vez, se sabe «plenamente consciente» de sus estrategias narrativas.

Pensar que un escritor va a vivir mientras tenga libros por escribir es, naturalmente, una falacia. Orwell comentaba que tenía otros libros dentro, pero solo le dio tiempo a escribir *Mil novecientos ochenta y cuatro*. El proceso de la elaboración de la que seguramente sea su obra más perdurable, corrió en paralelo al gradual deterioro de su salud. Gravemente enfermo de tuberculosis, Orwell dedicó dos años a una obra que, por su naturaleza, debía de suponerle un esfuerzo físico y mental enorme. Fiel a su peculiar personalidad, se «facilitó» las cosas imponiéndose un exilio en la remota isla escocesa de Jura y, por si ello no bastara, alquilando una casa a la que, aún hoy, solo se accede por un sendero de unos diez kilómetros. Allí escribió su última novela, rodeado del conjunto de condiciones menos adecuadas para un tuberculoso grave. Al esfuerzo creativo, Orwell añadió una renovada batalla para conseguir anular el contrato que aún le ligaba a Gollancz. Quería acabar con las ansiedades que le había ocasionado la publicación de *Rebelión en la granja* y tener un editor que publicara sus obras sin tener en cuenta principios políticos.

La posición de Orwell queda explícita en una carta a Gollancz fechada el 14 de marzo de 1947, es decir, en plena redacción de *Mil novecientos ochenta y cuatro*:

> Ya sé que te pido un gran favor [anular el contrato] pero varias circunstancias han cambiado desde que lo firmamos hace diez años, y me parece que será mejor para ti —y ciertamente mejor para mí— si lo anulamos … El caso crucial fue *Rebelión en la granja*. En la época en que terminé aquel libro era realmente muy difícil conseguir publicarlo, y decidí entonces que haría lo posible para dar toda mi producción posterior al editor que lo tomara, porque me pareció evidente que quien apostara por aquel libro no dudaría en publicar cualquier otro … Entiendo, por supuesto, que tu posición política no es exactamente la misma que cuando rechazaste *Rebelión en la granja*, y en cualquier caso me merece respeto que no quieras publicar libros que van contra tus principios.

Sin embargo, Gollancz no dio fácilmente el brazo a torcer. La última obra de «su» autor se había convertido en un fenómeno de éxito internacional. Orwell volvió a la carga, con razonamientos políticos, pero cada vez más buscando su comprensión a nivel personal:

Ya sé que tu posición de los últimos años es muy parecida a la mía, pero no sé qué ocurriría si, por ejemplo, se produjera un nuevo acercamiento entre Rusia y Occidente, cosa que puede ocurrir en los próximos años. O qué pasaría en una nueva situación de guerra ... Conozco a Warburg y sus opiniones políticas lo suficiente para saber que es muy improbable que rechazara algo mío por cuestiones políticas. Como bien dices, ningún editor puede comprometerse a ciegas con lo que le proponga un escritor, pero estoy convencido de que Warburg no me va a plantar tan alegremente como la mayoría... Sé que no te estoy pidiendo poca cosa, puesto que tenemos un contrato en vigor que yo firmé libremente. Si decides que el contrato debe prevalecer, ten por seguro que no lo violaré, pero si debo hacer caso a mis sentimientos preferiría cancelarlo.

Gollancz, finalmente, cedió «con buen talante pero con profundo pesar, por motivos tanto ideológicos como comerciales».[15] El 9 de abril de 1947, Orwell se lo agradeció en una nota lacónica: «Debía haberte contestado antes pero he estado en cama, enfermo. Muchísimas gracias por este acto generoso».

Secker & Warburg, pues, iba a publicar los siguientes libros de Orwell, que resultaron ser solamente uno: *Mil novecientos ochenta y cuatro*. Este se convirtió en otro gran éxito de ventas, un fenómeno extraordinario si se tiene en cuenta que no es, precisamente, un texto escrito para entretener ni supone un ejercicio relajante para el lector. Frederick Warburg, el primero que leyó el manuscrito acabado, anotó al final de su informe editorial: «Es un gran libro, pero rezo para que no tenga que leer otro parecido en unos cuantos años».[16] A la muerte de Orwell, Secker & Warburg publicó reediciones de todas las obras del autor. En 1968 publicaron *The Collected*

15. Hodges, *op. cit.*, p. 110.
16. Warburg, *op. cit.*, p. 106.

Essays, Journalism and Letters of George Orwell, y, por supuesto, fue la misma editorial la que encargó a Peter Davison, en una edición meticulosa y ejemplar, los veinte volúmenes de la obra completa que aparecieron en 1998.

LA RECEPCIÓN DE «HOMENAJE A CATALUÑA» EN ESPAÑA

No menos azarosa fue la historia editorial de *Homenaje a Cataluña* en el país que la inspiró. La publicación en España del libro más español de Orwell tuvo que esperar más de treinta años. Sin embargo, la primera edición, en catalán y en castellano, apareció fuertemente censurada.[17] En 1970, Franco aún ejercía su poder dictatorial con todas las consecuencias. Resulta interesante recordar que el final del franquismo no tuvo ningún impacto en las reediciones del texto de Orwell, que siguieron publicándose en la versión censurada hasta… ¡2003! Tuvieron que llegar el siglo XXI y la conmemoración del centenario del autor para poder disponer, por fin, al cabo de sesenta y cinco años, del texto original de Orwell.[18]

En la España del tardofranquismo la obra de Orwell, con censura o sin ella, resultaba tan incómoda como lo fue en el Reino Unido en la época de su publicación. Tanto el PSUC en Cataluña, como el PCE en el resto de España, eran el eje central sobre el que basculaba la oposición al dictador. Para los comunistas, que daban fuerza y estrategia al movimiento opositor, un libro escrito por un antifascista pero que —por azar cronológico— tenía como núcleo central los infaustos Hechos de Mayo de 1937, era de digestión

17. *Homenaje a Cataluña*, Ariel, Barcelona, 1970.
18. El texto, libre de censura, se incluye en *Orwell en España*, Tusquets, Barcelona, 2003. La edición incorporó los cambios establecidos por Peter Davison en 1986.

complicada. Orwell resultaba el testimonio incómodo del proceso de ilegalización del POUM y del infame asesinato de su líder, Andreu Nin, a manos de agentes estalinistas que ejecutaron sus planes ante la pasividad (por impotencia) de las autoridades republicanas, atadas a los intereses de una Unión Soviética que era, a aquellas alturas de la guerra, el aliado crucial en la lucha antifascista. El libro de Orwell ponía el dedo en la llaga de uno de los episodios menos ejemplares de la influencia estalinista en la España republicana.

En la Inglaterra de 1938 el *Daily Worker*, el periódico del Partido Comunista, había despachado el libro presentando a Orwell como «uno de esos individualistas que se han salpicado los ojos con sangre española durante unos pocos meses». Se insinuaba malévolamente que el «camino» de Wigan Pier (el de la crítica segunda parte) conducía a Barcelona y al POUM, y se dejaba el libro visto para sentencia: «El valor de este libro es que da una idea clara del tipo de mentalidad que juega con el romanticismo revolucionario, pero que se arruga enseguida ante la disciplina revolucionaria. Debe leerse como una advertencia».[19] Mensaje recibido. En los círculos de influencia comunista en la España de los años setenta, lo habitual fue sugerir que Orwell no se había enterado de nada, un «despistado» acaso bienintencionado que, eso sí, sufría paranoias anticomunistas. Si tenemos en cuenta los efectos de la censura española sobre el libro —demoledora con las referencias a Franco y los fascistas, pero exquisita con las críticas al estalinismo—, se puede entender hasta qué punto esta combinación de factores condicionó la recepción del texto en nuestro país. Que alguien que había salido gravemente herido

---

19. La crítica la firma John Langdon-Davies, en el suplemento dedicado a España en el *Daily Worker* del 21 de mayo de 1938. Cabe señalar que Langdon-Davies, como tantos otros compañeros de viaje de buena fe, se sintió profundamente decepcionado con el llamado «pacto de no agresión» entre el Tercer Reich y la URSS, rubricado por Hitler y Stalin en agosto de 1939, y se convirtió en un ferviente militante antiestalinista.

de los frentes de batalla contra el ejército de Franco, que se alistó voluntariamente movido por su antifascismo, pudiera resultar «sospechoso» o «no fiable» para los jóvenes idealistas de la Transición española que luchaban generosamente contra el mismo régimen desde las filas comunistas, da la medida de los efectos perversos que conllevan el maniqueísmo político y las estrategias basadas en la idea de que la bondad de los fines siempre justifica los medios.

A Alberto Lázaro, profesor de la Universidad de Alcalá, le debemos un estudio meticuloso sobre la lucha que, a título póstumo, tuvo que librar Orwell con la censura franquista.[20] Las batallas reales acaban mucho antes que las batallas textuales. En 1964, transcurridos los primeros veinticinco años de paz, Verrié Editor, llevado quizá por una cándida ilusión ante la efeméride franquista, realizó el primer intento de publicar *Homenaje a Cataluña* en España. Intento frustrado. La primera consideración del censor era que se trataba de un autor que había luchado «con los rojos» y que se permitía llamarles «leales» en su texto mientras se refería a los franquistas como «fascistas». Además, en la prosa del autor «no deja de filtrarse una simpatía oculta por el inicial movimiento revolucionario rojo con sus colectivizaciones y su igualdad anarquista, y sobre todo su antipatía por la *infame dictadura de Franco* nacida de *un motín militar apoyado por la aristocracia y la Iglesia … un intento, no tanto de imponer el fascismo, como de restaurar el feudalismo*, etc.».[21] Según la lógica del censor, la conclusión es obvia: «Creo que con estos antecedentes es eviden-

---

20. Alberto Lázaro, «George Orwell's *Homage to Catalonia*: A Politically Incorrect Story», en A. Lázaro, ed. *The Road from George Orwell: His Achievement and Legacy*, Peter Lang, Berna, 2001, pp. 71-92. Todas las citas de los informes de la censura que utilizo se encuentran en el artículo de Lázaro, y pueden consultarse en el Fondo de Cultura del Archivo General de la Administración en Alcalá de Henares. Del mismo autor, véase también «The Censorship of George Orwell's Essays in Spain», en *George Orwell: A Centenary Celebration*, eds. Annette Gomis y Susana Onega, Universitätsverlag Winter, Heidelberg, 2005, pp. 121-141.

21. Los énfasis en cursiva son del censor.

te que no puede autorizarse la publicación solicitada». El editor no se dio por vencido y solicitó nuevos informes argumentando el interés histórico del documento y recordando sutilmente a los censores que el autor había escrito el exitoso *Rebelión en la granja*, considerado «una crítica del abuso de poder en la sociedad comunista». El nuevo intento de Verrié generó tres informes adicionales. Dos de ellos darían por buena la publicación si se realizaban una larga lista de cambios y cortes en el texto original, pero prevaleció la opinión del tercero, que abogaba por denegar el permiso de publicación con un curioso razonamiento que les parecería perfectamente válido a los burócratas del ficticio Ministerio de la Verdad (el equivalente del Ministerio de Información franquista) de *Mil novecientos ochenta y cuatro*. Ante las complejidades de la verdad, los censores españoles optan por eliminarla. O dicho de otra manera: para salvaguardar en toda su extensión el testimonio del autor, se decide no publicarlo. La conclusión del censor es una perla de las paradojas típicas de la mentalidad totalitaria: «No debe autorizarse con tachaduras, que representarían un fraude en el contexto testimonial del autor, y dejarían el texto resultante expuesto a constantes mentís de la prensa y radio extranjeras. Sin tachaduras tampoco cree el suscrito que deba publicarse en España tan dura diatriba contra el Régimen». Tampoco prosperó un intento de publicación en catalán solicitado por Editorial Pòrtic en 1967, que fue rechazado en términos similares.

Al año siguiente, la editorial Ariel inició los trámites para conseguir la publicación del libro, que tras muchas vicisitudes pudo finalmente ver la luz en catalán y en castellano en 1970. El precio fue, naturalmente, aceptar las «sugerencias» de los censores, que Lázaro resume en una tabla comparativa en el estudio mencionado. Así, «la dura diatriba contra el Régimen», en expresión del censor, se publicaba asegurando que Orwell no hablara de «fascistas» sino de «franquistas» o «nacionales», que la bandera nacional catalana se convirtiera en «la bandera catalana», que lo que Orwell llamaba el alzamiento del «pueblo español» fuese sustituido por «la izquierda española», o que cuando el autor decía que valía la pena luchar por el gobierno «contra el fascismo más crudo y desarrollado de Franco y Hitler» se le hiciese decir simplemente «contra el fascismo», o que cuando se refería al intento de Franco de instaurar una dictadura «infame», la versión española suprimiera el adjetivo. Son solo unos ejemplos de matices significativos. En algunos casos se optó por la eliminación de un párrafo entero, como uno en el que Orwell afirma, entre otras cosas, que Franco «está vinculado a los latifundistas feudales y defendía la vetusta reacción militar eclesiástica». Durante décadas, este ha sido el texto que las editoriales españolas han ofrecido a sus lectores.

Sin embargo, y contra pronóstico, *Homenaje a Cataluña* ha prevalecido como una de las narraciones de referencia sobre la Guerra Civil española, uno de los textos más leídos y respetados. El éxito sensacional de dos de las obras posteriores de Orwell otorgó una nueva vida inesperada a su testimonio de la guerra en España y permitió valorar la capacidad de Orwell para, como diría Paul Ricoeur, encapsular el tiempo histórico en un tiempo narrativo y poder apreciar el valor literario del importante documento histórico.[22] Quizá por ello, y no sin cierta reticencia, el historiador Pierre Vilar, en su introducción a una *Historia de Cataluña*, admite en una alusión indirecta al libro de Orwell que: «La imagen de un país (incluso cuando es inexacta) que proyecta un testimonio ampliamente escuchado (incluso cuando sus motivos son discutibles) forma parte de la historia de aquel país».[23] Orwell, efectivamente, se ha convertido en un testimonio «escuchado» (demasiado escuchado, para algunos), y el éxito póstumo de su libro sobre España condiciona, a veces en exceso, la per-

---

22. Para un análisis de las estrategias narrativas de Orwell en *Homenaje a Cataluña*, véase el prólogo de Miquel Berga a la edición española de *Orwell en España*, *op. cit.*, pp. 11-24.

23. Pierre Vilar, *Història de Catalunya*, Edicions 62, Barcelona, 1987, vol. 1.

cepción de lo que fue la Guerra Civil. En *Homenaje a Cataluña*, Orwell insiste, una y otra vez, en la inevitable parcialidad de sus puntos de vista y recalca que su visión de la situación es fragmentaria por razones obvias. Y, sin embargo, gracias en buena parte a sus habilidades literarias, el relato de sus experiencias en España ha acabado por responder a lo que él mismo consideraba el objetivo central de su vocación de escritor: «Escribo porque hay alguna mentira que quiero desvelar, algún hecho sobre el que quiero llamar la atención, y mi preocupación inicial es la de conseguir ser escuchado».[24] Más tarde que pronto, Orwell ha conseguido «ser escuchado».

Por otra parte, y gracias a la devota labor de Peter Davison, el texto que sigue incorpora las revisiones que Orwell quería introducir en la obra si había otra edición. Dejó notas al respecto y señaló modificaciones en su ejemplar de *Homenaje a Cataluña*. También, y desde el momento de la primera edición de 1938, mantuvo correspondencia con su traductora al francés, Yvonne Davet, acerca de estas modificaciones.[25] Más allá de pequeñas correcciones o errores de ortografía, lo más destacable es la confusión entre guardias civiles y guardias de asalto, que Orwell dejó señalada para siguientes ediciones. El cambio más significativo es, sin duda, cumplir con la voluntad expresada por Orwell de eliminar los capítulos V y XI del cuerpo principal del texto e incluirlos como apéndices al final. Se trata, precisamente, de los capítulos dedicados a esclarecer los acontecimientos que se produjeron en Barcelona los primeros días de mayo de 1937 y de orientar al lector en el entramado de acciones y responsabilidades de los distintos protagonistas de aquel trágico embrollo político, que tuvo funestas consecuencias para la unidad de acción republicana. Consciente del hilo narrativo —una estruc-

24. Véase el ensayo «Por qué escribo» (1946).
25. La versión francesa de la señora Duvet fue publicada por Gallimard en 1955.

tura de *Bildungsroman*— que tenía su relato autobiográfico, Orwell quiere preservar la unidad discursiva del libro sin dejar de ofrecer al lector su testimonio directo de los hechos. Al autor le provoca cierta exasperación tener que dilucidar los matices que conllevaban tantas siglas incomprensibles en el abanico de partidos y sindicatos en aquella España que parecía estar «sufriendo una epidemia de iniciales». Por ello, en el inicio del capítulo V de la primera edición, aconseja al lector «que no esté interesado en los horrores de la política de partidos» que, por favor, «se salte estas páginas». En la presente edición, y de acuerdo, pues, con la expresa voluntad del autor, los mencionados capítulos se presentan como de lectura opcional en forma de apéndices. Asimismo se han dejado en cursiva aquellas palabras que aparecen en castellano en el original.

Al final, la biografía definitiva de un escritor está en sus libros. Y, en este sentido, es conveniente poder leerlos sin apriorismos, sin sectarismos y, por supuesto, sin los estragos de la censura. Más allá de los procesos de demonización y de los procesos de beatificación de George Orwell, que de todo ha habido, el lector de su obra en español, transcurridos más de setenta años desde su muerte y con indebido retraso, empieza a disponer de ediciones fiables. La recepción de Orwell en España —el país donde el autor vivió las experiencias decisivas en la configuración de su visión política y literaria— se presenta, finalmente, abierta a lo que dicen sus textos. Ni más, ni menos.

MIQUEL BERGA

Homenaje a Cataluña

Nunca respondas al necio de acuerdo con su necedad,
para que no seas tú también como él.
Responde al necio como merece su necedad,
para que no se estime sabio en su propia opinión.

Proverbios, 26:4/5

1

En el cuartel Lenin de Barcelona, un día antes de alistarme en la milicia, vi a un miliciano italiano delante de la mesa de los oficiales.

Era un joven rudo de unos veinticinco o veintiséis años, ancho de hombros y de cabello entre rubio y pelirrojo. Llevaba la gorra de cuero calada con decisión sobre un ojo. Estaba de perfil, con la barbilla apretada contra el pecho y estudiaba con el ceño fruncido un mapa que uno de los oficiales había desplegado sobre la mesa. Algo en su rostro me conmovió profundamente. Era la cara de un hombre capaz de asesinar y sacrificar su vida por un amigo; la cara que uno esperaría ver en un anarquista, aunque lo más probable es que fuese comunista. Había en ella franqueza y ferocidad, y también la enternecedora reverencia que sienten los analfabetos por aquellos a quienes creen superiores. Era evidente que eso para él no tenía ni pies ni cabeza y que leer un mapa le parecía una enorme proeza intelectual. No sé por qué, pero pocas veces he conocido a nadie —a ningún hombre, quiero decir— que me haya inspirado tanta simpatía. Mientras hablaban en torno a la mesa, alguien sacó a relucir que yo era extranjero. El italiano alzó la cabeza y preguntó sin dudarlo:

—*¿Italiano?*

—*No, inglés* —respondí en mi mal español—. *¿Y tú?*

—*Italiano.*

Al salir se acercó a verme y me estrechó la mano con fuerza. ¡Qué raro que se pueda sentir tanto afecto por un desconocido! Fue como si su espíritu y el mío hubiesen logrado salvar por un momento las diferencias del idioma y las tradiciones y se hubiesen unido incondicionalmente. Esperé haberle caído tan bien como él a mí. Pero también supe que el único modo de conservar esa primera impresión sería no volver a verlo; y no hace falta decir que no lo hice. En España era frecuente establecer relaciones así.

Aludo a este miliciano porque se me ha quedado grabado en la memoria. Con su uniforme raído y su rostro orgulloso y conmovedor, simboliza el particular ambiente de aquella época. Está ligado a todos mis recuerdos de aquel período de la guerra: las banderas rojas en Barcelona, los trenes destartalados y abarrotados de soldados harapientos que se arrastraban hacia el frente, los pueblos grises y asolados por la guerra que había a lo largo de la vía férrea, las trincheras gélidas y fangosas en las montañas.

Fue a finales de diciembre de 1936, no hace ni siete meses, y no obstante parece que haya pasado una eternidad. Los acontecimientos posteriores han borrado esa época incluso más que 1935 o 1905. Había viajado a España con la vaga intención de escribir artículos para los periódicos, pero me alisté en la milicia casi enseguida, porque en aquel momento y en aquel ambiente parecía lo único lógico. Los anarquistas todavía controlaban casi toda Cataluña y la revolución aún conservaba intacta su fuerza. Es probable que cualquiera que hubiese estado allí desde el principio pensara que ya en diciembre o enero el período revolucionario estaba tocando a su fin, pero para alguien llegado directamente de Inglaterra, el aspecto que ofrecía Barcelona era abrumador y sorprendente. Era la primera vez que yo pisaba una ciudad donde estaban al mando los obreros. Habían requisado casi todos los edificios y los habían tapizado de banderas rojas o con la bandera roja y negra de los anarquistas; habían pintado la hoz y el martillo y las iniciales de los partidos revolucionarios en todas las paredes; habían saqueado casi todas las iglesias y quemado las imágenes. Aquí y allá había cuadrillas de obreros demoliendo sistemáticamente los templos. En todas las tiendas y cafés había una inscripción que advertía de que los habían colectivizado; incluso habían colectivizado a los limpiabotas, que habían pintado sus cajones de rojo y negro. Los camareros y los dependientes de los comercios te miraban a los ojos y te trataban de igual a igual. Las formas de tratamiento serviles o ceremoniosas habían desaparecido temporalmente. Nadie decía *señor*, ni *don*, ni siquiera *usted*, sino que todos se llamaban *camarada*, se tuteaban y decían *¡salud!* en lugar de *buenos días*. Una de mis primeras experiencias fue la reprimenda que me echó el director de un hotel cuando quise darle una propina al ascensorista. No había automóviles particulares porque los habían requisado todos, y los tranvías, taxis y demás medios de transporte estaban pintados de rojo y negro. Los carteles revolucionarios incendiaban las paredes con sus llamativos colores rojos y azules y hacían que, en comparación, los pocos anuncios publicitarios que quedaban pareciesen pintarrajeados con barro. En las Ramblas, la ancha arteria central de la ciudad por la que multitudes iban y venían constantemente, los altavoces tronaban día y noche con canciones revolucionarias. Y lo más extraño de todo era el aspecto de la gente. A juzgar por su apariencia exterior, aquella era una ciudad donde las clases acomodadas habían dejado de existir. A excepción de unas pocas mujeres y de algunos extranjeros, no había gente «bien vestida». Casi todo el mundo llevaba tosca ropa de trabajo, monos azules o alguna variante del uniforme de la milicia. Era extraño y conmovedor. Había muchas cosas que se me escapaban y que en cierto modo no acababan de gustarme, pero en el acto comprendí que era una situación por la que valía la pena luchar. Me dejé llevar por las apariencias y pensé que aquello era de verdad un Estado obrero y que los burgueses habían huido, habían sido asesinados o se habían pa-

sado voluntariamente al bando de los trabajadores; no reparé en
que muchos burgueses ricos se habían limitado a ser discretos y
disfrazarse de proletarios por un tiempo.

Mezclado con todo aquello se respiraba el infame ambiente de
la guerra. La ciudad tenía un aspecto pobre y desorganizado, las
avenidas y los edificios se encontraban en muy mal estado, las calles apenas se iluminaban por miedo a los bombardeos aéreos, las
tiendas estaban casi todas sucias y medio vacías. Había muy poca
carne y la leche era casi inencontrable, escaseaban el carbón, el
azúcar y la gasolina, y sobre todo escaseaba el pan. Incluso en aquella época, las colas del pan tenían cientos de metros. Sin embargo,
la gente parecía feliz y esperanzada. No había paro y el coste de la
vida todavía era bajísimo; apenas se veían indigentes y los únicos
mendigos eran los gitanos. Por encima de todo, la gente confiaba
en la revolución y en el futuro, y se tenía la sensación de haber entrado en una era de libertad e igualdad. Las personas estaban tratando de actuar como tales y no como resortes de la maquinaria
capitalista. En las barberías había carteles anarquistas (casi todos los
barberos lo eran) que explicaban solemnemente que los barberos
habían dejado de ser esclavos. En las calles, llamativos carteles ani-
maban a las prostitutas a dejar de prostituirse. Cualquiera que pro-
cediese de la encallecida y desdeñosa civilización de los pueblos de
habla inglesa, se hubiera enternecido al ver la literalidad con que
aquellos españoles idealistas se tomaban las trilladas consignas revolucionarias. En esa época se vendían por las calles ingenuas baladas
sobre la revolución, la hermandad proletaria y la maldad de Mussolini. He visto a más de un miliciano analfabeto comprar una de esas
baladas, descifrar laboriosamente la letra y luego, después de comprender su sentido, empezar a tararearla con cualquier melodía.

Todo ese tiempo lo pasé en el cuartel Lenin, en teoría haciendo instrucción para ir al frente. Al alistarme en la milicia me habían dicho que me enviarían al frente al día siguiente, pero lo

cierto es que tuve que esperar mientras se formaba una nueva *centuria*. Las milicias obreras, reclutadas a toda prisa por los sindicatos al principio de la guerra, aún no se habían organizado como un ejército regular. Las unidades básicas eran la sección, integrada por unos treinta hombres, la *centuria*, que contaba con unos cien, y la columna, que en la práctica se refería a cualquier grupo numeroso de hombres. El cuartel Lenin era un bloque de espléndidos edificios de piedra con una escuela de equitación y gigantescos patios adoquinados; había sido un cuartel de caballería y lo habían tomado durante los combates de julio. Mi *centuria* dormía en uno de los establos, bajo los pesebres de piedra donde todavía estaban inscritos los nombres de los corceles de guerra. Los habían requisado y enviado al frente, pero el lugar todavía olía a orín de caballo y paja podrida. Pasé casi una semana en aquel cuartel. Recuerdo sobre todo el olor, los temblorosos toques de corneta (todos nuestros cornetas eran aficionados y no aprendí los toques de corneta españoles hasta que los oí a lo lejos en las líneas fascistas), los pasos de las botas claveteadas en el patio del cuartel, los largos desfiles matutinos bajo el sol invernal y los demenciales partidos de fútbol, con cincuenta jugadores en cada equipo, sobre la grava del picadero. Debía de haber unos mil hombres en el cuartel y cerca de una veintena de mujeres, sin contar a las esposas de los milicianos que hacían la comida. Aún había mujeres sirviendo en la milicia, aunque no muchas. En las primeras batallas habían luchado codo con codo con los hombres sin que nadie se extrañara, pues en una revolución parece lo más natural. Pero las ideas empezaban a cambiar. Cuando las mujeres hacían la instrucción, los milicianos no podían ir a la escuela de equitación porque se reían de ellas y las despistaban. Unos meses antes a nadie le habría parecido cómico ver a una mujer empuñando un fusil.

El cuartel estaba sumido en el mismo caos y suciedad a los que la milicia reducía cualquier edificio que ocupara, y que por lo visto es una consecuencia inevitable de las revoluciones. En todos los rincones había muebles amontonados, sillas de montar rotas, cascos de caballería, vainas de sable vacías y comida podrida. La comida se desperdiciaba de forma terrible, sobre todo el pan. Solo en mi barracón tirábamos una cesta de pan entera en cada comida, lo cual era vergonzoso si se tiene en cuenta lo mucho que escaseaba entre la población civil. Comíamos en largas mesas apoyadas sobre caballetes en unos platos permanentemente grasientos y bebíamos de un objeto horrible llamado *porrón*, una especie de botella de cristal con un pitorro del que sale un chorrito de vino cuando se inclina; así se puede beber desde lejos sin tener que tocarlo con los labios e ir pasándolo de mano en mano. Nada más ver un *porrón*, me declaré en huelga y pedí un vaso. Me recordaban demasiado a los orinales de los hospitales, sobre todo si estaban llenos de vino blanco.

Poco a poco fueron repartiendo uniformes a los reclutas y, como estábamos en España, todo se hacía sin ton ni son, por lo que nunca estaba claro qué le habían entregado a cada cual, y muchas de las cosas más necesarias, como los correajes y las cartucheras, no se suministraban hasta el último momento, cuando el tren estaba esperando para llevarnos al frente. He hablado del «uniforme» de la milicia, lo que probablemente habrá contribuido a dar una impresión equivocada pues no era exactamente un uniforme. Quizá fuese mejor llamarlo «multiforme». La indumentaria de los milicianos seguía un mismo plan general, pero no había dos que vistieran igual. Casi todos llevaban bombachos de pana, y ahí terminaba la uniformidad. Unos usaban polainas de tela o de pana; otros, calzoncillos largos, y otros, botas de caña alta. Todo el mundo llevaba cazadoras con cremallera, pero unas eran de cuero y otras, de lana de todos los colores imaginables. Las gorras eran tan variadas como sus portadores. Lo habitual era adornar la parte frontal con la insignia de algún partido, y casi todos llevábamos un pañuelo rojo y negro alrededor del cuello. En esa época, una columna de la milicia era una muchedumbre de lo más variopinto. Pero la ropa se distribuía a medida que salía de esta o aquella fábrica y, dadas las circunstancias, no estaba tan mal. Sin embargo, las camisas y los calcetines eran de un algodón malísimo y apenas protegían del frío. No quiero ni pensar en lo que tuvieron que sufrir los milicianos los primeros meses, antes de organizarse. Recuerdo haber leído un periódico de solo un par de meses antes en que uno de los dirigentes del POUM afirmaba, tras una visita al frente, que procuraría que «cada miliciano tuviera una manta». Una frase que hará estremecer a cualquiera que haya dormido en una trinchera.

El segundo día después de mi llegada al cuartel empezó lo que llamaban cómicamente la «instrucción». Al principio se produjeron terribles escenas de caos. Los reclutas eran en su mayor parte chicos de dieciséis o diecisiete años de los barrios bajos de Barcelona, llenos de ardor revolucionario, pero totalmente ignorantes de lo que significaba una guerra. Era imposible incluso hacerles formar filas. No había ni rastro de disciplina: si a alguien le disgustaba una orden, rompía la formación y discutía a voces con el oficial. El teniente que nos daba la instrucción era un joven agradable y robusto de rostro lozano que había sido oficial en el ejército regular, y todavía seguía pareciéndolo con su porte elegante y su uniforme impecable. Lo curioso es que era un socialista convencido. Insistía más que los propios hombres en la igualdad social entre los rangos. Recuerdo su pesar y su sorpresa cuando un recluta ignorante le llamó *señor*.

—¡Cómo que *señor*! ¿Quién me llama *señor*? ¿Es que no somos camaradas?

Dudo que eso facilitara su trabajo. En todo caso los reclutas no recibían ningún adiestramiento militar que pudiera serles de ayuda. Me habían dicho que los extranjeros no estaban obligados a hacer la instrucción (reparé en que los españoles tenían el patético convencimiento de que todos los extranjeros sabían más que ellos de cuestiones militares), pero, como es natural, fui con los demás.

Estaba deseando aprender a manejar una ametralladora, pues nunca había tenido ocasión de utilizar una. Consternado, comprobé que no se nos enseñaba nada sobre el uso de las armas. La supuesta instrucción consistía solo en estúpidos y anticuados ejercicios de desfile: variación derecha, variación izquierda, media vuelta, en columna de tres y todos esos sinsentidos que había aprendido a los quince años. Era un modo insensato de entrenar a un ejército de guerrilleros. Es evidente que, si solo se dispone de unos días para adiestrar a un soldado, es imprescindible enseñarle lo más necesario: a ponerse a cubierto, a avanzar por terreno despoblado, a montar guardias y construir un parapeto, y sobre todo a utilizar armas. Sin embargo, aquella turba de muchachos entusiastas a quienes iban a enviar al frente al cabo de unos días no aprendía ni siquiera a disparar un fusil o a quitar el seguro de una granada. En aquel momento no caí en la cuenta de que sencillamente no tenían armas. En la milicia del POUM, la falta de fusiles era tan desesperante que las tropas recién llegadas al frente tenían que utilizar los de los soldados a quienes habían ido a relevar. Estoy convencido de que en el cuartel Lenin no había más fusiles que los de los centinelas.

Al cabo de unos días, y pese a que desde cualquier punto de vista seguíamos siendo una calamidad, se nos consideró aptos para exhibirnos en público y por las mañanas desfilábamos por los jardines que hay en la colina detrás de la plaza de España, los cuales servían de campo de instrucción a todas las milicias, los carabineros y los primeros contingentes del recién formado Ejército Popular. El espectáculo no podía ser más extraño y alentador: pelotones y compañías de hombres desfilaban de aquí para allá por los senderos entre los parterres sacando pecho y tratando desesperadamente de parecer soldados. Nadie llevaba armas ni el uniforme completo, pero casi todos vestían alguna prenda del uniforme de la milicia. La rutina era siempre la misma: pasábamos tres horas yendo y viniendo (el paso de marcha español es muy corto y rápido), luego nos deteníamos, rompíamos filas y corríamos sedientos a un pequeño colmado que había en la falda de la colina, y cuyo dueño estaba amasando una fortuna vendiendo vino barato. Todo el mundo era muy cordial conmigo. El hecho de que fuese inglés despertaba su curiosidad, y los oficiales de los carabineros me invitaban a beber. Entretanto, siempre que podía arrinconar al teniente, exigía que me enseñasen a manejar una ametralladora. Sacaba mi diccionario Hugo del bolsillo y le espetaba en un castellano atroz:

—*Yo sé manejar fusil. No sé manejar ametralladora. Quiero aprender ametralladora. ¿Cuándo vamos a aprender ametralladora?*

A modo de respuesta recibía siempre una sonrisa agobiada y la promesa de que me enseñarían a manejarla *mañana*. No hace falta decir que *mañana* no llegó nunca. Pasaron varios días y los reclutas aprendieron a desfilar marcando el paso y a ponerse firmes con cierta premura, pero apenas distinguían el cañón del fusil de la culata. Un día un carabinero se acercó a donde estábamos y nos permitió examinar su arma. Resultó que de toda mi sección yo era el único que sabía cómo cargarlo, y no digamos apuntar con él.

Todo ese tiempo seguí con mis habituales dificultades con el español. Aparte de mí, solo había un inglés en el cuartel, y nadie, ni siquiera entre los oficiales, hablaba una palabra de francés. Y aún me complicaba más las cosas que mis camaradas hablasen entre ellos en catalán. La única manera de aclararme era llevar a todas partes un diccionario de bolsillo que sacaba en los momentos críticos. Aun así, preferiría ser extranjero en España que en casi cualquier otro país. ¡Qué fácil es hacer amigos en España! Al cabo de un día o dos, ya había veinte milicianos que me llamaban por mi nombre de pila, me enseñaban toda clase de trucos y me abrumaban con su hospitalidad. Este no es un libro de propaganda y no pretendo idealizar a la milicia del POUM. La organización de la milicia tenía graves defectos y entre los propios hombres había de todo, pues en esa época el alistamiento voluntario estaba empezando a disminuir y muchos de los mejores estaban ya muertos o en el frente. Entre nosotros había siempre un determinado porcentaje que eran totalmente inútiles. Había chicos de quince años a quienes habían alistado sus padres por las diez pesetas al día de la soldada y por el pan que los milicianos recibían en abundancia y podían llevar a hurtadillas a casa. Pero desafío a cualquiera a que se mezcle como hice yo con los obreros españoles —aunque tal vez debiera decir catalanes, pues quitando a unos pocos aragoneses y andaluces solo me relacioné con catalanes— sin que le impresionen su elemental honradez y, sobre todo, su franqueza y su generosidad. La generosidad de los españoles, en el sentido corriente de la palabra, a veces es casi embarazosa. Si le pides a alguien un cigarrillo te obligará a quedarte con el paquete. Es también una generosidad en un sentido más profundo, una sincera grandeza de espíritu, con la que me he topado una y otra vez en circunstancias muy poco favorables. Algunos periodistas y extranjeros que viajaron por España durante la guerra han dicho que, en el fondo, a los españoles les ofendía amargamente recibir ayuda extranjera. Solo puedo decir que nunca noté nada semejante. Recuerdo que, unos días antes de abandonar el cuartel, llegó del frente un grupo de hombres de permiso. Hablaban entusiasmados de sus vivencias y de los soldados franceses que habían combatido con ellos en Huesca. Los franceses eran muy valientes, decían, y añadían con admiración: *«¡Más valientes que nosotros!»*. Yo manifesté mis reparos, claro, y ellos me explicaron que los franceses estaban más familiarizados con el arte de la guerra; eran más expertos con las bombas, las ametralladoras y demás. Sin embargo, la observación no deja de ser significativa. Un inglés se dejaría cortar una mano antes que decir algo así.

Todos los extranjeros que servían en la milicia pasaban las primeras semanas aprendiendo a amar a los españoles y exasperándose por algunas de sus peculiaridades. En el frente, mi exas-

peración rozaba a menudo la cólera. A los españoles se les dan
bien muchas cosas, pero no combatir. A todos los extranjeros les
horroriza su ineficacia y, sobre todo, su desesperante falta de pun-
tualidad. Lo quiera o no, un extranjero siempre acabará aprendiendo la palabra española *mañana*. Siempre que es humanamente posible, los asuntos de hoy se posponen hasta *mañana*. Tan
evidente es, que los propios españoles bromean con ello. En España nada, desde una comida a una batalla, ocurre a la hora acor-
dada. Por lo general todo ocurre más tarde, pero de vez en cuando—lo justo para que no se pueda confiar en que será así— ocurre
antes. Un tren que debe partir a las ocho lo hará normalmente entre las nueve y las diez, pero una vez por semana, gracias a un ca-
pricho personal del maquinista, saldrá a las siete y media. Cosas así
llegan a ser un poco desesperantes. En teoría admiro a los españoles por no sufrir nuestra neurosis del tiempo, pero por desgracia
yo sí la padezco.

Después de infinitos rumores, *mañanas* y retrasos, nos dieron
orden de partir al frente avisándonos con solo dos horas de antelación a pesar de que aún no habían repartido la mayor parte del
equipo. Se produjeron terribles tumultos en el cuarto de intenden-
cia, y al final muchos hombres tuvieron que partir sin el equipo
completo. El cuartel se llenó de pronto de mujeres que parecían
surgidas de la nada y que ayudaban a sus parientes a enrollar sus
mantas y a hacer el petate. Fue un poco humillante que una chica
española, la mujer de Williams, el otro miliciano inglés, tuviese
que enseñarme a abrocharme mi nueva cartuchera de cuero. Era
una criatura dulce, de ojos negros e intensamente femenina, que
parecía nacida para mecer una cuna, pero que en realidad había luchado valientemente en las refriegas callejeras de julio. En ese momento estaba embarazada de un niño que nacería justo diez meses
después de estallar la guerra, y que tal vez fuera concebido detrás de
una barricada.

El tren debía partir a las ocho, y hasta las ocho y diez los sudo-
rosos y agobiados oficiales no lograron hacernos formar en el patio
del cuartel. Recuerdo muy bien la escena iluminada por las antor-
chas: el bullicio, la excitación, las banderas rojas que ondeaban a la
luz de las llamas, las filas de milicianos con el petate a la espalda y
las mantas enrolladas y colgadas del hombro en bandolera, los gritos, el estrépito de las botas y de los botes de latón, el tremendo silbido pidiendo silencio y el discurso en catalán de un comisario político delante de una enorme bandera roja. Por fin, desfilamos
hasta la estación por el camino más largo, cinco o seis kilómetros,
para que nos viera toda la ciudad. En las Ramblas nos detuvimos a
escuchar a una banda formada para la ocasión que interpretó varios
himnos revolucionarios. Y, una vez más, la exaltación de los héroes victoriosos, los gritos entusiastas, las banderas rojas y rojine-
gras por todas partes, la muchedumbre que abarrotaba las aceras
para vernos pasar, las mujeres que nos saludaban desde las ventanas.
¡Qué natural parecía entonces, qué remoto e improbable es ahora!
El tren estaba tan lleno de soldados que apenas quedaba sitio donde sentarse incluso en el suelo. En el último momento, la mujer de
Williams llegó corriendo por el andén y nos llevó una botella de
vino y una ristra de esos chorizos de color rojo intenso que saben a
jabón y producen diarrea. El tren salió renqueante de Cataluña y se
adentró en la meseta de Aragón a unos veinte kilómetros por hora,
la velocidad normal en la guerra.

2

Barbastro, pese a estar muy lejos del frente, parecía desolado y roto. Grupos de milicianos con uniformes raídos deambulaban por las calles tratando de entrar en calor. En una tapia en ruinas encontré un cartel del año anterior que anunciaba que, en tal y cual fecha, se lidiarían en la plaza «seis magníficos toros». ¡Qué melancólicos parecían ahora sus colores desvaídos! ¿Qué habría sido de los magníficos toros y de los magníficos toreros? Al parecer, ni siquiera en Barcelona se celebraban ya muchas corridas; por algún extraño motivo los mejores matadores eran fascistas.

Enviaron a mi compañía en camión a Siétamo y luego más al oeste, a Alcubierre, situado justo detrás del frente de Zaragoza. Antes de que los anarquistas lo tomaran definitivamente en octubre, había habido combates tres veces en Siétamo, y una parte del pueblo había quedado reducida a escombros por el fuego de los obuses y casi todas las casas estaban como picadas de viruela a causa de los balazos. Nos hallábamos a quinientos metros sobre el nivel del mar. Hacía un frío terrible y densos bancos de niebla aparentemente surgidos de la nada se arremolinaban a nuestro paso. El conductor del camión se perdió entre Siétamo y Alcubierre (otra de las constantes de la guerra), y estuvimos vagando varias horas entre la niebla. Cuando llegamos a Alcubierre era muy tarde. Alguien nos guió por un cenagal hasta una cuadra de mulas donde nos tapamos con las granzas, y enseguida nos quedamos dormidos. Las granzas no son mal sitio donde dormir cuando están limpias; no tan buenas como el heno, pero sí mejores que la paja. Hasta que amaneció no descubrí que estaban cubiertas de mendrugos de pan, periódicos rotos, huesos, ratas muertas y botes de leche abollados.

Ahora estábamos mucho más cerca del frente, lo bastante para notar el característico olor de la guerra (según mi experiencia, un olor a excrementos y comida podrida). Alcubierre no había sido bombardeado y se encontraba en mejor estado que casi todos los pueblos cercanos a la línea del frente. Aun así, no creo que nadie pueda viajar por la región sin sorprenderse de la escuálida miseria de los pueblos aragoneses incluso en tiempos de paz. Están construidos como fortalezas: un puñado de casas miserables de piedra y adobe que se arraciman en torno a la iglesia y en las que no se ve una flor por ninguna parte, ni siquiera en primavera; las casas no tienen jardín, solo un corral donde unas cuantas gallinas raquíticas se pasean sobre boñigas de mula. Hacía un tiempo de perros y la lluvia alternaba constantemente con la niebla. Las estrechas pistas de montaña se habían convertido en mares de barro (en algunos sitios tenían más de medio metro de profundidad), por los que trataban de abrirse paso los camiones y por donde los campesinos conducían sus carros desvencijados y tirados por reatas de mulas, a veces hasta seis, y siempre en hilera. Las constantes idas y venidas de las tropas habían reducido el pueblo a un estado de indescriptible suciedad. No había, y no había habido nunca, un baño o desagüe, y no quedaba un solo metro cuadrado donde se pudiera poner el pie sin mirar antes lo que pisabas. Hacía mucho que utilizaban la iglesia como letrina, igual que todos los campos en medio kilómetro a la redonda. Siempre que pienso en mis primeros meses en el frente, acuden a mi memoria campos invernales cubiertos de rastrojos cuyos márgenes están incrustados de zurullos.

Pasaron dos días y siguieron sin proporcionarnos los fusiles. Con pasarse por el Comité de Guerra y ver los agujeros en la pared —hechos por descargas de fusil pues habían ejecutado allí a varios fascistas—, uno ya había visto todo lo que había que ver en Alcubierre. Era evidente que en el frente la situación estaba tranquila ya que llegaban muy pocos heridos. El suceso más emocionante que recuerdo fue la llegada de unos desertores fascistas a quienes trajeron escoltados del frente. Muchos de los soldados con los que nos enfrentábamos en aquella parte no eran fascistas, sino simples reclutas que se encontraban haciendo el servicio militar cuando estalló la guerra y estaban deseando escapar. De vez en cuando, pequeños grupos se arriesgaban a adentrarse en nuestras líneas. Sin duda, muchos más habrían hecho lo propio si no hubiesen tenido a sus parientes en la zona fascista. Aquellos desertores fueron los primeros fascistas «de verdad» que vi. Me sorprendió que se parecieran tanto a nosotros: solo se distinguían en que llevaban monos de color caqui. Estaban famélicos, algo normal teniendo en cuenta que llevaban uno o dos días ocultándose en la tierra de nadie, pero eso siempre se utilizaba como prueba de que las tropas fascistas pasaban hambre. Vi a uno al que le estaban dando de comer en casa de un campesino. Era un espectáculo lamentable: un chico alto, de unos veinte años, muy curtido por el sol y con la ropa hecha jirones, se acurrucaba junto a la lumbre y devoraba el guisado de un bote sin dejar de mirar de reojo a los milicianos que lo observaban. Imagino que estaría convencido de que éramos «rojos» sedientos de sangre y de que teníamos la intención de fusilarlo en cuanto terminara de comer; los hombres armados que lo vigilaban le pasaban la mano por el hombro y trataban de tranquilizarlo. En una ocasión memorable llegaron quince desertores de una sola sentada. Les hicieron desfilar triunfalmente por el pueblo encabezados por un hombre que montaba un caballo blanco. Me las arreglé para tomar una fotografía borrosa que alguien me robó después.

La tercera mañana que pasamos en Alcubierre llegaron los fusiles. Un sargento de rostro rudo y cetrino los fue repartiendo en el establo. Cuál no sería mi desazón cuando vi lo que me dieron. ¡Un Mauser alemán de 1896, más de cuarenta años! Estaba enmohecido, tenía el cerrojo atascado y la guarda estaba astillada; un vistazo a la boca del cañón me bastó para comprobar que estaba tan oxidado que no tenía arreglo. Casi todos los fusiles eran igual de malos, algunos incluso peores, y nadie se tomó la molestia de repartir las mejores armas a quienes sabían usarlas. El mejor fusil del lote, que solo tenía diez años, le correspondió a un arrapiezo medio idiota de quince años a quien todos llamaban el *maricón*. El sargento nos dio una «instrucción» de cinco minutos, que consistió en explicarnos cómo cargar el fusil y cómo desmontar el cerrojo. Muchos milicianos jamás habían empuñado un arma, y tengo para mí que muy pocos sabían para qué servía la mira. Repartieron cincuenta cartuchos por persona y luego formamos, nos echamos el petate a la espalda y partimos al frente, que se hallaba a unos cuatro o cinco kilómetros.

La *centuria*, formada por ochenta hombres y varios perros, serpenteó penosamente por los caminos. Cada columna de la milicia tenía al menos un perro asignado que servía de mascota. Al desdichado animal que iba con nosotros le habían marcado a fuego en el lomo «POUM» en letras enormes y avanzaba a hurtadillas, como si supiese que algo no iba como debía. Al frente de la columna, junto a la bandera roja, iba Georges Kopp, el fornido *comandante* belga, montado en un caballo negro; un poco más adelante, un joven de la caballería miliciana con pinta de bandolero subía al galope a todos los altozanos y adoptaba pintorescas posturas al llegar a la cima. Durante la revolución se habían confiscado numerosos y espléndidos caballos del ejército y se los habían entregado a los milicianos, quienes, como era de esperar, los montaban hasta hacerlos reventar.

El camino discurría entre campos yermos y amarillos que no se habían vuelto a cultivar después de la cosecha del año anterior. Delante teníamos la serranía que se extiende entre Alcubierre y Zaragoza. Cada vez estábamos más cerca de la línea del frente, las bombas, las ametralladoras y el barro. No se lo dije a nadie, pero sentí miedo. Sabía que la situación era tranquila, pero, a diferencia de casi todos los que me rodeaban, tenía edad suficiente para recordar la Gran Guerra, aunque no tanta como para haber combatido en ella. La guerra equivalía para mí al rugido de los proyectiles y los fragmentos de metralla, pero sobre todo al fango, los piojos, el hambre y el frío. Es curioso, pero temía mucho más al frío que al enemigo. La idea me había obsesionado desde que llegué a Barcelona; incluso había pasado noches sin dormir pensando en el frío en las trincheras, las alertas en los tétricos amaneceres y las largas horas de guardia con el fusil congelado y el barro helado que se colaría por encima de la caña de las botas. Confieso también que sentía una especie de espanto al ver la gente con la que avanzaba. Es difícil imaginar una chusma de apariencia más lamentable. Avanzábamos tristemente, con menos cohesión que un rebaño de ovejas; apenas llevábamos recorridos tres kilómetros cuando perdimos de vista la retaguardia de la columna. Y la mitad de los supuestos soldados eran niños —y lo digo literalmente—, de dieciséis años como mucho. Sin embargo, todos estábamos felices y excitados ante la perspectiva de llegar por fin al frente. A medida que nos acercábamos, los chicos que marchaban en vanguardia junto a la bandera roja empezaron a proferir gritos de *Visca el POUM!*, *¡Fascistas, maricones!* y demás cosas por el estilo. Sin duda pretendían ser belicosos y amenazadores, pero, viniendo de aquellas gargantas infantiles, sonaban tan patéticos como el maullido de un gatito. Era horrible que los defensores de la República fuesen una caterva de niños andrajosos armados con fusiles estropeados que ni siquiera sabían utilizar. Recuerdo haberme preguntado qué habría pasado si nos hubiese avistado un avión de los fascistas y si el aviador se hubiera molestado en lanzarse en picado y usar su ametralladora. Sin duda, incluso desde el aire, se daría cuenta de que no éramos verdaderos soldados.

Cuando el camino se internó en la sierra, nos desviamos a la derecha y ascendimos por una estrecha pista de mulas que serpenteaba por la ladera de la montaña. Las montañas en esa región española tienen una forma peculiar, como de herradura, con la cumbre llana y pendientes muy pronunciadas que se hunden formando enormes barrancos. En las laderas más empinadas no crece más que brezo y algunos arbustos, y la piedra caliza asoma por todas partes como si fuesen huesos blanqueados. El frente en aquella zona no era una línea continua de trincheras, cosa imposible en un país tan montañoso; era simplemente una serie de puestos fortificados, encaramados en las cimas y conocidos invariablemente como «posiciones». Nuestra «posición» se divisaba a lo lejos, en lo alto de la herradura: una triste barricada de sacos terreros, una bandera roja ondeando al viento y el humo que salía de los refugios. Al acercarse uno un poco, se percibía un repugnante olor dulzón que tuve metido en la nariz hasta varias semanas después. Llevaban meses acumulando desechos —un lecho profundo y putrefacto de mendrugos de pan, excrementos y latas oxidadas— en el barranco que había justo detrás de la posición.

La compañía a la que íbamos a relevar estaba preparando el petate. Habían pasado tres meses en el frente; sus uniformes estaban cubiertos de barro, tenían las botas hechas pedazos y casi todos tenían barba. El capitán al mando de la posición, llamado Levinski, pero a quien todos llamaban Benjamín, un judío polaco que hablaba francés como un nativo, salió arrastrándose del refugio para darnos la bienvenida. Era un joven no muy alto de unos veinticinco años, de pelo negro y tieso y rostro ansioso y pálido que en esa época tenía siempre muy sucio. Unas cuantas balas perdidas volaron sobre nuestras cabezas. La posición era un recinto semicircular de unos cincuenta metros de diámetro con un parapeto hecho en parte de sacos terreros y en parte de bloques de caliza. Había unos treinta o cuarenta refugios excavados en el suelo como ratoneras. Williams, su cuñado español y yo nos metimos ágilmente en el más cercano que parecía habitable. De vez en cuando se oía un disparo que resonaba de forma extraña en las pedregosas montañas. Acabábamos de dejar el petate en el suelo y estábamos saliendo a rastras del refugio cuando se oyó otro disparo y uno de los niños de nuestra compañía se apartó del parapeto con la cara ensangrentada. Había disparado su fusil y se le había reventado el cerrojo; los trozos de cartucho le habían arrancado a tiras la piel del cráneo. Fue nuestra primera víctima y, significativamente, autoinfligida.

Por la tarde hicimos la primera guardia y Benjamín nos enseñó la posición. Enfrente del parapeto corría un sistema de estrechas trincheras talladas en la roca con troneras muy primitivas hechas con montones de piedra caliza. Había doce centinelas colocados en diversos puntos de la trinchera y detrás del parapeto interior. Delante de la trinchera estaba la alambrada, y más allá la pendiente se precipitaba hacia un barranco que parecía no tener fondo; al otro lado había montañas peladas, en algunos sitios meros peñascales grises e invernales, totalmente yermos, donde no se posaban ni los pájaros. Me asomé con cuidado a una de las troneras tratando de localizar la trinchera fascista.

—¿Dónde está el enemigo?

Benjamín hizo un gesto amplio con la mano.

—Allí —respondió. (Benjamín chapurreaba un inglés terrible.)

—Pero ¿dónde?

Según mis nociones de la guerra de trincheras, los fascistas debían de estar a unos cincuenta o cien metros. No se veía nada, por lo que supuse que sus trincheras estaban muy bien camufladas. Luego, con enorme decepción, vi lo que me indicaba Benjamín: en lo alto de la montaña que había enfrente, a setecientos metros como mínimo, se distinguía el vago perfil de un parapeto y una bandera roja y amarilla: la posición fascista. Me llevé un buen chasco. ¡No estábamos cerca! A esa distancia nuestros fusiles eran completamente inútiles. Justo en ese momento se oyó un griterío emocionado. Dos fascistas, unas figuritas de color gris muy lejanas, subían por la ladera de enfrente. Benjamín cogió el fusil del hombre que tenía al lado, apuntó y apretó el gatillo. ¡Clic! Un cartucho defectuoso; «mal presagio», pensé.

En cuanto los nuevos centinelas llegaron a la trinchera, empezaron a disparar a tontas y a locas. Los fascistas pululaban tras su parapeto tan diminutos como hormigas, y a veces se veía asomar una cabeza que se exponía impúdicamente. Era evidente que no tenía ningún sentido disparar. Pero enseguida el centinela que tenía a mi izquierda, abandonando su puesto al más puro estilo español, corrió hasta mí y me animó a abrir fuego. Traté de explicarle que a esa distancia y con aquellos fusiles era imposible acertarle a nadie, como no fuera por accidente. Pero no era más que un niño y no paraba de señalar con el fusil hacia uno de aquellos puntitos sonriéndome tan ansioso como un perro que espera que le arrojen una piedra. Por fin ajusté el alza a setecientos y disparé. El punto desapareció. Ojalá la bala impactara lo bastante cerca para darle un buen susto. Era la primera vez en mi vida que disparaba contra otra persona.

Ahora que había visto el frente sentí un profundo asco. ¡Y a esto lo llamaban guerra! ¡Si apenas se veía al enemigo! No hice el menor esfuerzo por ocultar la cabeza tras la trinchera. No obstante, poco después una bala pasó silbando junto a mi oído con un zumbido y se estrelló contra la protección que había a nuestra espalda. ¡Ay!, agaché la cabeza. Durante toda mi vida me había dicho que no agacharía la cabeza la primera vez que me rozara una bala, pero el movimiento parece ser instintivo, y casi todo el mundo lo hace alguna vez.

3

En la guerra de trincheras hay cinco cosas importantes: la leña, la comida, el tabaco, las velas y el enemigo. En invierno, en el frente de Zaragoza, eran importantes en ese orden, y el enemigo ocupaba un triste último lugar. Excepto de noche, cuando siempre era posible un ataque por sorpresa, nadie se preocupaba por el enemigo. No eran más que lejanísimos insectos negros a los que uno veía de vez en cuando yendo de aquí para allá. La verdadera preocupación de ambos ejércitos era luchar contra el frío.

Debería añadir de pasada que, en todo el tiempo que pasé en España, presencié muy pocos combates. Estuve en el frente de Aragón de enero a mayo, y entre enero y finales de marzo apenas pasó nada en dicho frente, excepto en Teruel. En marzo hubo encarnizados combates en torno a Huesca, pero apenas participé en ellos. Más tarde, en junio, se produjo el desastroso ataque sobre dicha ciudad en el que murieron miles de hombres en un solo día, pero para entonces ya me habían herido y dado de baja. No me ocurrió ninguna de esas cosas que la gente asocia a los horrores de la guerra. Ningún aeroplano soltó ninguna bomba cerca, no recuerdo que ningún obús estallara a menos de cincuenta metros de mí y solo participé una vez en un combate cuerpo a cuerpo (aunque con una tuve suficiente). Por supuesto, estuve bajo fuego de ametralladora, pero casi siempre a mucha distancia. Incluso en Huesca uno estaba a salvo si tomaba precauciones razonables.

En las cimas de los montes que rodean Zaragoza imperaba esa mezcla de tedio e incomodidad característica de la guerra estacionaria. Una vida tan poco emocionante y casi tan rutinaria como la de un oficinista. Guardias, patrullas, cavar; cavar, patrullas, guardias... En la cumbre de cada cerro, ya fuese fascista o republicano, un puñado de hombres sucios y harapientos tiritaban en torno a su bandera y se esforzaban por entrar en calor. Día y noche las balas perdidas vagaban por los valles despoblados y solo por una rara y remota casualidad hacían blanco en una persona.

A menudo contemplaba aquel paisaje invernal y me maravillaba de la futilidad de todo y de lo absurdo de aquella guerra. Antes, en octubre, había habido encarnizados combates en esas montañas; luego, como la falta de hombres y de armamento, sobre todo de artillería, hacía imposible cualquier operación a gran escala, los dos ejércitos se habían atrincherado en las cumbres que habían logrado tomar. A nuestra derecha había una pequeña avanzada, también del POUM, y en el saliente que teníamos a la izquierda, a las siete en punto, una posición del PSUC, enfrente de otro saliente más elevado en el que había varios puestos fascistas dispersos por las cumbres. La supuesta línea del frente zigzagueaba de aquí para allá con un trazado que habría sido incomprensible si en cada posición no hubiese ondeado una bandera. Las del POUM y el PSUC eran rojas; los fascistas por lo general enarbolaban la bandera monárquica (roja, amarilla y roja), pero a veces izaban la de la República (roja, amarilla y morada).* El paisaje era impresionante, siempre que uno lograra pasar por alto que todas las cumbres estaban ocu-

---

* Orwell, en la fe de erratas, anotó: «No estoy totalmente seguro de haber visto a los fascistas enarbolar la bandera republicana, aunque creo recordar que a veces la izaban con una pequeña esvástica encima». (N. del E.)

padas por soldados y, por tanto, cubiertas de latas e incrustadas de excrementos. A nuestra derecha, la sierra se desviaba hacia el sudeste en dirección a un valle vasto y veteado que llegaba hasta Huesca. En mitad del llano había unos cubos diminutos como una tirada de dados; era el pueblo de Robres, que estaba en manos de la República. A menudo, por las mañanas, el valle aparecía oculto por mares de nubes entre los que asomaban los montes romos y azulados, lo que confería al paisaje un extraño parecido con un negativo fotográfico. Más allá de Huesca había otras montañas similares, con franjas de nieve cuya forma cambiaba a diario. En la distancia, los formidables picos de los Pirineos, con sus nieves perpetuas, parecían flotar en el vacío. Incluso en el llano todo parecía yermo y pelado. Las cumbres que teníamos delante eran grises y arrugadas como la piel de un elefante. Casi nunca había pájaros en el cielo. No creo haber visto otro país donde escasearan tanto los pájaros. Los únicos que se veían de vez en cuando eran una especie de urracas, alguna nidada de perdices que nos sobresaltaban de noche con su aleteo y, muy raras veces, águilas que nos sobrevolaban lentamente, por lo general seguidas de disparos ante los que ni siquiera se dignaban inmutarse.

Por la noche, cuando el tiempo estaba neblinoso, se enviaban patrullas al valle que nos separaba de los fascistas. Era una misión muy poco popular —hacía demasiado frío y era muy fácil perderse— y pronto descubrí que podía salir de patrulla siempre que me apeteciera. En los escarpados barrancos no había caminos ni senderos y la única forma de orientarse era recorrerlos muchas veces y reparar siempre en los mismos puntos de referencia. A tiro de bala, la posición fascista más cercana estaba a setecientos metros de la nuestra, pero la única ruta practicable tenía casi dos kilómetros. Era emocionante vagar por los valles umbríos con las balas perdidas zumbando igual que chorlitos sobre nuestras cabezas. Aún mejores que la noche eran las densas nieblas, que a menudo duraban todo el día y que acostumbraban a quedarse enganchadas de las cumbres y dejaban los valles despejados. Al acercarse a las líneas fascistas había que avanzar a paso de tortuga; entre los crujientes arbustos y las resonantes piedras calizas, era casi imposible no hacer ruido en las laderas de esas montañas. Hasta el tercer o cuarto intento no conseguí encontrar el camino a las líneas fascistas. La niebla era muy espesa y me arrastré hasta la alambrada para escuchar. Oí a los fascistas hablando y cantando. Luego me sobresaltó oír a varios que descendían por la pendiente en dirección a donde yo estaba. Me acurruqué detrás de una mata que de pronto me pareció muy pequeña y traté de amartillar el arma sin hacer ruido. Por suerte, se desviaron y no llegaron a verme. Detrás del arbusto encontré varias reliquias de combates previos: una pila de cartuchos vacíos, una gorra de cuero con un agujero de bala y una bandera roja, evidentemente una de las nuestras. La llevé de vuelta a la posición, donde la cortaron sin el menor sentimentalismo para hacer trapos.

Me habían nombrado *cabo* nada más llegar al frente y estaba al mando de un grupo de doce hombres, lo que, sobre todo al principio, no fue ninguna sinecura. La centuria era una turba mal entrenada, compuesta sobre todo por adolescentes. Aquí y allí en la milicia, uno encontraba niños de once y doce años, en su mayoría huidos del territorio fascista y a quienes habían alistado como milicianos para que tuvieran un modo de ganarse la vida. Por lo general los destinaban a tareas fáciles en la retaguardia, pero a veces se las arreglaban para abrirse paso hasta el frente, donde eran un auténtico peligro público. Recuerdo que uno de aquellos pequeños cafres arrojó «en broma» una granada a la fogata de uno de los refugios. En Monte Pocero no creo que hubiera nadie de menos de quince años, pero la edad media debía de estar muy por debajo de los veinte. Los chicos de esa edad no deberían estar nunca en primera línea, porque no soportan la falta de sueño inherente a la guerra de trincheras. Al principio era casi imposible vigilar de noche la posición como es debido. La única forma de despertar a los dichosos niños de mi sección era sacándolos a rastras de los refugios, pero, en cuanto te dabas la vuelta, abandonaban su puesto y volvían a ponerse a cubierto, o incluso se apoyaban en la pared de la trinchera y, a pesar del frío terrible, se quedaban dormidos como troncos. Por suerte, el enemigo no andaba sobrado de iniciativa. Había noches en que tenía la impresión de que un grupo de veinte *boy scouts* armados con escopetas de aire comprimido podrían haber tomado nuestra posición o, ya puestos, uno de veinte *girl guides* armadas con raquetas de bádminton.

En esa época, y hasta mucho después, las milicias catalanas seguían organizadas igual que al principio de la guerra. En los primeros días de la revuelta de Franco, los sindicatos y los partidos políticos habían creado las milicias a toda prisa; cada una de ellas era en esencia una organización política, que debía tanta lealtad a su partido como al gobierno central. Cuando en 1937 se creó el Ejército Popular, que era un ejército «no político» organizado de forma más o menos normal, en teoría las milicias de los partidos se integraron en él. No obstante, durante mucho tiempo los cambios fueron puramente teóricos; las tropas del nuevo Ejército Popular no llegaron al frente de Aragón hasta junio, y hasta entonces el sistema de las milicias siguió intacto. La clave de dicho sistema era la igualdad social entre oficiales y soldados. Todo el mundo, desde el general a los soldados, tenía la misma paga, comía la misma comida, vestía la misma ropa y se relacionaba en términos de igualdad total. Si uno quería darle una palmadita en la espalda a un general al mando de una división y pedirle un cigarrillo podía hacerlo, y a nadie le parecía raro. En cualquier caso, al menos en teoría, todas las milicias eran democráticas y no jerárquicas. Se daba por supuesto que había que obedecer órdenes, pero también que las órdenes se daban de camarada a camarada y no de superior a inferior. Ha-

bía oficiales y suboficiales, pero no había rangos militares en el
sentido normal: no había títulos, insignias, taconazos ni saludos.
Se había intentado crear en las milicias una especie de modelo
temporal de la sociedad sin clases. Por supuesto, no había una
igualdad total, pero era lo más parecido que he visto nunca, o que
me habría parecido concebible en plena guerra.

No obstante, tengo que admitir que me horrorizaba la situación en el frente. ¿Cómo demonios íbamos a ganar la guerra con
un ejército así? Todo el mundo lo decía y, aunque cierto, era un
poco exagerado, pues en aquellas circunstancias las milicias no habrían podido organizarse mejor. Un ejército moderno y mecanizado no surge de la nada, y si el gobierno hubiera esperado a disponer
de tropas bien entrenadas, Franco no habría encontrado resistencia. Luego se puso de moda criticar a las milicias y dar a entender
que los errores debidos a la falta de armas e instrucción se debían al
sistema igualitario. La verdad es que los milicianos recién recluta-
dos eran una panda de indisciplinados, pero no porque los oficiales llamasen «camaradas» a los soldados, sino porque las tropas
inexpertas siempre lo son. En la práctica, la disciplina democrática
y revolucionaria es más fiable de lo que cabría esperar. En un ejército de trabajadores, la disciplina es teóricamente voluntaria y se
basa en la lealtad de clase, mientras que, en el fondo, la disciplina de
un recluta de un ejército burgués se basa en el temor (el Ejército
Popular que sustituyó a las milicias estaba a medio camino entre
los dos). En las milicias, las intimidaciones y los abusos que en un
ejército normal están a la orden del día no se habrían tolerado ni
por un momento. Seguían existiendo los castigos militares, pero
solo se aplicaban en casos muy graves. Cuando alguien se negaba a
obedecer una orden, no se le castigaba en el acto sino que antes se
apelaba a la camaradería. Los cínicos sin experiencia en el mando
dirán que eso nunca «funcionaría», pero lo cierto es que a la larga
funciona. La disciplina incluso de los peores reemplazos de la mi-

licia mejoraba visiblemente con el tiempo. En enero, casi me habían salido canas de intentar que doce reclutas novatos dieran la talla. En mayo fui teniente por un breve período y tuve a treinta hombres a mis órdenes, ingleses y españoles. Llevábamos todos varios meses bajo el fuego y nunca me costó que me obedecieran ni conseguir voluntarios para misiones peligrosas. La disciplina revolucionaria depende de la conciencia política y de entender por qué deben obedecerse las órdenes, y eso tarda en calar en la gente, pero también se requiere tiempo para adiestrar a un hombre hasta convertirlo en un autómata en el patio de un cuartel. Los periodistas que despreciaban el sistema de milicias olvidaban a menudo que tuvieron que resistir en el frente mientras el Ejército Popular se ejercitaba en la retaguardia. Y la mejor prueba de la disciplina revolucionaria es que las milicias siguieran en el frente, pues hasta junio de 1937 solo las retuvo allí la conciencia de clase. A un desertor se le podía fusilar, y así se hacía de vez en cuando, pero si mil milicianos hubiesen decidido marcharse del frente nadie habría podido detenerlos. Un ejército regular en las mismas circunstancias —sin policía militar— se habría disuelto. Sin embargo, las milicias resistieron y, aunque Dios sabe que consiguieron muy pocas victorias, incluso las deserciones individuales eran poco frecuentes. En los cuatro o cinco meses que pasé en la milicia del POUM solo supe de cuatro desertores, y dos de ellos eran con toda seguridad espías que se habían alistado para conseguir información. Al principio, el aparente caos, la falta de adiestramiento y el tener que discutir cinco minutos cada vez que daba una orden eran desalentadores y me sacaban de mis casillas. Llegaba con las ideas preconcebidas del ejército británico, y no cabe duda de que las milicias españolas no se parecían en nada a él. Aunque, teniendo en cuenta las circunstancias, eran tropas mucho mejores de lo que habría cabido esperar.

Y entretanto la leña, siempre la leña. Es probable que en todo ese período no haya una sola entrada en mi diario que no hable de

la leña, o más bien de su inexistencia. Nos encontrábamos entre
seiscientos y novecientos metros sobre el nivel del mar, en pleno invierno y con un frío indescriptible. No es que la temperatura fuese
excepcionalmente baja, pues algunas noches ni siquiera helaba y el
sol invernal brillaba una hora al mediodía, pero, aunque no hiciera
verdadero frío, desde luego lo parecía. En ocasiones el viento aulla-
ba, te arrancaba la gorra de la cabeza y te revolvía el pelo, y a veces
había nieblas que se colaban en la trinchera como un líquido y parecían meterse en los huesos; con frecuencia llovía, y bastaba un
cuarto de hora de lluvia para que las condiciones se volvieran inso-
portables. La fina capa de tierra sobre la caliza se convertía enseguida en una grasa resbaladiza, y cuando se andaba por una pendiente
era imposible no patinar. En noches sin luna recuerdo haberme caído más de doce veces en veinte metros, y eso era peligroso porque
el cerrojo del fusil se atascaba con el barro. Ropa, botas, mantas y
fusiles quedaban cubiertos de barro varios días. Había llevado conmigo toda la ropa de abrigo que había podido encontrar, pero muchos iban muy mal pertrechados. En toda la guarnición, formada
por unos cuatrocientos hombres, solo había doce capotes, que los
centinelas se iban pasando de uno a otro, y casi todos tenían solo
una manta. Una noche gélida apunté en mi diario la ropa que llevaba. Es interesante, pues muestra la cantidad de ropa que puede llegar a ponerse una persona. Llevaba camiseta y calzoncillos largos,
una camisa de franela, dos jerséis, una chaqueta de lana, una cazadora de cuero, pantalones bombachos de pana, polainas, calcetines
gruesos, botas, un grueso impermeable, una bufanda, guantes de
cuero forrados y un gorro de lana. Aun así, temblaba como si fuese
de gelatina. No obstante, he de decir que soy muy sensible al frío.

La leña era lo único que importaba. El problema es que casi no
había. Nuestra triste montaña apenas tenía vegetación y hacía meses que vivían en ella milicianos helados, por lo que hacía mucho
que habían quemado cualquier ramita que midiera más de un

dedo. Cuando no estábamos comiendo, durmiendo, de guardia o de fajina, recorríamos el valle que había detrás de la posición en busca de combustible. Todos mis recuerdos de esa época son de las subidas y bajadas para ir a buscar leña por pendientes casi perpendiculares y entre peñas calizas que le destrozaban a uno las botas. Tres personas que buscaran durante un par de horas podían recoger leña suficiente para encender el fuego del refugio una hora. Las ansias por encontrar leña nos convirtieron a todos en botánicos expertos. Clasificábamos las plantas de las montañas por cómo ardían: los brezos y las hierbas que servían para encender el fuego, pero que se consumían en pocos minutos, el romero silvestre y los tojos que ardían cuando la hoguera estaba ya encendida, y el rebollo, más pequeño que una mata de arándanos, que era casi incombustible. Había una especie de junco seco que iba muy bien para encender el fuego, pero solo crecía en la cumbre que había a la izquierda de la posición, y para ir a buscarlo había que ponerse a tiro. Si te veían los fascistas, te regalaban un cargador entero de ametralladora. Por lo general apuntaban demasiado alto y las balas silbaban como pajarillos sobre tu cabeza, pero en ocasiones astillaban las peñas calizas mucho más cerca de lo deseable y había que echarse cuerpo a tierra. No obstante, seguíamos recogiendo juncos; comparado con la leña, nada tenía importancia.

Al lado del frío, cualquier otra molestia parecía menor. Por supuesto, todos estábamos siempre sucios. El agua, como la comida, nos la traían a lomos de mula desde Alcubierre, y a cada cual le correspondía un poco menos de un litro. Era un agua repugnante, apenas más transparente que la leche. En teoría era solo para beber, pero yo siempre me las arreglaba para escamotear un bote para lavarme por las mañanas. Me lavaba y afeitaba en días alternos, porque nunca tenía suficiente para las dos cosas. La posición hedía de forma repugnante, y fuera del pequeño recinto de la barricada había excrementos por todas partes. Algunos de los milicianos de-

fecaban en la trinchera, una costumbre asquerosa cuando había que hacer la ronda nocturna. Pero la suciedad no me importaba. Hay quien le da mucha importancia, pero es sorprendente lo rápido que se acostumbra uno a prescindir de los pañuelos y a comer en el mismo bote de latón que uno utiliza para lavarse. Y, al cabo de uno o dos días, dormir vestido tampoco supone mayor molestia. Por supuesto, era imposible desvestirse, y sobre todo descalzarse, de noche: había que estar preparado en caso de que se produjese un ataque. En ochenta noches, solo me quité la ropa tres veces, aunque a veces me quitaba alguna prenda de día. Hacía demasiado frío para que hubiera piojos, pero abundaban las ratas y los ratones. A menudo se dice que nunca hay ratas y ratones en el mismo sitio, pero los hay cuando la comida basta para los dos.

Por lo demás no nos iba tan mal. La comida era bastante buena y había vino de sobra. Seguían repartiéndonos un paquete diario de cigarrillos y cerillas en días alternos, y luego estaba la cuestión de las velas. Eran muy finas, como las de los pasteles de cumpleaños, y la gente suponía que las habían sacado de las iglesias. Cada refugio recibía unos ocho centímetros de velas que ardían unos veinte minutos. En esa época todavía era posible comprarlas y había llevado varios kilos conmigo. Luego, la escasez de velas y cerillas hizo más desdichadas nuestras vidas. Uno no repara en la importancia de esas cosas hasta que deja de tenerlas. En una alarma nocturna, por ejemplo, cuando todos los del refugio buscan a tientas el fusil y se pisotean unos a otros, encender una cerilla puede suponer la diferencia entre la vida y la muerte. Todos los milicianos tenían un chisquero y varios metros de mecha amarilla. Junto con el fusil era su posesión más preciada. Los mecheros de chispa tienen la ventaja de que pueden encenderse aunque haga viento, pero arden sin llama, por lo que no sirven para encender un fuego. Cuando empeoró la falta de cerillas, el único modo de hacerlo era sacar la bala de un cartucho y encender la cordita con el mechero.

Era una vida extraordinaria y un modo no menos extraordinario de combatir, si es que podía llamarse así. Todos los milicianos eran presa del aburrimiento y exigían saber por qué no se nos permitía atacar. No obstante, estaba clarísimo que no entraríamos en combate en mucho tiempo a menos que nos atacase el enemigo. Georges Kopp, en sus giras periódicas de inspección, era siempre muy franco con nosotros.

—Esto no es una guerra —decía—, es solo una opereta en la que de vez en cuando hay algún muerto.

Lo cierto es que el estancamiento en el frente de Aragón obedecía a causas políticas que en aquel entonces yo desconocía por completo, pero las dificultades puramente militares —dejando aparte la falta de hombres— eran evidentes para cualquiera.

Para empezar estaba la propia naturaleza del terreno. Las líneas, tanto las nuestras como las de los fascistas, ocupaban posiciones casi inexpugnables que solo se podían atacar por el flanco. Bastaba con cavar unas trincheras para asegurarse de que la infantería no pudiera tomar un sitio así, sin contar con un elevadísimo número de tropas. En nuestra posición, igual que en la mayoría de las posiciones cercanas, una docena de hombres con dos ametralladoras habrían podido contener a un batallón. Atrincherados en las cumbres como estábamos, habríamos sido un blanco perfecto para la artillería, pero no la había. A veces contemplaba el paisaje y me llevaban los demonios por no disponer de un par de baterías de cañones. Una habría bastado para destruir, una por una, las posiciones enemigas con la misma facilidad con que se cascan nueces con un martillo. Pero en nuestro bando simplemente no había cañones. Los fascistas se las arreglaban a veces para llevar uno o dos desde Zaragoza y disparaban unos pocos obuses, tan pocos que ni siquiera podían calcular bien la distancia y las bombas caían inofensivas en barrancos desiertos. Sin artillería y frente al fuego de ametralladora, solo se pueden hacer tres cosas: cavar refugios y ponerse a cubierto a una distancia segura —digamos unos cuatrocientos metros—, avanzar a campo abierto y dejar que te masacren, o hacer pequeñas salidas nocturnas que no alteran en nada la situación general. En la práctica, la única alternativa era el estancamiento o el suicidio.

Y, aparte de eso, estaba la absoluta falta de material bélico de todo tipo. Hay que hacer un gran esfuerzo para comprender lo mal armadas que estaban las milicias en aquella época. Cualquier colegio privado de Inglaterra se parecía más a un ejército moderno que nosotros. La pésima calidad de nuestro armamento era tan increíble que vale la pena describirlo con detalle.

En ese sector del frente, la única artillería eran cuatro morteros ligeros con quince granadas cada uno. Por supuesto, eran demasiado valiosos para utilizarlos y se guardaban en Alcubierre. Había una ametralladora por cada cincuenta hombres, armas viejas pero bastante precisas hasta trescientos o cuatrocientos metros. Aparte de eso no teníamos más que fusiles, y la mayoría eran pura chatarra. Había tres tipos de fusil. El primero era el Mauser largo. Raras veces tenían menos de veinte años, las miras tenían las misma utilidad que un cuentakilómetros roto y la mayor parte del cañón estaba corroído. De todos modos, había uno de cada diez que no estaba del todo mal. Luego estaba el Mauser corto, o *mosquetón*, en realidad un arma de caballería. Eran más populares que los otros porque eran más ligeros y entorpecían menos en la trinchera, y también porque eran relativamente nuevos y parecían más eficaces. En realidad, eran prácticamente inútiles. Estaban hechos de piezas sueltas, ninguno iba con su cerrojo y las tres cuartas partes se encasquillaban después de efectuar cinco disparos. También había algunos Winchester. Eran muy cómodos pero muy poco precisos, y como los cartuchos no podían meterse en cargadores, solo se podía realizar un disparo cada vez. La munición escaseaba tanto que a cada miliciano que llegaba al frente le daban solo cincuenta cartuchos, y muchos eran defectuosos. Los cartuchos de fabricación nacional habían sido reutilizados y atascaban incluso los mejores fusiles. Los mexicanos eran mejores y, por tanto, se reservaban para las ametralladoras. La mejor munición era la alemana, pero solo se podía conseguir de los prisioneros y los desertores, y no había demasiada. Yo siempre guardaba un cargador alemán o mexicano en el bolsillo para casos de emergencia, aunque en la práctica, cuando se presentaba la emergencia, casi nunca disparaba; me daba miedo que aquel condenado trasto se encasquillara y me obsesionaba no desperdiciar la munición.

No teníamos cascos de hierro ni bayonetas, apenas unos cuantos revólveres o pistolas y solo una granada por cada cinco o diez hombres. Las granadas que se utilizaban en esa época eran unos objetos temibles llamados «bombas FAI», porque las habían fabricado los anarquistas al comienzo de la guerra. Eran como las bombas de mano Mills, pero llevaban la espoleta sujeta por una cinta y no por una anilla. Había que romper la cinta y lanzar la bomba lo más deprisa posible. Se decía que eran «imparciales» porque mataban tanto a aquel contra quien se lanzaba como a quien la lanzaba. Luego había otras incluso más primitivas, pero un poco menos peligrosas (para el lanzador, me refiero). Hasta finales de marzo no vi ninguna granada que mereciera la pena lanzar.

Y, aparte de las armas, escaseaban los demás accesorios de la guerra. Por ejemplo, no teníamos mapas ni planos. España nunca ha sido cartografiada con detalle, y los únicos mapas de la zona eran viejos mapas militares que estaban en poder de los fascistas. No teníamos telémetros, ni anteojos, ni periscopios, ni prismáticos (salvo los que alguno había llevado consigo), ni bengalas, ni luminarias, ni cizallas ni herramientas para el maestro armero, y menos aún material para limpiar las armas. Los españoles, al parecer, no conocían las baquetas, y me miraron sorprendidos cuando construí una. Si querías limpiar el fusil se lo llevabas al sargento, que tenía una larga varilla metálica que estaba invariablemente torcida y arañaba el ánima del fusil. Ni siquiera había grasa de fusil. Engrasábamos los fusiles con aceite de oliva, si lo había; llegué a engrasar el mío con vaselina, nata e incluso panceta. Tampoco había faroles ni linternas eléctricas; creo que en esa época no había una sola linterna eléctrica en todo aquel sector del frente, y no se podía comprar ninguna como no fuese en Barcelona, e incluso allí eran difíciles de encontrar.

A medida que pasaba el tiempo y los esporádicos disparos de fusil resonaban en las montañas, empecé a preguntarme con creciente escepticismo si alguna vez ocurriría algo que insuflara un poco de vida, o más bien de muerte, a aquella guerra absurda. No estábamos combatiendo contra soldados sino contra la neumonía. Con las trincheras separadas más de quinientos metros, es imposible acertarle a nadie como no sea por casualidad. Por supuesto, había muertos, pero la mayoría eran víctimas de sí mismos. Si no recuerdo mal, los primeros cinco heridos que vi en España se habían disparado ellos mismos, no intencionadamente sino por accidente o descuido. Nuestros viejos fusiles eran un auténtico peligro. Algunos tenían la fea costumbre de dispararse cuando la culata golpeaba el suelo; vi a un hombre dispararse en una mano por culpa de eso. Y, en la oscuridad, los reclutas novatos se disparaban unos contra otros todo el rato. Una tarde, cuando empezaba a caer el crepúsculo, un centinela me disparó desde veinte metros de distancia y falló por un metro; ¡Dios sabe cuántas veces habré salvado la vida gracias a la mala puntería de los españoles! En otra ocasión, salí a patrullar entre la niebla tras prevenir al oficial de guardia, pero al volver tropecé con un arbusto y el asustado centinela dio la alarma por un ataque fascista, así que tuve el placer de oír al oficial dar la orden de abrir fuego hacia donde me encontraba. Por supuesto, me eché al suelo y las balas pasaron inofensivas sobre mi cabeza. Es imposible convencer a un español, sobre todo si es joven, de que las armas de fuego son peligrosas. Una vez, poco después de

aquello, me puse a fotografiar a unos que manejaban una ametralladora que apuntaba directamente hacia mí.

—No disparéis, ¿eh? —dije medio en broma mientras enfo-
caba.

—No, hombre, no.

Momentos después oí un ruido terrible y una ráfaga de balas
pasó tan cerca de mi cara que se me incrustaron unos cuantos granos de cordita. No lo hicieron a propósito, pero les pareció gracio-
sísimo. Pocos días antes había visto morir accidentalmente a un
mulero a quien un comisario político que estaba haciendo el tonto
con una pistola automática le metió cinco balas en los pulmones.

Las complicadas contraseñas que el ejército utilizaba en aquel
entonces eran otra fuente de peligros. Consistían en esos fatigosos
santo y seña en los que hay que responder a una palabra con otra y,
por lo general eran de naturaleza elevada y revolucionaria, como
Cultura – progreso o *Seremos – invencibles*, y a menudo era imposible
conseguir que los centinelas analfabetos recordaran palabras tan al-
tisonantes. Recuerdo que una noche el santo y seña era *Cataluña –
heroica*, y un muchacho campesino de cara redonda llamado Jaime
Doménech vino a verme muy perplejo y me pidió que se lo ex-
plicara.

—Oye, ¿se puede saber qué es eso de *heroica*?

Le aclaré que era lo mismo que *valiente*. Poco después avanzaba
a trompicones por la trinchera en la oscuridad cuando un centinela le espetó:

—¡Alto! ¡*Cataluña*!

—¡*Valiente*! —gritó Jaime, convencido de estar diciendo lo correcto.

¡Bang!

Por suerte el centinela falló. En esa guerra todo el mundo fallaba el tiro, siempre que era humanamente posible.

4

Cuando llevaba unas tres semanas en el frente, llegó a Alcubierre un contingente de veinte o treinta hombres enviados desde Inglaterra por el ILP y, a fin de que todos los ingleses del frente estuviésemos juntos, nos mandaron a Williams y a mí con ellos. Nuestra nueva posición estaba en Monte Trazo, varios kilómetros más al oeste y a la vista de Zaragoza.

La posición se hallaba en lo alto de una especie de risco calizo y los refugios estaban excavados horizontalmente en la pared del acantilado, como los nidos de los aviones roqueros, y se internaban en la roca hasta una distancia prodigiosa, el interior estaba muy oscuro y el techo era tan bajo que no se podía estar allí de rodillas, y menos aún de pie. En las cumbres que había a nuestra izquierda se encontraban otras dos posiciones del POUM, una de las cuales era el centro de las miradas de todos los hombres del frente, porque en ella había tres milicianas que preparaban la comida. No es que fueran muy guapas, pero alguien había considerado necesario alejar aquella posición de los hombres de las demás compañías. A quinientos metros a nuestra derecha había un puesto del PSUC en la curva de la carretera de Alcubierre. En aquel punto la carretera cambiaba de manos. Por la noche se veían las luces de nuestros camiones de suministro que subían desde Alcubierre y, al mismo tiempo, las de los fascistas que llegaban de Zaragoza. También se distinguía la propia ciudad, que parecía una fina sarta de luces como los ojos de buey iluminados de un barco, a unos veinte kilómetros al sudoeste. Las tropas gubernamentales llevaban viéndola a aquella distancia desde agosto de 1936 y aún siguen haciéndolo.

Éramos unos treinta incluyendo a Ramón, el cuñado de Williams, más una docena de españoles que se encargaban de las ametralladoras. Quitando a los dos o tres pesados de siempre —ya se sabe que la guerra atrae a mucha gentuza—, los ingleses eran una pandilla excepcional, tanto física como mentalmente. Puede que el mejor fuese Bob Smillie —el nieto del famoso líder minero—, que después murió de forma tan absurda en Valencia. Dice mucho en favor del carácter de los españoles el que siempre se llevaran bien con los ingleses a pesar de las diferencias de idioma. Pronto descubrimos que todos los españoles conocían dos expresiones inglesas. Una era «O.K., baby» y la otra, una palabra utilizada por las putas de Barcelona en sus tratos con los marineros ingleses, aunque me temo que los impresores no querrán reproducirla aquí.

Allí tampoco ocurría nada en las líneas: solo el esporádico resonar de las balas y, muy raras veces, la detonación de un mortero fascista que hacía que todos fuésemos a la trinchera de arriba para ver en qué montaña caían las granadas. El enemigo estaba un poco más cerca, tal vez a trescientos o cuatrocientos metros. Su posición más cercana estaba justo enfrente de la nuestra, con un nido de ametralladoras cuyas troneras eran una constante tentación a desperdiciar cartuchos. Los fascistas casi nunca se molestaban en disparar sus fusiles, pero enviaban certeras ráfagas de ametralladora contra cualquiera que asomara un poco la cabeza. No obstante, hasta pasados diez días o más no tuvimos nuestra primera víctima. Los soldados que teníamos enfrente eran españoles, pero los desertores afirmaban que había algunos suboficiales alemanes entre ellos. Un poco antes también había habido moros —¡pobres diablos, menudo frío debieron de pasar!—, porque en la tierra de na-

die había uno muerto que era una de las curiosidades del lugar.
Dos o tres kilómetros a nuestra izquierda, las líneas dejaban de ser
continuas y daban paso a una extensión de terreno más baja y cubierta de vegetación que no era ni nuestra ni de los fascistas. Tanto
ellos como nosotros patrullábamos por ella de día. Era tan divertido como una excursión de *boy scouts*, pero nunca vi una patrulla
fascista a menos de cien metros. A fuerza de arrastrarse mucho por
el suelo, uno podía abrirse paso entre las líneas fascistas e incluso
divisar la granja donde habían establecido su cuartel general, en la
que ondeaba la bandera monárquica. De vez en cuando disparábamos una descarga de fusil y nos poníamos a cubierto antes de que
los de las ametralladoras pudieran localizarnos. Confío en que les
rompiéramos alguna que otra ventana, aunque estaban a más de
ochocientos metros, y con nuestros fusiles era casi imposible acertarle a una casa a esa distancia.

El tiempo era frío y despejado, a veces soleado al mediodía,
pero siempre frío. Aquí y allá, en la falda de las colinas, empezaban
a asomar las hojas verdes de los lirios y el azafrán silvestre; era evidente que se acercaba la primavera, aunque muy despacio. Las noches eran más frías que nunca. Al volver de guardia de madrugada,
rastrillábamos lo que quedaba del fuego de la cocina y nos plantá-
bamos encima de las brasas. Era malo para las botas, pero muy
bueno para los pies. Sin embargo, había mañanas en las que el espectáculo del amanecer entre las cimas de las montañas hacía que
valiera la pena estar despierto a esas horas tan intempestivas. Odio
las montañas, incluso como paisaje. Pero a veces valía la pena contemplar el despuntar del día por detrás de las cumbres que había a
nuestra espalda, con los primeros rayos dorados, que parecían espa-
das que sajaran la oscuridad, la creciente luz y los mares de nubes
de color carmín que se extendían hasta distancias inconcebibles, a
pesar de que uno tuviera las piernas entumecidas de rodilla para
abajo y supiera que no probaría bocado hasta pasadas otras tres ho-

ras. En esa campaña vi más amaneceres que en toda mi vida pasada, y espero que también en la que me queda.

Andábamos escasos de hombres, lo que equivalía a guardias más largas y más turnos de fajina. Empezaba a sufrir los efectos de la falta de sueño, que es inevitable incluso en las guerras más reposadas. Además de las guardias y las patrullas, había constantes alertas y alarmas nocturnas, y en cualquier caso es imposible dormir bien en un condenado agujero con los pies helados y doloridos. En los primeros tres o cuatro meses que pasé en el frente, no creo que estuviera veinticuatro horas seguidas sin dormir más de una docena de veces, aunque tampoco llegaron a la docena las ocasiones en que pude dormir de un tirón. Lo normal eran veinte o treinta horas de sueño a la semana, y los efectos no fueron tan malos como cabría esperar; uno se volvía un poco más lento, y trepar arriba y abajo por las montañas se nos hacía cada vez más difícil en lugar de más fácil, pero por lo general nos sentíamos bien y teníamos mucha hambre; ¡cielos, qué hambre pasábamos! La comida era buena, incluso las eternas alubias que todos acabamos odiando. El agua la traían de varios kilómetros de distancia a lomos de unos pobres burros. Por alguna razón, los campesinos aragoneses tratan muy bien a sus mulas y horriblemente mal a sus burros. Cuando un burro se negaba a andar, lo habitual era darle una patada en los testículos. El suministro de velas se había interrumpido y escaseaban las cerillas. Los españoles nos enseñaron a hacer lámparas de aceite de oliva con botes de leche condensada, un cargador y un trapo. Cuando disponíamos de aceite de oliva, cosa poco frecuente, aquellos artilugios ardían con un leve parpadeo y daban la cuarta parte de luz que una vela, lo justo para encontrar el fusil.

No parecía haber muchas esperanzas de que fuésemos a entrar en combate. Cuando nos fuimos de Monte Pocero conté los cartuchos y descubrí que en tres semanas había disparado tres veces contra el enemigo. Dicen que hacen falta mil balas para matar un hombre, por lo que a ese paso necesitaría veinte años para matar a mi primer fascista. En Monte Trazo las líneas se hallaban más próximas y disparábamos con mayor frecuencia, pero estoy casi seguro de no haber acertado a nadie. Lo cierto es que, en esa época y en aquel frente, la verdadera arma no era el fusil sino el megáfono: como no se podía matar al enemigo, se le gritaba. Un método bélico tan extraordinario requiere una explicación.

Cuando las líneas estaban lo bastante cerca, siempre se intercambiaban gritos de trinchera a trinchera. Nosotros decíamos: «¡*Fascistas, maricones!*». Y los fascistas replicaban: «¡*Viva España! ¡Viva Franco!*». O, cuando sabían que tenían ingleses enfrente: «¡Volveos a vuestro país, ingleses! ¡Aquí no queremos extranjeros!». En el bando gubernamental, las consignas de propaganda para minar la moral del enemigo eran moneda corriente. En las posiciones donde era posible, se destinaba siempre a algunos hombres, por lo general a los encargados de las ametralladoras, a dar gritos y se les proporcionaban megáfonos. Normalmente gritaban un texto manido y plagado de sentimientos revolucionarios, donde se explicaba a los soldados fascistas que eran meras herramientas del capitalismo internacional, que estaban combatiendo contra los de su propia clase, etcétera, etcétera, y se les instaba a pasarse a nuestro bando. Los hombres se relevaban para repetirlo una y otra vez, y en ocasiones pasaban así toda la noche. No cabe duda de que era un método efectivo, y todo el mundo coincidía en que el lento goteo de desertores fascistas se debía en parte a aquella propaganda. Si se piensa bien, si a un pobre diablo de centinela, probablemente socialista o miembro de un sindicato anarquista, a quien han reclutado a la fuerza, se le repite una y otra vez en la oscuridad la consigna «¡No luches contra los de tu clase!» cuando está muerto de frío en su puesto, es lógico que termine por hacerle mella. Podría suponer la diferencia entre desertar o no. Por supuesto, semejante procedimiento no encaja con el concepto británico de la guerra, y admito que la primera vez que lo vi me sorprendió y escandalizó. ¡Tratar de convencer al enemigo en lugar de dispararle! Ahora me parece una maniobra legítima desde cualquier punto de vista. En la guerra de trincheras, cuando no se dispone de artillería, es muy difícil causar víctimas al enemigo sin sufrirlas uno mismo, por lo que, si uno puede inutilizar a unos cuantos hombres convirtiéndolos en desertores, tanto mejor: los desertores son más útiles que los cadáveres, porque pueden proporcionar información. Pero al principio nos desanimaba y nos daba la impresión de que los españoles no se tomaban suficientemente en serio su propia guerra. El encargado de gritar las consignas en el puesto del PSUC que había a nuestra derecha era un auténtico artista. A veces, en lugar de gritar lemas revolucionarios, se limitaba a explicarles a los fascistas lo bien que se comía en nuestras líneas. Su descripción de las raciones gubernamentales era un poco imaginativa.

—¡Tostadas con mantequilla! —resonaba su voz por el valle solitario—. ¡Ahora vamos a dar cuenta de unas tostadas! ¡Deliciosas tostadas con mantequilla!

Estoy seguro de que, como todos nosotros, llevaba semanas o meses sin probar la mantequilla, pero en las noches gélidas la descripción de las tostadas con mantequilla probablemente hizo que a muchos fascistas se les hiciera la boca agua. Me pasaba incluso a mí, que sabía que estaba mintiendo.

Un día, en febrero, vimos acercarse un avión fascista. Como de costumbre, sacamos una ametralladora, elevamos el cañón y todos nos tumbamos de espaldas para poder apuntar mejor. No valía la pena bombardear unas posiciones tan aisladas como las nuestras, y por lo general los escasos aviones fascistas que sobrevolaban la zona daban un rodeo para evitar el fuego de las ametralladoras. Esta vez fue directamente hacia nosotros, aunque pasó demasiado alto para que valiera la pena dispararle, y lanzó no bombas, sino unas cosas blancas y brillantes que daban vueltas y vueltas en el aire. Unas cuantas cayeron en nuestra posición. Eran ejemplares de un periódico fascista, *El Heraldo de Aragón*, anunciando la caída de Málaga.

Esa noche se produjo un conato de ataque de los fascistas. Acababa de tumbarme en mi jergón medio muerto de sueño cuando se oyó un tiroteo y alguien en el refugio gritó: «¡Nos atacan!». Cogí el fusil y corrí a mi puesto, que estaba en lo alto de la posición junto a la ametralladora. Estaba muy oscuro y había un ruido infernal. Estaban disparándonos con al menos cinco ametralladoras y se oían los estallidos de las bombas de mano que los fascistas arrojaban estúpidamente por encima de su propio parapeto. Reinaba una oscuridad total. En el valle que había a nuestra izquierda vi el resplandor verdoso de los disparos de un pequeño grupo de fascistas, probablemente una patrulla, que trataba de cruzar nuestras líneas. Las balas volaban en la oscuridad, bang-zzzzz-bang. Unos cuantos obuses pasaron silbando por el aire, pero ninguno cayó cerca de donde estábamos y, como de costumbre en esta guerra, la mayoría ni siquiera explotaron. Pasé un mal rato cuando otra ametralladora abrió fuego desde la colina que teníamos a nuestras espaldas; en realidad la habían subido allí para darnos fuego de cobertura, pero al principio pensé que estábamos rodeados. Al poco tiempo nuestra propia ametralladora se encasquilló, como pasaba siempre con esos pésimos cartuchos, y fue imposible encontrar la baqueta en aquella oscuridad impenetrable. Al parecer no podíamos hacer otra cosa que quedarnos allí y dejar que nos disparasen. Los españoles que estaban a cargo de la ametralladora se negaron a ponerse a cubierto; de hecho, se pusieron a tiro a propósito, y yo tuve que hacer lo mismo. Fue una vivencia menor, pero interesante. Era la primera vez que entraba propiamente en combate, y para mi humillación me asusté de un modo horrible. Reparé en que, cuando uno está bajo el fuego, no siente tanto miedo de que le hieran como de no saber dónde lo van a herir. Todo el rato te preguntas dónde te acertará la bala, y el cuerpo entero adquiere una sensibilidad peculiar.

Al cabo de una o dos horas, la frecuencia de los disparos disminuyó y por fin dejaron de oírse. Solo sufrimos una baja. Los fascistas habían emplazado un par de ametralladoras en la tierra de nadie, pero se habían mantenido a una distancia prudencial y no habían intentado asaltar nuestro parapeto. No había sido un verdadero ataque, sino la excusa para desperdiciar unos cuantos cartuchos y celebrar la caída de Málaga. Lo bueno fue que me enseñó a leer las noticias de la guerra con mayor escepticismo. Uno o dos días después, la radio y los periódicos informaron de un terrible ataque con tanques y caballería (¡por una ladera vertical!) que los heroicos ingleses habían rechazado.

Cuando los fascistas nos dijeron que Málaga había caído lo tomamos por una patraña, pero al día siguiente llegaron rumores más convincentes y, uno o dos días después, llegó el reconocimiento oficial. Poco a poco, nos fuimos enterando de aquella triste historia; habían evacuado la ciudad sin disparar un solo tiro y la furia de los italianos se había abatido no sobre las tropas, que se habían ido, sino sobre los pobres civiles, a algunos de los cuales persiguieron con fuego de ametralladoras más de ciento cincuenta kilómetros. Las noticias hicieron que un escalofrío recorriera el frente, pues, fuese cual fuese la realidad, todos los milicianos estaban convencidos de que la caída de Málaga había sido una traición. Fue la primera vez que oí hablar de traición o divergencia de objetivos. Por primera vez me asaltó una vaga duda sobre aquella guerra en la que, hasta entonces, lo que era justo e injusto me había parecido maravillosamente simple.

A mediados de febrero dejamos Monte Trazo y nos enviaron, junto con todas las tropas del POUM de aquel sector, a formar parte del ejército que sitiaba Huesca. Fue un viaje de setenta y cinco kilómetros en camión por una llanura ventosa en la que todavía no habían brotado las viñas podadas y las hojas de cebada apenas empezaban a asomar en el suelo. A cuatro kilómetros de nuestras nuevas trincheras se divisaba Huesca, clara y diminuta como una ciudad de casas de muñecas. Meses antes, después de la caída de Siétamo, el general al mando de las tropas gubernamentales había dicho alegremente: «Mañana tomaremos café en Huesca». Estaba equivocado. Se habían producido sangrientos ataques, pero la ciudad no había caído, y lo de «mañana tomaremos café en Huesca» se había convertido en una muletilla popular en todo el frente. Si alguna vez vuelvo a España, me aseguraré de ir a tomar un café en Huesca.

5

En la parte oriental de Huesca, hasta finales de marzo no ocurrió literalmente casi nada. Estábamos a mil doscientos metros del enemigo. Cuando éste fue rechazado hacia Huesca, las tropas del ejército republicano que dominaban aquella parte del frente no habían avanzado con demasiado cuidado, por lo que las líneas formaban una especie de bolsa. Más tarde habría que avanzar sobre ella —una tarea complicada bajo el fuego—, pero de momento era como si el enemigo no existiera; nuestras únicas preocupaciones eran luchar contra el frío y conseguir comida.

Entretanto seguimos con la rutina habitual, la ronda diurna (o más bien nocturna), los turnos de guardia, las patrullas, cavar, el barro, la lluvia, el aullido del viento y, de vez en cuando, la nieve. El tiempo no mejoró hasta abril, cuando las noches empezaron a ser notablemente más cálidas. En aquella meseta, los días marceños eran parecidos a los de Inglaterra, con cielos brillantes y azules y vientos desagradables. La cebada de invierno tenía ya casi treinta centímetros, en los cerezos empezaban a formarse capullos carmesíes (el frente se extendía por huertos y plantaciones de frutales abandonados) y, si uno buscaba en las zanjas, podía encontrar violetas y una especie de jacinto silvestre parecido a una campanilla. Justo detrás de las líneas corría un precioso arroyo burbujeante, la primera agua transparente que había visto desde mi llegada al frente. Un día, hice acopio de valor y me metí en el agua para tomar el primer baño en seis semanas. Fue lo que puede llamarse un baño breve, pues era agua de deshielo casi congelada.

De momento no ocurría nada, nunca ocurría nada. Los ingleses adquirieron la costumbre de decir que aquello no era una guerra, sino una siniestra pantomima. Los fascistas apenas disparaban. El único peligro era el de las balas perdidas, que, como las líneas se curvaban hacia delante por los dos lados, llegaban de varias direcciones. Todas las víctimas de aquella guerra las causaban las balas perdidas. A Arthur Clinton lo hirió una bala misteriosa que le destrozó el hombro izquierdo y le dejó el brazo inutilizado, me temo que de forma permanente. Había algo de fuego de artillería, pero era muy poco eficaz. De hecho, el silbido y el estallido de los obuses llegaron a considerarse una especie de diversión. Los fascistas nunca apuntaban a nuestro parapeto. Unos cientos de metros detrás de nosotros había una casa solariega llamada La Granja, con varias dependencias que se utilizaban como almacén, cuartel general y cocina para aquel sector del frente. Era ahí a donde apuntaban los artilleros fascistas, pero se encontraban a cinco o seis kilómetros y nunca acertaron lo bastante cerca para conseguir otra cosa que romper los cristales de las ventanas y hacer saltar la pintura de las paredes. Solo corrías verdadero peligro si el bombardeo te sorprendía subiendo por la carretera y los obuses empezaban a caer a tu lado. Uno aprendía casi de inmediato lo cerca que caería un obús por el ruido que hacía. Los proyectiles que los fascistas utilizaban en aquella época eran muy malos. Aunque el calibre era de 150 milímetros, tan solo hacían un pequeño cráter de dos metros de ancho por uno de profundidad, y al menos uno de cada cuatro ni siquiera llegaba a explotar. Corrían historias novelescas sobre sabotajes en las fábricas fascistas y obuses que, en lugar de la carga, llevaban un papel que decía «Frente Popular», pero nunca vi ninguno. Lo que ocurría era que los proyectiles eran viejísimos; no recuerdo quién encontró una espoleta con la fecha impresa y era de 1917. Los cañones fascistas eran del mismo fabricante y calibre que los nuestros, y los obuses que no llegaban a estallar se reparaban y se volvían a utilizar contra ellos. Se contaba que había un viejo proyectil, que tenía hasta un mote propio, que iba de un lado al otro sin explotar nunca.

Por la noche se enviaban pequeñas patrullas a la tierra de nadie para que se apostaran en las zanjas que había cerca de las líneas fascistas y trataran de oír cualquier ruido (toques de trompeta, bocinas de coche y demás) que pudiera indicar actividad en Huesca. Entre las tropas fascistas se producía un ir y venir constante, y hasta cierto punto era posible calcular su número gracias a los informes de los escuchas. Teníamos órdenes de informar si oíamos tañer campanas. Por lo visto, los fascistas siempre oían misa antes de pasar a la acción. Dispersas por los campos y los huertos había cabañas con tapias de adobe que se podían explorar a la luz de una cerilla después de tapar las ventanas. A veces podía conseguirse un valioso botín, como un hacha o una cantimplora (eran mejores que las nuestras y estaban muy solicitadas). También era posible explorar los campos a la luz del día, pero había que ir a gatas todo el rato. Era raro arrastrarse por esos campos fértiles y abandonados justo antes de la recolección. Las cosechas del año anterior no se habían recogido. Las vides sin podar serpenteaban por el suelo, las mazorcas de maíz estaban duras como piedras y las remolachas se habían convertido en enormes tocones leñosos e hipertrofiados. ¡Cómo debían de haber maldecido los campesinos a ambos ejércitos! A veces, grupos de hombres iban a rebuscar en la tierra de nadie. A un kilómetro a nuestra derecha, donde las líneas estaban más próximas, había un patatal que frecuentaban tanto los fascistas como los nuestros. Nosotros íbamos de día y ellos solo después de caer el sol, porque estaba a tiro de nuestras ametralladoras. Una noche, para nuestro enfado, se presentaron en masa y no dejaron una sola patata. Descubrimos otro patatal un poco más lejos, pero estaba desprotegido y había que recolectar las patatas tumbado boca abajo, lo que era mucho más fatigoso. Si te localizaban los de las ametralladoras había que echarse cuerpo a tierra, como una rata cuando se cuela por debajo de una puerta, mientras las balas arrancaban terrones de tierra a unos pocos metros. Pero valía la pena porque, como las patatas escaseaban, si conseguías recoger un saco podías llevárselo al cocinero y cambiarlas por una cantimplora llena de café.

Aun así seguía sin pasar nada, y no daba la impresión de que las cosas fueran a cambiar. ¿Cuándo vamos a atacar? ¿Por qué no atacamos? Eran preguntas que se repetían constantemente tanto los ingleses como los españoles. Si uno se para a pensar en lo que supone entrar en combate, es raro que los soldados lo deseen, pero sin duda así es. En la guerra estacionaria hay tres cosas por las que suspiran todos los soldados: una batalla, más cigarrillos y una semana de permiso. Estábamos un poco mejor armados que antes. Cada soldado tenía ciento cincuenta cartuchos en lugar de cincuenta, y nos fueron suministrando con cuentagotas bayonetas, cascos de acero y algunas bombas de mano. Había rumores constantes de una batalla inminente, pero luego me convencí de que los ponían en circulación a propósito para mantener la moral de la tropa. No hacían falta muchos conocimientos de estrategia para darse cuenta de que no habría ningún ataque en esa parte de Huesca, al menos de momento. El punto estratégico era la carretera de Jaca, justo al otro lado. Luego, cuando los anarquistas la atacaron, nuestra labor consistió en llevar a cabo «ataques de distracción» para obligar a los fascistas a trasladar tropas del otro frente.

En todo ese tiempo, unas seis semanas, solo se produjo un ataque por nuestra parte, cuando las tropas de choque atacaron, el *Manicomio*, un asilo para enfermos mentales abandonado que los fascistas habían convertido en fortaleza. Había setecientos refugiados alemanes que servían en el POUM. Estaban organizados en un batallón especial llamado *Batallón de Choque*, y, desde el punto de vista militar, no tenían nada que ver con el resto de los milicianos; de hecho, eran lo más parecido a unos soldados de verdad que jamás vi en España, a excepción de la Guardia de Asalto y algunos integrantes de las Brigadas Internacionales. El ataque fue un fiasco, como de costumbre. Pero ¿cuántas operaciones llevadas a cabo por las fuerzas gubernamentales no lo fueron? Las tropas de choque tomaron el *Manicomio* al asalto, pero los soldados de no sé qué milicia, que debían cubrirlos tomando la colina cercana al *Manicomio*, fracasaron de forma estrepitosa. El capitán al mando era uno de esos oficiales de carrera de lealtad equívoca a quienes el gobierno se empeñaba en seguir empleando. Fuese por miedo o por traición, puso a los fascistas sobre aviso al lanzar una bomba de mano cuando estaban a menos de doscientos metros. Me alegra decir que sus propios hombres lo pasaron por las armas allí mismo. Pero el ataque por sorpresa no fue tal, y un fuego intenso barrió a los milicianos, que tuvieron que renunciar a tomar la colina. Al anochecer, las tropas de choque se vieron obligadas a abandonar el *Manicomio*. Toda la noche las ambulancias estuvieron circulando por la horrible carretera de Siétamo, y las sacudidas acabaron de rematar a los heridos graves.

Por aquel entonces todos estábamos infestados de piojos; aunque seguía haciendo frío, al parecer hacía suficiente calor para ellos. He tenido parásitos de diversos tipos, pero el piojo es el peor de todos. Otros insectos, como por ejemplo los mosquitos, son más insufribles, pero al menos no se instalan de forma permanente. El piojo humano se parece a una langosta diminuta, y vive sobre todo en los pantalones. No hay otro modo de librarse de ellos que quemar la ropa. Ponen en las costuras unos brillantes huevos blancos, como minúsculos granos de arroz, que luego se abren y se multiplican a una velocidad increíble. En mi opinión, los pacifistas de-

berían ilustrar sus panfletos con fotografías de piojos ampliadas.
¡La gloria de la guerra! En las guerras, todos los soldados los tienen,
al menos cuando hace calor. Todos y cada uno de quienes combatieron en Verdún, Waterloo, Flodden, Senlac o las Termópilas tenían los testículos cubiertos de piojos. Hasta cierto punto, los man-
teníamos a raya quemando sus huevos y bañándonos siempre que
reuníamos el valor suficiente; solo los piojos habrían podido obligarme a meterme en aquel río helado.

Todo escaseaba: las botas, la ropa, el tabaco, el jabón, las velas,
las cerillas y el aceite de oliva. Los uniformes estaban hechos jirones y muchos no tenían botas, sino alpargatas. Por todas partes había botas rotas amontonadas. Una vez alimentamos dos días ente-
ros la fogata de un refugio solo con botas, y la verdad es que no
arden nada mal. Por aquel entonces mi mujer estaba en Barcelona
y me enviaba té, chocolate e incluso cigarros siempre que podía
conseguirlos, pero incluso allí escaseaban las cosas, sobre todo el
tabaco. El té era un regalo divino, aunque no teníamos leche y
apenas un poco de azúcar. Desde Inglaterra nos enviaban constantemente paquetes que nunca llegaban: comida, ropa, cigarrillos…;
todo lo rechazaban en la oficina de correos o lo confiscaban en
Francia. Curiosamente, la única empresa inglesa que consiguió hacer llegar a mi mujer unos paquetes de té —e incluso, en una ocasión memorable, una lata de galletas— fueron los Almacenes del
Ejército y la Marina. ¡Los viejos Almacenes del Ejército y la Marina! Cumplieron noblemente con su deber, aunque probablemente
hubiesen preferido que las cosas acabaran en las trincheras franquistas. La escasez de tabaco era lo peor de todo. Al principio nos
habían dado un paquete de cigarrillos diario por cabeza, luego se
redujo a ocho cigarrillos al día y finalmente a cinco. Después hubo
diez días mortales en que no hubo suministro de tabaco. Por primera vez en España vi algo que se ve a diario en Londres: gente recogiendo colillas del suelo.

A finales de marzo se me infectó una mano y tuvieron que sajármela y ponérmela en cabestrillo. Me hospitalizaron pero, como no valía la pena llevarme a Siétamo por una herida tan insignificante, me quedé en la supuesta clínica de Monflorite, que no era sino un mero hospital de sangre. Pasé allí diez días y tuve que guardar cama parte del tiempo. Los enfermeros me robaron casi todos los objetos de valor que tenía, entre ellos mi cámara y todas mis fotografías. En el frente todo el mundo robaba (eran los efectos inevitables de la escasez), pero el personal de los hospitales era aún peor. Tiempo después, en el hospital de Barcelona, un estadounidense que había venido para alistarse en las Brigadas Internacionales en un barco que fue torpedeado por un submarino italiano, me contó que lo llevaron herido a tierra y que los camilleros le robaron el reloj de pulsera mientras lo metían en la ambulancia.

Con el brazo en cabestrillo pasé unos días deliciosos paseando por el campo. Monflorite era la habitual acumulación de casas de piedra y adobe, con callejones estrechos y tortuosos tan machacados por los camiones que parecían cráteres lunares. La iglesia estaba muy deteriorada, pero se empleaba como almacén militar. En los alrededores solo había dos granjas de importancia, Torre Lorenzo y Torre Fabián, y solo dos edificios verdaderamente grandes, obviamente las casas de los terratenientes que habían sido amos y señores de aquel lugar, y cuya riqueza contrastaba mucho con las míseras casas de los campesinos. Justo detrás del río, cerca de la línea del frente, había un enorme molino harinero que se hallaba junto a una casa de campo. Daba lástima ver inmovilizada aquella enorme maquinaria y las tolvas de la harina utilizadas como leña. Después enviaron patrullas de hombres en camiones para desmantelar por completo el lugar y llevarse toda la leña. Una manera de arrancar los tablones del suelo era hacer explotar una granada. Es probable que La Granja, que nos servía de almacén y donde también estaban las cocinas, fuese antes un convento. Tenía patios enormes, muchas dependencias que ocupaban más de media hectárea y establos para treinta o cuarenta caballos. Las casas de campo de esa parte de España carecen de interés desde el punto de vista arquitectónico, pero las granjas de piedra caliza, con sus arcos airosos y sus magníficas vigas en los techos, son muy señoriales y se construyen según un trazado que probablemente no haya cambiado desde hace siglos. A veces uno llegaba a sentir lástima por los ex propietarios fascistas al ver el modo en que la milicia trataba los edificios confiscados. En La Granja, todas las estancias que no se utilizaban habían sido convertidas en letrinas, una horrible mezcla de muebles rotos y excrementos. La iglesuela adyacente tenía las paredes perforadas por los obuses y el suelo cubierto por varios centímetros de estiércol. En el gran patio donde los cocineros servían las raciones, los montones de latas oxidadas, el barro, el estiércol de mula y la comida podrida resultaban repugnantes. Daba motivos para la vieja canción militar que dice:

> ¡Hay ratas, ratas,
> ratas grandes como gatos
> en el cuarto del furriel!

Las de La Granja eran verdaderamente tan grandes como gatos o casi, unos bichos repugnantes que deambulaban sobre los montones de basura con tanto descaro que solo huían cuando les disparabas.

Por fin había llegado la primavera. El azul del cielo era más suave, el aire estaba cargado de aromas. Las ranas se apareaban ruidosamente en las zanjas. Cerca del abrevadero de las mulas del pueblo, encontré unas ranitas verdes bellísimas del tamaño de una moneda de un penique, tan brillantes que incluso la hierba nueva palidecía en comparación con ellas. Los chiquillos del pueblo salían con cubos a buscar caracoles que asaban vivos en planchas de hojalata. En cuanto el tiempo mejoró, los campesinos se pusieron a arar los campos. Es característico de la absoluta vaguedad en que está envuelta la revolución agraria española que no lograse averiguar si las tierras habían sido colectivizadas o se las habían repartido entre los campesinos. Imagino que, al menos en teoría, estaban colectivizadas, pues aquel era el territorio del POUM y de los anarquistas. En cualquier caso, los terratenientes se habían ido, y la gente parecía contentarse con que los campos estuviesen cultivados. La cordialidad con que nos trataban los lugareños nunca dejó de sorprenderme. A los más ancianos la guerra debía de parecerles un sinsentido que no había traído más que penurias y escasez para todos, y, en el mejor de los casos, todos los campesinos odian tener tropas acuarteladas en sus tierras. Aun así, se mostraban muy amistosos, supongo que pensando que, por muy desagradables que pudiéramos ser, también éramos quienes nos interponíamos entre ellos y sus antiguos amos. Las guerras civiles son muy raras; Huesca estaba a menos de siete kilómetros, era a donde iban al mercado, tenían parientes allí y todas las semanas habían ido a vender sus pollos y sus verduras, pero hacía ocho meses que se había levantado entre ellos una barrera impenetrable de alambradas y ametralladoras. A veces se les olvidaba. En una ocasión entablé conversación con una anciana que llevaba una de esas lamparitas de hierro donde los españoles queman aceite de oliva.

—¿Dónde puedo comprar una lámpara como esa? —pregunté.

—En Huesca —respondió sin pensar, y los dos nos echamos a reír.

Las chicas del pueblo eran guapísimas, vivarachas, con el pelo negro como el carbón, andares cimbreantes y un trato directo de tú a tú que probablemente fuese consecuencia de la revolución.

Los hombres que araban los campos con yuntas de mulas que agitaban rítmicamente las orejas, llevaban harapientos blusones azules, pantalones bombachos de pana negra y sombreros de paja

de ala ancha. Los arados eran muy primitivos y solo rascaban el
suelo sin abrir un verdadero surco. Todos los aperos estaban anticuados porque el metal era demasiado caro. Si se rompía la reja
del arado, por ejemplo, la arreglaban una y otra vez, hasta que al
final solo se veían los parches. Los rastrillos y las horcas eran de
madera. Las palas eran desconocidas entre una gente que rara vez
tenía botas y cavaba con una tosca azada como las que se emplean
en la India. Había una especie de trillo que lo transportaba a uno
a la Edad de Piedra. Estaba hecho de tablas unidas con clavos y tenía el tamaño de una mesa de cocina; en las tablas se hacían cientos de agujeros y luego se clavaba en ellos un trozo de pedernal al
que se había dado forma a golpes, igual que se hacía hace diez mil
años. Recuerdo el horror que sentí al ver uno de aquellos objetos
en una caseta abandonada en la tierra de nadie. Me dejó perplejo
un buen rato, hasta que comprendí que era una grada. Me repug-
nó pensar en el trabajo que debía de costar fabricar aquel objeto y
en la miseria que les obligaba a emplear pedernal en lugar de acero.* Desde entonces tengo mejor opinión del industrialismo. No
obstante, en el pueblo había dos tractores bastante modernos, sin
duda confiscados en la finca de algún terrateniente de importancia.

En un par de ocasiones me acerqué dando un paseo al pequeño
cementerio rodeado de tapias que había a uno o dos kilómetros.
A los caídos en el frente normalmente los enviaban a Siétamo;
quienes yacían allí eran del pueblo. Era extrañamente diferente de
un cementerio inglés. ¡Qué poco respeto por los muertos! Estaba
cubierto de maleza y había huesos humanos esparcidos por todas
partes. Pero lo más sorprendente era la falta casi total de inscripciones religiosas en las lápidas, y eso que todas databan de antes de la
revolución. Creo que solo una vez vi el «Rogad por el alma de Fu-

* Orwell confunde la grada con un trillo. (N. del T.)

lano» típico de las tumbas católicas. La mayoría de las inscripciones eran puramente laicas, con ridículas coplillas que cantaban las virtudes del difunto. Solo en una de cada cuatro o cinco había una pequeña cruz o una referencia formal al Cielo, por lo general borrada con cincel por algún ateo industrioso.

Me sorprendió que la gente de aquella parte de España careciese de sentimientos religiosos, al menos en el sentido ortodoxo. Es curioso que, en todo el tiempo que pasé en España, nunca viese a nadie santiguarse, pese a que, con revolución o sin ella, un gesto así es casi instintivo. Es evidente que la Iglesia española volverá (ya dice el refrán que los jesuitas son como la falsa moneda), pero tampoco hay duda de que al principio de la revolución se hundió y quedó hecha pedazos, hasta un extremo que sería impensable incluso para la moribunda Iglesia anglicana en circunstancias similares. Para los españoles, al menos en Cataluña y Aragón, la Iglesia era simplemente una maquinaria de robo organizado. Y es posible que las creencias cristianas se sustituyeran por el anarquismo, cuya influencia está muy extendida y que sin duda tiene un tinte religioso.

Justo el día que volví del hospital avanzamos las líneas hasta su verdadera posición, unos mil metros más adelante, a lo largo del riachuelo que discurría a unos doscientos metros de las líneas fascistas. Dicha operación debería haberse llevado a cabo meses antes. La razón para hacerlo ahora era que los anarquistas estaban atacando la carretera de Jaca, y avanzar por aquel lado obligaba al enemigo a emplear tropas para hacernos frente.

Estuvimos sesenta o setenta horas sin dormir, así que mis recuerdos son borrosos, o más bien una sucesión de imágenes. De escucha en la tierra de nadie, a cien metros de la Casa Francesa, una granja fortificada que formaba parte de las líneas fascistas. Siete horas tendido en un tremedal, en un agua que olía a juncos y en la que te ibas hundiendo cada vez más; el olor a cañas, el frío entu-

mecedor, las estrellas inmóviles en el cielo negro, el estridente
croar de las ranas. Aunque estábamos en abril, fue la noche más fría
que recuerdo en España. A menos de cien metros a nuestras espaldas, los hombres trabajaban sin descanso, pero a excepción de las
ranas reinaba un silencio absoluto. Solo una vez en toda la noche oí
un ruido, el familiar sonido de una pala golpeando contra un saco
terrero. Es raro que, de vez en cuando, los españoles consigan organizarse con tanta eficacia. La maniobra se planeó minuciosamente.
En menos de siete horas, seiscientos hombres construyeron mil
doscientos metros de trincheras y parapetos entre ciento cincuenta
y trescientos metros de las líneas enemigas, con tanto sigilo que los
fascistas no oyeron nada y en toda la noche solo tuvimos una baja.
Al día siguiente hubo más, claro. Todo el mundo tenía asignado su
cometido, incluso los de las cocinas, que llegaron una vez termina-
da la faena con cubos de vino mezclado con coñac.

Después amaneció y los fascistas descubrieron que estábamos
allí. La blanca mole de la Casa Francesa, aunque estaba a doscientos
metros de distancia, daba la impresión de cernerse sobre nosotros,
y las ametralladoras de las ventanas del piso de arriba, protegidas
con sacos terreros, parecían apuntar directamente a la trinchera.
Nos quedamos mirándola boquiabiertos, extrañados de que los
fascistas no nos hubieran visto. Una terrible ráfaga de balas hizo
que todos nos pusiéramos de rodillas y empezáramos a cavar para
hacer la trinchera más honda y abrir refugios en las paredes. Como
tenía la mano vendada no podía cavar, así que pasé el día leyendo
una novela policíaca titulada *El prestamista desaparecido*. No recuerdo el argumento, pero sí la sensación de estar sentado sobre el barro húmedo de la trinchera, el tener que apartar constantemente
las piernas para dejar pasar a los hombres que corrían agachados
por la trinchera y el ruido de las balas a medio metro por encima
de mi cabeza. Thomas Parker recibió un balazo en la parte superior del muslo y estuvo demasiado cerca, como dijo él, de conse-

guir la OSD.* Se produjeron bajas en todo el frente, pero nada comparado con lo que habría ocurrido si nos hubiesen sorprendido avanzando de noche. Un desertor nos contó después que habían fusilado por negligencia a cinco centinelas fascistas. Incluso en aquel momento podrían habernos masacrado si hubiesen tenido la iniciativa de llevar unos cuantos morteros. Sacar a los heridos por la estrecha y abarrotada trinchera era una labor difícil. Vi a un pobre diablo con los pantalones bombachos empapados de sangre caerse de la camilla en su agonía. Había que transportarlos muy lejos, pues, incluso cuando había carretera, las ambulancias nunca se acercaban demasiado a la línea del frente. Si lo hacían, los fascistas las bombardeaban, y la verdad es que no me extraña, pues en la guerra moderna nadie tiene el menor reparo en transportar municiones en ambulancia.

Luego, la noche siguiente, estuvimos esperando en Torre Fabián un ataque que se canceló por radio en el último momento. El suelo del granero donde aguardábamos era una fina capa de paja sobre un profundo lecho de huesos humanos y de vaca, y las ratas pululaban por todas partes. Si hay algo que odio es que una rata me pase por encima en la oscuridad, pero al menos tuve la satisfacción de propinarle a una un puñetazo que la envió volando por los aires.

Después nos apostamos a cincuenta o sesenta metros del parapeto fascista esperando la orden de atacar; una larga línea de hombres acurrucados en una acequia de riego con las bayonetas asomando y el blanco de los ojos brillando en la oscuridad. Kopp y Benjamín estaban detrás cuerpo a tierra, acompañados del hombre que cargaba con la radio. Al oeste se veía el resplandor rosado de los cañonazos, seguido, a intervalos de varios segundos, por enormes explosiones. Por fin se oyó un pip-pip-pip en la radio y recibimos la

---

* La Orden de Servicios Distinguidos, una condecoración británica concedida por méritos en combate. *(N. del T.)*

orden de salir de allí mientras estuviéramos a tiempo. Así lo hicimos, pero no lo bastante deprisa. A doce desdichados de la JCI (la
liga juvenil del POUM, equivalente al JSU del PSUC) que estaban
apostados a menos de cuarenta metros del parapeto fascista, los sorprendió el amanecer y no pudieron escapar. Tuvieron que quedarse
allí todo el día, detrás de unas matas, con los fascistas disparándoles
cada vez que se movían. Al caer la noche, siete habían muerto y los
otros cinco se las arreglaron para huir arrastrándose en la oscuridad.

Después, muchas mañanas oímos el estrépito de los ataques
anarquistas por el otro flanco de Huesca. Siempre era el mismo ruido. De pronto, en plena madrugada, se oían varias decenas de bombas que explotaban al mismo tiempo —un estruendo terrible, incluso a varios kilómetros de distancia— y el rugido de cientos de
fusiles y ametralladoras, un pesado redoble que recordaba curiosamente al de un tambor. Poco a poco, los disparos se extendían por
todas las líneas que rodeaban Huesca, y nosotros tropezábamos
por la trinchera y dormitábamos apoyados contra el parapeto mientras las balas pasaban inofensivas por encima.

De día los cañones tronaban sin descanso. Torre Fabián, donde
por entonces teníamos las cocinas, fue bombardeada y parcialmente destruida. Es curioso que, cuando uno observa el fuego de artillería desde un lugar seguro, siempre desea que el artillero dé en el
blanco, aunque este contenga tu cena y a algunos de tus camaradas. Esa mañana los fascistas estaban apuntando bien (puede que
les ayudaran artilleros alemanes). Se fueron acercando poco a poco
a Torre Fabián. Un obús cayó demasiado lejos, otro demasiado
cerca y luego zzzzzzzz… ¡BUM! Vigas rotas que saltan por los aires
y planchas de uralita que vuelan por doquier como las cartas de un
castillo de naipes. El siguiente obús arrancó una esquina del edificio tan limpiamente como lo habría hecho un gigante con un cuchillo. Y, aun así, los cocineros sirvieron la cena a su hora, una ges-
ta memorable.

A medida que iban pasando los días, los cañones, audibles pero invisibles, empezaron a adquirir personalidad propia. Había dos baterías de cañones rusos de 75 milímetros que disparaban desde nuestra retaguardia y que evocaban en mi memoria la imagen de un hombre muy grueso golpeando una pelota de golf. Fueron los primeros cañones rusos que vi (o más bien oí). Tenían una trayectoria muy baja y mucha velocidad, de manera que la explosión, el zumbido y el estallido del obús se oían casi simultáneamente. Detrás de Monflorite había dos cañones muy pesados que disparaban pocas veces al día, con un rugido profundo y amortiguado que parecía el lejano lamento de unos monstruos encadenados. En el monte Aragón, la fortaleza medieval que las tropas gubernamentales habían tomado al asalto el año pasado (por primera vez en la historia, según se decía) y que controlaba una de las entradas a Huesca, había un cañón muy pesado que debía de ser del siglo XIX. Sus enormes obuses volaban tan despacio que daba la sensación de que uno podría correr a su lado y adelantarlos. Los obuses de aquel cañón sonaban exactamente igual que un ciclista silbando. Los morteros ligeros, pese a ser tan pequeños, hacían un ruido infernal. Sus proyectiles son en realidad una especie de torpedo, igual que los dardos que se lanzan en los pubs y del tamaño de una botella de un tercio de litro, que estalla con un horrible ruido metálico, como el de un monstruoso globo de frágil acero que alguien rompiera sobre un yunque. A veces nuestros aviones sobrevolaban la zona y soltaban torpedos aéreos cuya explosión hacía temblar la tierra incluso a tres kilómetros de distancia. Los estallidos del fuego antiaéreo fascista moteaban el cielo como nubecillas en una acuarela de mala calidad, pero nunca vi que acertaran a menos de cien metros de un avión. Cuando un aeroplano se lanza en picado y utiliza la ametralladora, el sonido, desde abajo, recuerda una especie de aleteo.

En nuestro sector del frente no ocurría gran cosa. A doscientos metros a nuestra derecha, donde los fascistas estaban en un terreno

más alto, los francotiradores abatieron a algunos de nuestros camaradas. Doscientos metros a la izquierda, en el puente que atravesaba el río, tenía lugar una especie de duelo entre los morteros fascistas y quienes construían una especie de barricada de hormigón en
el puente. Las granadas silbaban por encima (zzzzz, ¡bum!, zzzzz,
¡bum!) y estallaban con diabólico estrépito al caer sobre el asfalto.
A unos cien metros de allí, uno podía contemplar con total seguridad las columnas de tierra y humo negro que se alzaban en el aire
como árboles mágicos. Los pobres diablos del puente pasaban la
mayor parte del día poniéndose a cubierto en los refugios que habían cavado en un lado de la trinchera. Aun así, se produjeron menos bajas de lo esperado, y poco a poco fue alzándose la barricada,
una pared de hormigón de medio metro de grosor con troneras
para dos ametralladoras y un pequeño cañón de campaña. El hormigón estaba reforzado con unos somieres viejos que, al parecer,
era el único hierro que habían podido encontrar.

6

Una tarde Benjamín nos dijo que necesitaba quince voluntarios. El ataque contra el reducto fascista que se había pospuesto en la anterior ocasión, iba a producirse esa noche. Engrasé mis diez cartuchos mexicanos, ensucié la bayoneta (si brillan demasiado delatan tu posición) y metí en el macuto un trozo de pan, una ristra de chorizos y un cigarro que mi mujer me había enviado desde Barcelona y que guardaba desde hacía tiempo. Repartieron tres granadas por cabeza. El gobierno español por fin se las había arreglado para fabricar una granada en condiciones. Era como la bomba de mano Mills, pero con dos anillas en lugar de una. Una vez quitadas, la granada estallaba a los siete segundos. Su principal desventaja era que una de las anillas iba muy dura y la otra demasiado floja, por lo que había que elegir entre dejar las dos anillas puestas y correr el riesgo de no poder quitar la rígida en una emergencia, o quitarla de antemano y estar con el corazón en un puño pensando que en cualquier momento la granada podía explotarte en el bolsillo. Aun así era muy manejable.

Poco antes de la medianoche, Benjamín nos condujo a los quince a Torre Fabián. Había estado lloviendo toda la tarde. Las acequias estaban desbordadas, y cada vez que caías en una te hundías en el agua hasta la cintura. Al llegar a la granja vimos a un grupo de hombres que esperaba en la oscuridad, bajo la lluvia.

Kopp nos arengó, primero en español y luego en inglés, y nos explicó el plan de ataque. Las líneas fascistas formaban un ángulo recto, y el parapeto que íbamos a atacar estaba en una loma en el vértice del ángulo. Unos treinta hombres, la mitad españoles y la mitad ingleses, a las órdenes de Jorge Roca, el jefe del batallón (en la milicia un batallón constaba de unos cuatrocientos hombres), y de Benjamín, nos arrastraríamos hasta allí y cortaríamos las alambradas fascistas. Jorge lanzaría una primera granada que serviría de señal y, a continuación, todos arrojaríamos una lluvia de granadas, expulsaríamos a los fascistas del parapeto y lo tomaríamos antes de que tuvieran ocasión de reagruparse. Simultáneamente, setenta soldados del batallón de choque asaltarían la posición fascista más cercana, que estaba a doscientos metros a la derecha de la anterior, unida por una trinchera de comunicación. Para evitar que pudiéramos dispararnos unos a otros, llevaríamos brazaletes blancos. En ese momento llegó un mensajero para avisar de que no había brazaletes blancos. En la oscuridad una voz quejosa sugirió:

—¿Y no podríamos pedirles a los fascistas que se los pusieran ellos?

Todavía faltaban una hora o dos. El granero del establo estaba tan destrozado por las bombas que era imposible entrar en él sin una linterna. La mitad del suelo estaba levantado por una bomba y había una caída de seis metros hasta el suelo. Alguien encontró una palanca, arrancó uno de los tablones del suelo y enseguida encendimos una hoguera y pusimos a secar la ropa. Otro sacó una baraja. Un rumor —uno de esos rumores endémicos en las guerras— anunció que iban a servirnos café caliente con coñac. Nos agrupamos ansiosos al pie de la escalera destartalada y deambulamos por el patio preguntándonos dónde servirían el café. Pero, ¡ay!, no hubo café. En lugar de eso nos hicieron formar en fila, y Jorge y Benjamín se adentraron en la oscuridad seguidos de los demás.

Continuaba lloviendo y estaba muy oscuro, pero el viento había amainado. El barro era indescriptible. Los senderos entre los campos de remolacha eran una sucesión de terrones más resbaladizos que una cucaña y había charcos por todas partes. Mucho antes de que llegásemos al lugar donde abandonaríamos nuestro parapeto, todos nos habíamos caído varias veces al suelo y teníamos los fusiles cubiertos de barro. En el parapeto esperaban un puñado de hombres, nuestras reservas, con el médico y unos cuantos camilleros en fila. Pasamos por un hueco en el parapeto y atravesamos otra acequia, ¡chof!, ¡chof!, otra vez con el agua por la cintura y el fango sucio y resbaladizo colándose por la caña de las botas. Jorge esperó sobre la hierba a que hubiéramos pasado todos. Luego se agachó y empezó a avanzar. El parapeto fascista estaba a ciento cincuenta metros. Nuestra única oportunidad de llegar hasta allí era avanzar sin hacer ruido.

Yo iba delante con Jorge y Benjamín. Encorvados pero con la vista al frente, nos adentramos cada vez más despacio en la oscuridad. La lluvia nos golpeaba suavemente en la cara. Al mirar atrás vi a los hombres que iban más cerca, un montón de formas gibosas como enormes champiñones negros que avanzaban lentamente. Pero, cada vez que levantaba la cabeza, Benjamín, que iba justo detrás de mí, me susurraba al oído: «¡Baja la cabeza! ¡Baja la cabeza!». A punto estuve de responderle que no tenía de qué preocuparse. Sabía por experiencia que, en una noche tan oscura, no se distingue a un hombre a veinte pasos. Era mucho más importante guardar silencio. Si nos oían, estábamos listos. Les bastaría con disparar en la oscuridad con sus ametralladoras, y no nos quedaría otro remedio que echar a correr o dejar que nos masacraran.

Pero era imposible avanzar sin hacer ruido por aquel terreno encharcado. Por mucho que uno se esforzara, los pies se le pegaban al barro y, a cada paso que dabas, oías «chof, chof, chof». Y lo peor era que el viento había amainado y, a pesar de la lluvia, la noche era muy silenciosa. Los sonidos llegaban muy lejos. Hubo un momento terrible en que le di una patada a una lata y pensé que todos los fascistas en varios kilómetros a la redonda me habrían oído. Pero no, no se oyó ni un ruido, ni un disparo, ni hubo un solo movimiento en las líneas fascistas. Seguimos avanzando cada vez más despacio. Se me hace difícil explicar hasta qué punto deseaba llegar allí. ¡Llegar lo bastante cerca para lanzar las granadas antes de que nos oyeran! En instantes así ni siquiera se siente temor, solo un tremendo anhelo de llegar al campo de batalla. He tenido exactamente la misma sensación al acechar a un animal salvaje, el mismo agónico deseo de tenerlo a tiro, la misma certeza casi onírica de que no es posible. ¡Cómo se alargan las distancias! Conocía bien el terreno, apenas eran ciento cincuenta metros, pero me parecieron más de mil quinientos. Cuando se avanza a ese paso uno repara, igual que una hormiga, en las enormes variaciones del terreno, en la espléndida extensión de hierba de aquí, en el maldito lodazal de allí, en los juncos altos y susurrantes que es mejor rodear, en el montón de piedras que hace que abandones toda esperanza porque parece imposible subirlo sin hacer ruido.

Llevábamos tanto tiempo avanzando que empecé a pensar que nos habíamos equivocado de camino. Luego distinguimos unas vagas y delgadas líneas paralelas en la oscuridad. Era la alambrada exterior (los fascistas siempre tendían dos). Jorge se arrodilló y se hurgó los bolsillos. Tenía nuestros únicos alicates. Clic, clic. Apartó con cuidado el alambre de espino. Esperamos a que llegaran los rezagados. Parecían hacer un ruido espantoso. Debíamos de estar a unos cincuenta metros del parapeto fascista. Seguimos avanzando encorvados y con mucho sigilo, levantando el pie como el gato que se acerca a la ratonera, luego una pausa para escuchar y otro paso adelante. Una vez levanté la cabeza y Benjamín me puso la mano en la nuca y me obligó violentamente a agacharme. Yo sabía que la alambrada interior estaba a menos de veinte metros del parapeto.

Me parecía inconcebible que treinta hombres pudiéramos llegar hasta allí sin que nos oyeran. Nuestro propio aliento bastaría para delatarnos. Sin embargo lo logramos. Ahora se distinguía el parapeto fascista, un montículo oscuro y borroso que se alzaba ante nosotros. Una vez más, Jorge se arrodilló y se hurgó los bolsillos. Clic, clic. Era imposible cortar el alambre sin hacer ruido.

Pasamos la alambrada interior. Gateamos mucho más deprisa. Si teníamos tiempo de desplegarnos todo iría bien. Jorge y Benjamín se fueron hacia la derecha, pero los hombres que había detrás estaban dispersos y tenían que formar una fila india para pasar por el estrecho hueco de la alambrada, y justo en ese momento se vio un fogonazo y se oyó una detonación en el parapeto fascista. El centinela había acabado oyéndonos. Jorge se apoyó en una rodilla y balanceó el brazo como un lanzador de críquet. ¡Bum! Su granada estalló al otro lado del parapeto. Un instante después, mucho antes de lo que cualquiera habría creído posible, se oyó la descarga de diez o veinte fusiles tras el parapeto fascista. Nos estaban esperando. Por un segundo distinguimos los sacos terreros a la luz de los fogonazos. Los hombres que estaban más lejos lanzaron las granadas y algunas cayeron delante del parapeto. Era como si de cada tronera saliera una llamarada. Siempre es horrible que te disparen en la oscuridad —todos los fogonazos parecen dirigidos contra ti—, pero lo peor eran las granadas. Es imposible imaginar el horror que inspiran hasta que te estalla una cerca en la oscuridad; de día uno oye la explosión, pero de noche también se produce un cegador resplandor rojizo. Yo me había echado cuerpo a tierra tras la primera descarga y estaba tumbado de costado debatiéndome con la anilla de una granada. La muy condenada no quería salir. Por fin, comprendí que estaba tirando en la dirección equivocada. Quité la anilla, me arrodillé, lancé la granada y volví a agacharme. La granada estalló a la derecha, delante del parapeto; el miedo me había hecho errar el tiro. Justo en ese momento, otra granada estalló justo delante de mí, tan cerca que noté el calor de la explosión. Me pegué al suelo y apreté la cara contra el barro con tanta fuerza que me hice daño en el cuello y pensé que me habían herido. En mitad de aquel estrépito oí una voz que decía en inglés:

—¡Me han dado!

La granada había herido a varios de los que me rodeaban sin hacerme ni un solo rasguño. Me arrodillé y lancé la segunda granada. No recuerdo adónde fue a parar.

Los fascistas estaban disparando, nuestros hombres también, y yo era muy consciente de estar en medio. Oí el ruido de una detonación y comprendí que había alguien disparando justo detrás de mí. Me puse en pie y grité:

—¡Que me vas a dar a mí, idiota!

En ese momento, vi que Benjamín me hacía señas diez o quince metros a mi derecha. Corrí hasta él. Tuve que pasar por delante del fuego de las troneras y recuerdo que me puse la mano izquierda en la mejilla, un gesto idiota —¡como si uno pudiera parar una bala con la mano!—, pero me aterrorizaba que pudieran dispararme en la cara. Benjamín estaba arrodillado en el suelo con una expresión entre diabólica y complacida mientras disparaba con cuidado con la pistola automática contra los fogonazos. A Jorge lo habían herido en la primera ráfaga y no se le veía. Me arrodillé al lado de Benjamín, quité la anilla a mi tercera granada y la lancé. ¡Ah! Esta vez sí acerté. Estalló detrás del parapeto, en el ángulo, justo en el nido de la ametralladora.

Los disparos de los fascistas parecieron disminuir de pronto. Benjamín se puso en pie y gritó:

—¡Adelante! ¡Al ataque!

Echamos a correr por la empinada pendiente donde estaba el parapeto. Digo «correr», pero mejor sería decir que avanzamos a trompicones, porque lo cierto es que es imposible avanzar con rapidez cuando uno está empapado y cubierto de barro de pies a cabeza y tiene que cargar con un pesado fusil, la bayoneta y ciento cincuenta cartuchos. Di por sentado que habría un fascista esperándome arriba. Si me disparaba a esa distancia no podía fallar, pero no sé por qué pensé que no lo haría sino que intentaría atravesarme con la bayoneta. Me vi cruzando el acero con él y me pregunté si su brazo sería más fuerte que el mío. Pero no había ningún fascista esperando. Descubrí, con una vaga sensación de alivio, que era un parapeto muy bajo y que los sacos terreros proporcionaban un buen punto de apoyo. Por lo general, son difíciles de superar. Dentro, todo estaba hecho pedazos; había vigas rotas por todas partes y trozos de uralita tirados por el suelo. Nuestras granadas habían destrozado todos los cobertizos y refugios. No se veía un alma. Pensé que se habrían refugiado en algún túnel y grité en inglés (en ese momento no podía pensar en español):

—¡Ya está bien, salid de ahí y rendíos!

No hubo respuesta.

Luego un hombre, apenas una silueta borrosa en la penumbra, saltó sobre el tejado de uno de los cobertizos y echó a correr hacia la izquierda. Salí tras él y clavé inútilmente la bayoneta en la oscuridad. Al doblar un recodo vi a un hombre —ignoro si era el mismo al que había visto antes— que huía por la trinchera de comunicaciones que llevaba a la otra posición fascista. Debía de estar muy cerca pues lo vi con claridad. Iba con la cabeza descubierta y solo llevaba encima una manta sobre los hombros. Si le hubiera disparado, podría haberlo hecho pedazos. Pero nos habían ordenado que, una vez estuviésemos en el parapeto, empleáramos solo las bayonetas para evitar que pudiéramos dispararnos unos a otros, y en cualquier caso no se me pasó por la cabeza dispararle. En lugar de eso, mi imaginación retrocedió veinte años y recordé a nuestro entrenador de boxeo en el colegio, que me enseñó con una vívida pantomima cómo le había clavado la bayoneta a un turco en los Dardanelos. Empuñé el fusil por la parte más estrecha de la culata y arremetí contra su espalda. Estaba demasiado lejos. Otra arremetida, todavía demasiado lejos. Pasamos así un rato, él corriendo por la trinchera y yo asestándole bayonetazos desde arriba sin alcanzarlo; ahora me parece cómico, aunque supongo que a él no debió de parecérselo tanto.

Por supuesto, conocía el terreno mejor que yo y no tardó en darme esquinazo. Cuando regresé, la posición estaba llena de hombres vociferantes. El ruido de los disparos había disminuido un poco. Los fascistas seguían disparándonos desde tres flancos, pero los tiros cada vez llegaban de más lejos. De momento, los habíamos obligado a retroceder. Recuerdo que dije como si fuera un oráculo:

—No podremos mantener esta posición más de media hora.

No sé por qué se me ocurrió lo de la media hora. A la derecha del parapeto se veían innumerables fogonazos verdosos que rasgaban la oscuridad, pero estaban muy lejos, a cien o doscientos metros. Nuestra misión ahora era registrar la posición y cargar con todo lo que valiera la pena.

Benjamín y los demás ya estaban rebuscando entre las ruinas de un cobertizo o refugio en el centro de la posición. Benjamín salió a trompicones por un tejado roto, tirando de una caja de municiones por el asa de cuerda.

—¡Camaradas! ¡Municiones! ¡Esto está lleno de municiones!

—No necesitamos municiones —dijo una voz—, lo que nos hace falta son fusiles.

Era cierto. La mitad de nuestros fusiles estaban llenos de barro y eran inservibles. Podíamos limpiarlos, pero es peligroso desmontar el cerrojo de un fusil en la oscuridad; lo dejas en algún sitio y luego lo pierdes. Yo llevaba una linterna minúscula que mi mujer había conseguido comprar en Barcelona, pero era la única luz que teníamos. Unos cuantos a quienes no se les había encasquillado el fusil respondieron a los disparos que estallaban a lo lejos. Nadie osaba disparar demasiado deprisa; incluso los mejores fusiles se encasquillaban si se calentaban demasiado. Dentro del parapeto éramos unos quince, incluidos uno o dos heridos. Los demás heridos, ingleses y españoles, estaban fuera. Patrick O'Hara, un irlandés de Belfast que tenía nociones de primeros auxilios, iba y venía cargado de vendas para auxiliar a los heridos, y, por supuesto, le disparaban cada vez que regresaba al parapeto, a pesar de sus gritos indignados de «¡POUM!».

Nos pusimos a registrar la posición. Había algunos muertos aquí y allá, pero no me paré a examinarlos. Iba buscando la ametralladora. Mientras estaba tumbado cuerpo a tierra, me había preguntado por qué no nos disparaban. Iluminé el nido de ametralladora con la linterna y me llevé una amarga decepción: el arma no estaba allí. Habían dejado el trípode, municiones y varias piezas de recambio, pero se habían llevado la ametralladora. Debieron de desenroscarla y llevársela al oír la voz de alarma. Sin duda cumplían órdenes, pero había sido una estupidez y una cobardía por su parte, pues si la hubieran dejado donde estaba podrían habernos masacrado. Nos pusimos furiosos porque nos habíamos propuesto capturar una ametralladora.

Rebuscamos por todas partes pero no encontramos nada de valor. Había bastantes granadas fascistas tiradas por el suelo —unas granadas de muy mala calidad que se activaban tirando de una cinta— y me metí un par en el bolsillo como recuerdo. Era imposible no dejarse impresionar por la miseria de los refugios fascistas. Las mudas de ropa, los libros, la comida y las pertenencias personales que uno veía en nuestros refugios aquí brillaban por su ausencia; aquellos pobres reclutas parecían no tener más que unas cuantas mantas y unos mendrugos de pan. En un extremo había un pequeño refugio que asomaba un poco del suelo y que tenía un ventanuco. Lo iluminamos con la linterna por la ventana y soltamos un grito de alegría. Apoyado en la pared había un objeto cilíndrico de un metro de largo y quince centímetros de diámetro guardado en una funda de cuero. Obviamente era el cañón de la ametralladora. Dimos la vuelta a toda prisa y entramos en el cobertizo para descubrir que lo que había en la funda de cuero no era una ametralladora, sino algo que, en nuestro precario ejército, era aún más valioso. Un enorme anteojo, probablemente de sesenta o setenta aumentos, con un trípode plegable. En nuestro bando sencillamente no teníamos anteojos y nos hacían muchísima falta. Lo sacamos con aire triunfal y lo apoyamos contra el parapeto para llevárnoslo después.

En ese momento alguien gritó que los fascistas se acercaban. Desde luego, el estruendo de los disparos había aumentado mucho. Pero era evidente que los fascistas no contraatacarían por el flanco derecho, pues para eso habrían tenido que atravesar la tierra de nadie y asaltar su propio parapeto. Si tenían un poco de sentido común nos atacarían desde sus propias líneas. Me dirigí hacia el otro extremo de los refugios. La posición tenía forma de herradura y los refugios estaban excavados en el centro, por lo que había otro parapeto que nos protegía por la izquierda. Desde ese lado llegaban muchos disparos, pero no suponían ningún peligro. El verdadero riesgo estaba delante, donde no había protección alguna. Las balas pasaban justo por encima. Debían de llegar de la otra posición fascista; era evidente que las tropas de choque no habían logrado conquistarla. Sin embargo, esta vez el ruido era ensordecedor. Era el constante rugir, parecido a un redoble, de un sinfín de fusiles que hasta entonces había oído siempre en la distancia; aquella era la primera vez que me veía en medio de él. Y ahora, claro, los disparos se habían extendido varios kilómetros a lo largo del frente. Douglas Thompson, con el brazo herido colgando inútil en un costado, estaba apoyado en el parapeto y disparaba con una sola mano contra los fogonazos. Alguien a quien se le había encasquillado el fusil le ayudaba a recargar.

En ese flanco solo éramos cinco. Era obvio lo que había que hacer. Teníamos que coger los sacos terreros del parapeto de delante y construir una barricada en el flanco desprotegido. Y teníamos que ser rápidos. Ahora se oían muchos disparos, pero podían disminuir en cualquier momento; por los fogonazos que había a nuestro alrededor, comprendí que nos enfrentábamos a cien o doscientos hombres. Empezamos a mover los sacos, a trasladarlos unos veinte metros hacia delante y a amontonarlos formando una pila. Era un trabajo agotador. Los sacos eran muy grandes y pesaban un quintal, había que hacer un gran esfuerzo para cargar con ellos y luego la tela podrida se rompía y la tierra húmeda te caía encima y se te metía por el cuello y las mangas de la camisa. Recuerdo haber sentido un profundo horror al ver todo aquello: el caos, la oscuridad, el terrible estruendo, los resbalones en el barro, los esfuerzos para trasladar los sacos rotos y, por si fuera poco, cargado con el fusil, que no me atrevía a dejar en el suelo por miedo a perderlo. Incluso le grité a uno mientras cargábamos con un saco:

—¡Menuda mierda de guerra!

De pronto, unas siluetas saltaron sobre el parapeto de delante. Al acercarse vimos que llevaban el uniforme de las tropas de choque y empezamos a soltar vivas creyendo que eran refuerzos. No obstante eran solo cuatro, tres alemanes y un español. Luego nos explicaron lo que les había ocurrido a las tropas de choque. No conocían el terreno y en la oscuridad se habían equivocado de sitio y habían quedado atrapados en las alambradas fascistas, donde muchos habían muerto a tiros. Por suerte para ellos, esos cuatro se habían perdido. Los alemanes no hablaban ni palabra de inglés, francés o español. Con dificultad y muchos gestos, les explicamos lo que estábamos haciendo y conseguimos que nos ayudaran a construir la barricada.

Los fascistas habían traído una ametralladora. Se la veía escupiendo fuego a cien o doscientos metros de distancia, y las balas nos pasaban por encima en una continua y glacial crepitación. Al cabo de un rato logramos amontonar suficientes sacos para construir un parapeto tras el que atrincherarnos y disparar. Yo estaba arrodillado detrás. Una granada de mortero pasó silbando sobre nuestras cabezas y estalló en la tierra de nadie. Ese era otro peligro, pero aún tardarían unos minutos en ajustar el tiro. Ahora que habíamos terminado de cargar con los dichosos sacos, el ruido, la oscuridad, los fogonazos que se acercaban y nuestros hombres que disparaban contra ellos no parecían tan horribles después de todo. Incluso tuvimos tiempo para pensar. Recuerdo que me pregunté si estaba asustado y decidí que no. Fuera, donde probablemente había corrido mucho menos peligro, había estado medio muerto de miedo. De pronto se oyó otro grito advirtiéndonos de que los fascistas se acercaban. Esta vez no había duda, los fogonazos estaban mucho más cerca. Vi uno a menos de veinte metros. Era evidente que estaban avanzando por la trinchera de comunicación. A veinte metros estábamos a tiro de granada; éramos un grupo de ocho o nueve y una sola habría bastado para hacernos pedazos. Bob Smillie, con la cara llena de sangre por una pequeña herida, hincó la rodilla en el suelo y lanzó una bomba de mano. Nos agachamos esperando la explosión. La espoleta se puso al rojo vivo mientras volaba por el aire, pero la granada no explotó (al menos una de cada cuatro bombas de mano eran defectuosas). A mí solo me quedaban las granadas fascistas y no estaba seguro de cómo funcionaban. Pregunté a los demás si tenían alguna. Douglas Moyle se echó la mano al bolsillo y nos pasó una. La lancé y me eché cuerpo a tierra. Por una de esas casualidades que ocurren una vez al año, me las había arreglado para lanzarla casi donde había visto el fogonazo. Se oyó la explosión y, casi en el acto, una serie de gritos y gemidos. Le habíamos dado a uno. No sé si lo maté, pero desde luego quedó malherido. ¡Pobre desdichado, pobre desdichado! Sentí una vaga sensación de pesar al oírle gritar. Pero al mismo tiempo, a la tenue luz de los disparos, vi o creí ver una silueta de pie cerca del lugar donde había visto el fogonazo. Alcé el fusil y disparé. Otro grito, aunque creo que todavía era el de antes. Lanzamos varias granadas más. Los siguientes fogonazos se vieron muy lejos, a más de cien metros. Así que habíamos logrado rechazarlos, al menos de momento.

Todo el mundo empezó a blasfemar y a preguntar por qué demonios no nos enviaban refuerzos. Con una ametralladora o veinte hombres con los fusiles en condiciones, podríamos defender aquel lugar contra un batallón. En ese momento Paddy Donovan, que era el segundo al mando después de Benjamín y había retrocedido para pedir órdenes, trepó al parapeto delantero.

—¡Eh! ¡Salid de ahí! ¡Nos retiramos!

—¡Qué!

—¡Nos retiramos! ¡Salid de ahí!

—¿Por qué?

—Órdenes. Volvemos a nuestras líneas a toda prisa.

Los hombres empezaron a trepar por el parapeto. Varios de ellos cargaban con una pesada caja de municiones. Yo pensé en el anteojo que había dejado apoyado en el parapeto al otro lado de la posición, pero en ese momento vi como los cuatro soldados del batallón de choque, imagino que siguiendo alguna orden misteriosa que les habían dado antes, echaban a correr por la trinchera de comunicación. Por ahí se iba a la otra posición fascista y, si llegaban allí, a una muerte segura. Salí corriendo detrás de ellos tratando de recordar cómo se decía en español «retirada»; por fin grité: «¡*Atrás, atrás!*», que más o menos venía a ser lo mismo. El español entendió lo que le decía y los hizo retroceder. Paddy esperaba en el parapeto.

—¡Vamos, deprisa!

—Pero ¿y el anteojo...?

—¡Olvídate del anteojo! Benjamín espera fuera.

Saltamos al otro lado. Paddy apartó la alambrada para dejarnos pasar. En cuanto abandonamos el refugio del parapeto fascista, nos vimos atrapados en un fuego infernal que parecía llegar de todas partes al mismo tiempo. No me cabe duda de que en parte era fuego amigo, pues en ese momento todo el mundo estaba disparando. Fuésemos a donde fuésemos nos recibía una lluvia de balas, así que avanzamos de aquí para allá como un rebaño de ovejas en la oscuridad. Y, por si fuera poco, íbamos cargados con una caja de municiones capturada —una de esas en las que caben 1.750 cartuchos y que pesan unos cincuenta kilos—, además de una caja de granadas y varios fusiles fascistas. A los pocos minutos, a pesar de que de parapeto a parapeto no había ni doscientos metros y de que todos conocíamos el terreno, nos habíamos perdido. De pronto nos encontramos empantanados en un lodazal, sin ver más que las balas que llegaban de todas partes. No había luna, pero el cielo empezaba a clarear. Como nuestras líneas estaban al este de Huesca, propuse quedarnos allí hasta que despuntara el día y pudiésemos ver dónde estaban el este y el oeste, pero los demás se opusieron. Seguimos avanzando en el barro, cambiando varias veces de dirección y turnándonos para cargar con la caja de municiones. Por fin, vimos la silueta de un parapeto que asomaba delante. Podía ser el nuestro o el de los fascistas, no teníamos ni idea de dónde nos encontrábamos. Benjamín se arrastró hasta unos matorrales que había a unos veinte metros del parapeto y se arriesgó a soltar un «quién vive». Le respondió un grito de «¡POUM!». Nos incorporamos, corrimos hacia el parapeto, volvimos a caer en la acequia de riego, ¡chof, chof!, y nos pusimos a salvo.

Kopp esperaba en el interior del parapeto con un puñado de españoles. El médico y los camilleros se habían ido. Se habían llevado ya a todos los heridos menos a Jorge y a uno de nuestros hombres, llamado Hiddlestone, que habían desaparecido. Kopp iba y venía muy pálido. Lo estaban incluso los gruesos pliegues de su nuca, y no prestaba atención a las balas que se estrellaban contra el parapeto a escasos centímetros de su cabeza. Casi todos nos habíamos puesto a cubierto. Kopp no dejaba de murmurar: «¡*Jorge, coño, Jorge!*». Y luego añadió en inglés: «¡Si han matado a Jorge es terrible, terrible!». Jorge era muy amigo suyo y uno de sus mejores oficiales. De pronto se volvió hacia donde estábamos y pidió cinco voluntarios, dos ingleses y tres españoles, para ir a buscar a los desaparecidos. Moyle y yo nos presentamos voluntarios junto con otros tres.

Al salir, los españoles murmuraron que tanta claridad era muy peligrosa. Tenían razón, el cielo estaba de color azul pálido. Se oían muchas voces en el reducto fascista. Estaba claro que habían vuelto a ocuparlo con mucha más gente que antes. Estábamos a sesenta o setenta metros cuando debieron de vernos u oírnos, pues nos soltaron una descarga que nos obligó a echarnos cuerpo a tierra. Uno de ellos lanzó una granada por encima del parapeto, un claro indicio de pánico. Estábamos tumbados sobre la hierba esperando una oportunidad para seguir avanzando cuando oímos o nos pareció oír —no me cabe duda de que fueron imaginaciones nuestras, pero en aquel momento nos pareció real— que las voces fascistas estaban mucho más cerca; habían salido del parapeto y venían a nuestro encuentro.

—¡Corre! —le grité a Moyle al tiempo que me ponía en pie de un salto.

¡Y cielos, cómo corrí! Aquella misma noche había pensado que era imposible correr cuando uno está empapado de pies a cabeza y va cargado con un fusil y cartuchos, pero descubrí que siempre se puede correr cuando crees que te persiguen cincuenta o cien hombres armados. Pero si yo corrí deprisa, otros lo hicieron más todavía. En mi huida me adelantó algo que bien podría haber sido una lluvia de meteoros. Eran los tres españoles que iban por delante. Llegaron al parapeto antes de que pudiera alcanzarlos. Lo cierto era que teníamos los nervios deshechos. No obstante, yo sabía que a media luz un hombre es invisible donde cinco son claramente visibles, por lo que volví solo a las líneas fascistas. Me las arreglé para llegar a la alambrada exterior e inspeccioné el terreno lo mejor que pude, pues estaba boca abajo. No había ni rastro de Jorge ni de Hiddlestone, así que volví. Luego supimos que tanto a Jorge como al otro los habían llevado antes al hospital. Jorge tenía un arañazo en el hombro, mientras que Hiddlestone había sufrido una herida terrible: una bala había recorrido su brazo izquierdo y le había roto el hueso por varios sitios, y cuando yacía inerme en el suelo, una granada le había explotado cerca y le había causado otras heridas. Me alegra decir que se recuperó. Tiempo después me contó que había avanzado un buen trecho tumbado de espaldas, luego se había agarrado a un español herido y entre los dos se las habían arreglado para volver.

Ya casi era de día. A lo largo del frente se oían disparos absurdos, como la lluvia que sigue cayendo después de una tormenta. Recuerdo el aspecto desolado que tenía todo: los lodazales, los sauces llorones, el agua amarillenta del fondo de las trincheras y el rostro cansado de los hombres, sin afeitar, sucio de barro y ennegrecido por el humo hasta los ojos. Cuando llegué a mi refugio, los tres hombres con quienes lo compartía dormían como troncos. Se habían tumbado sin quitarse el equipo, abrazados al fusil lleno de barro. Todo estaba tan empapado por dentro como por fuera. Después de mucho buscar, conseguí encontrar unas astillas de madera seca para encender un fuego. Luego me fumé el cigarro que tanto tiempo llevaba guardando y que, sorprendentemente, no se había roto durante la noche.

Más tarde supimos que, dentro de lo que cabía, nuestra acción había sido un éxito. Había sido solo una incursión para obligar a los fascistas a trasladar tropas del otro flanco de Huesca, donde los anarquistas habían vuelto a atacar. Yo había calculado que los fascistas habían utilizado a cien o doscientos hombres para el contraataque, pero un desertor nos dijo que habían sido seiscientos. Tengo para mí que mentía; los desertores, por razones obvias, tratan de congraciarse con el enemigo. Lo del anteojo fue una lástima. Todavía hoy me entristece haber tenido que renunciar a tan preciado botín.

7

Los días se fueron haciendo más calurosos e incluso las noches se volvieron tolerablemente cálidas. En un árbol astillado por las balas que había enfrente de nuestro parapeto, empezaban a formarse gruesos racimos de cerezas. Bañarse en el río dejó de ser un suplicio y se convirtió casi en un placer. En torno a los cráteres de los obuses que rodeaban Torre Fabián florecían rosas silvestres del tamaño de un platillo de té. Detrás de las líneas uno se encontraba con campesinos que llevaban rosas en la oreja. Al caer la tarde salían a cazar codornices con unas redes verdes. Tendían la red sobre la hierba e imitaban el canto de una codorniz hembra. Cualquier macho que hubiera por los alrededores acudía corriendo hacia ellos y, cuando estaba debajo de la red, lanzaban una piedra para asustarlo, levantaba el vuelo y se enganchaba en la red. Por lo visto solo cazaban machos, lo que me pareció un tanto injusto.

Ahora teníamos una sección de andaluces a nuestro lado en las líneas. Ignoro cómo habían ido a parar a esa parte del frente. La explicación más habitual era que habían huido de Málaga tan deprisa que habían olvidado parar en Valencia, aunque eso lo decían los catalanes, que miraban por encima del hombro a los andaluces y los tenían por unos salvajes. Lo cierto es que eran muy ignorantes. Casi ninguno sabía leer y parecían desconocer algo que saben todos los españoles: a qué partido político pertenecían. Creían ser anarquistas, pero no lo tenían muy claro; quizá fuesen comunistas. Eran tipos nudosos de aspecto rústico, pastores o campesinos olivareros tal vez, con el rostro profundamente curtido por el sol abrasador del sur. Nos resultaban muy útiles porque eran muy hábiles liando cigarrillos de reseco tabaco español. El suministro de cigarrillos había cesado, pero en Monflorite todavía era posible comprar de vez en cuando paquetes de tabaco barato, que tenía la pinta y la textura de la broza triturada. No sabía mal, pero estaba tan seco que, cuando conseguías liar un cigarrillo, el tabaco se salía y te quedabas con un cilindro de papel vacío en la mano. Los andaluces, en cambio, sabían liarlos muy bien y tenían una técnica especial para enrollarlos por los extremos.

Dos ingleses sufrieron una insolación. Lo que mejor recuerdo de aquella época es el calor al mediodía y el tener que cargar medio desnudo con los sacos terreros rozándome los hombros, que ya estaban medio pelados por el sol; la suciedad de la ropa y las botas, que estaban literalmente hechas pedazos; los forcejeos con la mula que nos llevaba la comida, a la que no le asustaban los disparos pero echaba a correr en cuanto la metralla volaba por el aire, y los mosquitos (que empezaban a aparecer) y las ratas, que eran una molestia generalizada y devoraban incluso nuestros cinturones de cuero y nuestras cartucheras. No ocurría nada, salvo alguna baja de vez en cuando por las balas de los francotiradores, el esporádico fuego de artillería y los ataques aéreos sobre Huesca. Aprovechando que los árboles habían recuperado la hoja, construimos unas plataformas parecidas a *machans** para los francotiradores en los álamos que bordeaban el frente. En el otro flanco de Huesca los ataques estaban cesando. Los anarquistas habían sufrido numerosas bajas y no habían conseguido cortar por completo la carrete-

---

* Los *machans* son una especie de plataformas utilizadas en la India por los cazadores de tigres. *(N. del T.)*

ra de Jaca. Se las habían arreglado para acercarse lo suficiente por ambos flancos para que estuviese a tiro de ametralladora y que fuera intransitable, pero el tramo tenía casi un kilómetro de ancho y los fascistas habían excavado una carretera que parecía una enorme trinchera y por la que circulaban algunos camiones. Los desertores informaban de que en Huesca había municiones de sobra, aunque escaseaba la comida. Era evidente que la ciudad no iba a caer. Probablemente, habría sido imposible tomarla con los quince mil hombres mal armados disponibles. Más tarde, en junio, el gobierno trasladó tropas desde el frente de Madrid y concentró treinta mil hombres en Huesca con el apoyo de una enorme cantidad de aviones, pero aun así la ciudad no cayó.

Cuando nos concedieron un permiso llevaba ciento quince días en el frente, y por entonces me pareció el período más inútil de mi vida. Me había alistado en la milicia para luchar contra el fascismo, pero apenas había entrado en combate y me había limitado a existir como una especie de objeto pasivo, sin hacer nada para ganarme el pan salvo pasar frío y sueño. Tal vez sea ese el destino de los soldados en casi todas las guerras. No obstante, ahora que analizo aquella época con cierta perspectiva, no lo lamento lo más mínimo. Desearía haber podido serle de más ayuda al gobierno español, pero desde un punto de vista personal —desde el punto de vista de mi evolución personal— esos tres o cuatro primeros meses que pasé en el frente fueron menos fútiles de lo que pensé entonces. Supusieron una especie de interludio en mi vida, muy distinto de todo lo que me había pasado antes y, probablemente, de lo que me vaya a pasar después, y me enseñaron cosas que no podría haber aprendido de ningún otro modo.

La clave es que durante todo aquel tiempo estuve aislado —en el frente uno estaba totalmente aislado del mundo exterior; teníamos una idea muy vaga incluso de lo que pasaba en Barcelona— entre personas a las que se podría tildar a grandes rasgos, y sin caer en exageraciones, de revolucionarios. Era el resultado del sistema de milicias, que en el frente de Aragón no cambió radicalmente hasta junio de 1937. Las milicias de trabajadores, basadas en los sindicatos e integradas por gente de aproximadamente las mismas ideas políticas, tuvieron el efecto de canalizar los sentimientos más revolucionarios del país. Yo había ido a parar, más o menos por casualidad, a la única comunidad relativamente grande de Europa occidental en la que la conciencia política y la falta de fe en el capitalismo eran más corrientes que lo contrario. Allí, en Aragón, uno se encontraba entre decenas de miles de personas, muchas de ellas, aunque no todas, de origen obrero, que vivían al mismo nivel y se relacionaban de forma igualitaria. En teoría era una igualdad total, e incluso en la práctica le faltaba poco para serlo. En cierto sentido, puede decirse que allí se paladeaba un anticipo del socialismo, y me refiero a que el clima predominante era el del socialismo. Muchos de los comportamientos corrientes en la vida civilizada —el esnobismo, la codicia, el miedo al patrón, etcétera— sencillamente habían dejado de existir. La habitual división en clases de la sociedad había desaparecido hasta un punto casi inimaginable en la Inglaterra contaminada por el dinero; allí no había nadie más que los campesinos y nosotros, y nadie era el amo de nadie. Por supuesto, semejante estado de cosas no podía durar. Era solo una fase temporal y muy localizada de una enorme partida que se está jugando en todo el planeta. Pero duró lo suficiente para dejar huella en todos los que la vivimos. Por mucho que maldijéramos aquella época, después uno se daba cuenta de que había participado en algo extraño y valioso. Había formado parte de una comunidad en la que la esperanza era más normal que la apatía o el cinismo, en que la palabra *camarada* aludía a la verdadera camaradería y no, como en la mayoría de los países, a una mera farsa. Había respirado la igualdad. Ya sé que hoy está de moda negar que el socialismo tenga nada que ver con la igualdad.

En todos los países del mundo, una caterva de políticos y profesorzuelos se afanan en demostrar que el socialismo no es más que un capitalismo de Estado planificado en el que la codicia sigue siendo el motor de todo. Pero, por fortuna, también existe una visión muy diferente del socialismo. Lo que atrae a la gente normal hacia el socialismo y la empuja a jugarse el pellejo por él, la mística del socialismo, es la idea de igualdad; para la mayoría de la gente, el socialismo significa una sociedad sin clases o no significa nada. Por eso mismo fueron tan valiosos esos meses pasados en la milicia, pues las milicias españolas, mientras duraron, fueron una especie de microcosmos de una sociedad sin clases. En esa comunidad donde nadie buscaba satisfacer su ambición personal, donde todo escaseaba pero no había privilegios ni aduladores, uno asistía a un rudimentario anticipo de lo que podrían ser las etapas iniciales del socialismo. Y, lejos de desilusionarme, me atrajo profundamente. El resultado fue que creció mi deseo de ver establecido el socialismo. Puede que en parte se debiera a la buena suerte de estar entre españoles, que, con su honradez innata y su omnipresente inclinación anarquista, hacían que incluso las etapas iniciales fuesen tolerables siempre que tenían ocasión.

Por supuesto, en aquel entonces yo apenas reparaba en los cambios que ocurrían en mi cabeza. Como todos los demás, solo era consciente del aburrimiento, el calor, el frío, la suciedad, los piojos, las privaciones y el peligro ocasional. Pero ahora es muy diferente. Aquel período que entonces me pareció tan fútil y anodino, tiene hoy una importancia crucial. Es tan diferente del resto de mi vida que ya ha adquirido esa cualidad por lo general característica de los recuerdos muy lejanos. Fue muy desagradable cuando ocurrió, pero ahora me da mucho en lo que pensar. Ojalá pudiera describir el ambiente de aquella época. Espero haberlo hecho en los primeros capítulos de este libro. Está ligado en mi imaginación al frío invernal, los uniformes harapientos de los milicianos, el rostro ovalado de los españoles, el tableteo como una transmisión en Morse de las ametralladoras, el olor a orina y pan podridos, y el sabor de la fabada de lata devorada en un pote sucio.

La época se ha grabado en mi memoria de forma curiosamente vívida. Rememoro incidentes que parecerían demasiado triviales para contarlos. Vuelvo al refugio de Monte Pocero, a la piedra caliza que me sirve de cama, y el joven Ramón ronca con la nariz aplastada contra mis omoplatos. Avanzo a trompicones por la trinchera enfangada, a través de la niebla que caracolea en torno a mí como un vapor frío. Estoy en una grieta en la falda de la montaña, tratando de arrancar una mata de romero del suelo. Por encima silban inútilmente las balas.

Estoy tendido entre los abetos en la llanura situada al oeste de Monte Trazo, con Kopp, Bob Edwards y tres españoles. Por la montaña grisácea y pelada que tenemos a nuestra derecha trepa una hilera de fascistas como si fuesen hormigas. Suena una corneta en las líneas enemigas. Kopp cruza una mirada conmigo y se tapa la nariz con un gesto infantil.

Estoy en el corral enfangado de La Granja, con la muchedumbre que se arremolina con sus botes de latón en torno al caldero de potaje. El grueso y azacaneado cocinero los amenaza con la cuchara. En una mesa cercana, un tipo barbudo con una enorme pistola automática al cinto está cortando en cinco trozos las barras de pan. Detrás de mí, una voz con acento *cockney* (Bill Chambers, con quien tuve una desagradable discusión y a quien mataron luego en las afueras de Huesca) canta:

> *¡Hay ratas, ratas,*
> *ratas grandes como gatos*
> *en el...!*

Pasa volando un obús. Niños de quince años se echan cuerpo a tierra. El cocinero se acurruca detrás del caldero. Todo el mundo se levanta avergonzado cuando el obús estalla a cien metros de allí.

Recorro la línea de centinelas, bajo las negras ramas de los álamos. Las ratas chapotean en la acequia de fuera y hacen tanto ruido que parecen nutrias. Al despuntar el día el centinela andaluz, arrebujado en su capote, se pone a cantar. Al otro lado de la tierra de nadie, a cien o doscientos metros de distancia, se oye al centinela fascista que también canta.

El 25 de abril, después de los *mañana* de costumbre, nos relevó otra sección, entregamos los fusiles, liamos el petate y volvimos a Monflorite. No lamenté dejar el frente. Los piojos se estaban multiplicando en mis pantalones más deprisa de lo que podía matarlos y hacía un mes que no tenía calcetines y mis botas apenas tenían suelas, por lo que iba más o menos descalzo. Necesitaba un baño caliente, ropa limpia y una noche entre sábanas más que ninguna otra cosa que se pueda desear cuando se lleva una vida normal y civilizada. Dormimos unas horas en un pajar en Monflorite, subimos de madrugada a un camión, cogimos el tren de las cinco en Barbastro y, gracias a que tuvimos la suerte de conectar con un tren rápido en Lérida, llegamos a Barcelona a las tres de la tarde del día 26. Luego empezaron los problemas.

8

Desde Mandalay, en el norte de Birmania, se puede viajar en tren a
Maymyo, la principal estación montañosa de la provincia, al borde
de la meseta del Shan. Es una vivencia peculiar. Uno parte del típico ambiente de una ciudad oriental —la luz cegadora, las palme-
ras polvorientas, el olor a pescado, ajo y especias, los frutos tropi-
cales y el enjambre de personas de rostro atezado—, y está tan
acostumbrado a él, que, por así decirlo, lo lleva consigo en el vagón
del ferrocarril. Mentalmente uno sigue en Mandalay cuando el
tren se detiene en Maymyo, a mil doscientos metros sobre el nivel
del mar, pero al apearse tiene la sensación de entrar en otro hemis-
ferio. De pronto se respira un aire fresco y fragante que podría ser
el de Inglaterra, y por todas partes hay hierba, helechos, abetos y
montañesas de mejillas sonrosadas que venden cestas de fresas.

Volver a Barcelona, después de tres meses y medio en el frente,
me lo recordó. Noté el mismo cambio brusco y sorprendente. En
el tren, camino de Barcelona, persistió el ambiente del frente: el
polvo, el ruido, la incomodidad, los harapos, las privaciones, la camaradería y la igualdad. El tren, que ya estaba lleno de milicianos
al salir de Barbastro, no dejó de recoger lugareños en cada estación
del trayecto, campesinos con cestas de verdura, con gallinas aterro-
rizadas que llevaban cogidas de las patas, con sacos que se retorcían
por el suelo —luego supimos que estaban llenos de conejos vi-

vos—, y, por último, con un gran rebaño de ovejas que metieron en los compartimentos y se colaron por todos los rincones. Los milicianos entonaban a voz en grito canciones revolucionarias que amortiguaban el traqueteo del tren y lanzaban besos por la ventanilla y saludaban con los pañuelos rojos y negros a todas las chicas guapas a las que veían. Las botellas de vino y de anís, el horrible licor aragonés, iban de mano en mano. Con la típica bota de vino española, se puede lanzar un chorro a la boca de un amigo que está al otro lado del vagón y resulta muy práctico. A mi lado, un muchacho de ojos negros de unos quince años estaba contando anécdotas impresionantes sobre sus hazañas en el frente, que no me cabe la menor duda de que eran falsas, a dos viejos y curtidos campesinos que le escuchaban boquiabiertos. Enseguida los campesinos deshicieron sus hatillos y nos ofrecieron un vino oscuro y espeso. Todo el mundo estaba muy contento, mucho más de lo que puedo explicar. Sin embargo, cuando el tren dejó atrás Sabadell camino de Barcelona, el ambiente se volvió tan hostil y ajeno a nosotros como si estuviéramos en Londres o en París.

Cualquiera que haya pasado dos veces por Barcelona durante la guerra con unos meses de diferencia, habrá reparado en los extraordinarios cambios que han tenido lugar. Y es curioso que si uno iba en agosto y luego volvía en enero, o, como hice yo, en diciembre y luego en abril, siempre decía lo mismo: que la atmósfera revolucionaria había desaparecido. Sin duda, a alguien que hubiese estado allí en agosto, cuando todavía había sangre por las calles y los milicianos estaban acantonados en los hoteles elegantes, en diciembre Barcelona le habría parecido burguesa; a mí, en cambio, recién llegado de Inglaterra, me pareció lo más similar a una ciudad obrera que habría podido concebir. Ahora la marea había retrocedido. Volvía a ser una ciudad normal, un poco cascada y desportillada por la guerra, pero sin ningún indicio exterior de predominio obrero.

El cambio en la apariencia de la gente era sorprendente. El uniforme de la milicia y los monos azules casi habían desaparecido; todo el mundo llevaba los elegantes trajes de verano que son la especialidad de los sastres españoles. Por todas partes había hombres gordos y prósperos, mujeres elegantes y coches llamativos. (Por lo visto no había coches particulares, pero cualquiera que fuese «importante» parecía tener uno a su disposición.) Los oficiales del nuevo Ejército Popular, que apenas se veían cuando me fui de Barcelona, pululaban ahora por doquier. Algunos de dichos oficiales habían servido en la milicia y los habían llamado del frente para recibir instrucción, pero la mayoría eran jóvenes que habían ido a la Escuela de Guerra en lugar de integrarse en la milicia. La relación con sus hombres no era la misma que en un ejército burgués, pero había una clara diferencia social, que se reflejaba en la paga y el uniforme. Los soldados llevaban una especie de mono marrón y los oficiales, un elegante uniforme caqui ceñido por la cintura, como en el ejército británico, aunque tal vez un poco más. Dudo que más de uno de cada veinte hubiese pisado el frente, pero todos llevaban pistolas automáticas al cinto, mientras que nosotros no habríamos podido conseguirlas a ningún precio. Mientras íbamos por la calle, reparé en que la gente miraba nuestra ropa sucia y harapienta. Por supuesto, como cualquiera que haya pasado varios meses en el frente, teníamos muy mala pinta. Era perfectamente consciente de que debía de parecer un espantapájaros. Mi cazadora de cuero estaba hecha jirones, mi gorro de lana ya no tenía forma y me tapaba los ojos, y de mis botas apenas quedaba más que el empeine. Todos teníamos más o menos la misma facha y, por si fuera poco, íbamos sucios y sin afeitar, así que no es raro que la gente nos mirase. No obstante, sentí cierta desazón e intuí que algo raro había pasado allí en los tres últimos meses.

Los días siguientes descubrí innumerables indicios de que mi primera impresión no era errónea. Se había producido un profundo cambio en la ciudad. Sobre todo había dos cosas muy significativas. Una era que la gente —la población civil— casi había perdido el interés por la guerra; la otra era que la habitual división de la sociedad en ricos y pobres, clases altas y clases bajas, estaba volviendo a imponerse.

La indiferencia generalizada por la guerra me pareció sorprendente y repulsiva. Horrorizaba a los que llegaban a Barcelona procedentes de Madrid o incluso de Valencia. En parte se debía a lo lejos que estaba Barcelona del frente; noté lo mismo un mes después en Tarragona, donde la vida normal de una elegante población costera seguía casi sin cambios. Era muy significativo que en toda España el alistamiento voluntario hubiera disminuido desde enero. En Cataluña, en febrero había habido una oleada de entusiasmo al ponerse en marcha el Ejército Popular, pero ello no se había traducido en un aumento del número de reclutas. Apenas habían pasado seis meses de guerra cuando el gobierno tuvo que recurrir al reclutamiento forzoso, algo natural en las guerras exteriores, pero anómalo en una guerra civil. Sin duda, tenía que ver con el incumplimiento de las esperanzas revolucionarias del inicio de la guerra. Los miembros de los sindicatos que se habían organizado en milicias y habían obligado a los fascistas a retroceder hasta Zaragoza en las primeras semanas de la guerra, lo habían hecho en gran parte porque creían estar combatiendo por el predominio del proletariado, pero cada vez era más evidente que esa era una causa perdida, y no podía culparse a la gente, sobre todo a los obreros de las ciudades, que son quienes integran las filas del ejército en cualquier guerra ya sea civil o no, de sentir cierta apatía. Nadie quería perder la guerra, pero la mayoría quería que acabara cuanto antes. Se notaba en todas partes. Fueras a donde fueses te recibían con la misma observación: «¡Qué guerra tan terrible! ¿Cuándo acabará?». A la gente con conciencia política le preocupaban más las rencillas internas entre los anarquistas y los comunistas que la lucha contra

Franco. Para la mayor parte, lo más importante era la escasez de alimentos. El «frente» se había convertido en una especie de lugar mítico y lejano al que iban los jóvenes y de donde, o bien no volvían, o bien regresaban con los bolsillos llenos de dinero. (Los milicianos normalmente cobraban los atrasos cuando les concedían un permiso.) No se tenía especial consideración por los heridos, aunque volvieran con muletas. Ya no estaba de moda pertenecer a la milicia. Los comercios, que son siempre el barómetro de los gustos del público, lo demostraban claramente. La primera vez que llegué a Barcelona, las tiendas, por pequeñas y andrajosas que fueran, se habían especializado en vender equipos a los milicianos. Había gorras, cazadoras, correajes, cuchillos de monte, cantimploras y cartucheras en todos los escaparates. Ahora las tiendas eran mucho más elegantes y la guerra había pasado a segundo plano. Tal como descubrí después, al ir a comprar mi equipo antes de volver al frente, se había vuelto muy difícil conseguir algunas de las cosas más necesarias.

Entretanto proseguía la propaganda sistemática en contra de las milicias de los partidos y a favor del Ejército Popular. La situación era muy curiosa. En teoría, desde febrero todas las fuerzas armadas se habían integrado en el Ejército Popular y, al menos sobre el papel, las milicias se habían remodelado de acuerdo con el modelo de dicho ejército, con pagas diferentes, rangos, etcétera, etcétera. Las divisiones se componían de «brigadas mixtas» que se suponía que consistían en parte en tropas del Ejército Popular y en parte de la milicia. Pero los únicos cambios que se habían producido eran nominales. Las tropas del POUM, por ejemplo, antes se llamaban División Lenin, y ahora eran la 29.ª División. Hasta junio se destinaron muy pocos soldados del Ejército Popular al frente de Aragón, y por consiguiente las milicias pudieron mantener su estructura diferente y su carácter particulares. Pero los agentes del gobierno habían pintado en todas las paredes: «Necesitamos un Ejército Popular», y en la radio y en la prensa comunistas había ataques constantes y a veces retorcidos contra las milicias, a las que describían como mal entrenadas, indisciplinadas y demás, mientras que el Ejército Popular siempre era «heroico». A juzgar por aquella propaganda, cualquiera hubiera dicho que había algo indigno en haber ido voluntariamente al frente y algo loable en haber esperado a que te reclutaran. No obstante, en aquel momento las milicias luchaban en el frente mientras el Ejército Popular se adiestraba en la retaguardia, y eso había que ocultarlo en la medida de lo posible. Los destacamentos de la milicia que volvían al frente ya no desfilaban por las calles al son de los tambores y bajo el ondear de banderas, sino que los enviaban a escondidas en tren o en camiones a las cinco de la mañana. Unos cuantos destacamentos del Ejército Popular empezaban a partir al frente, y ellos sí que desfilaban ceremoniosamente por las calles; aunque, debido al desinterés general por la guerra, incluso a ellos los despedían con poco entusiasmo. El hecho de que los soldados de la milicia también fuesen, al menos sobre el papel, soldados del Ejército Popular, se utilizaba hábilmente en la propaganda escrita. Todos los méritos se atribuían al Ejército Popular y todas las culpas se reservaban para las milicias. A veces incluso se alababa a los mismos soldados por ser una cosa y se les culpaba por la otra.

Pero, aparte de eso, se había producido un sorprendente cambio en el ambiente social, algo difícil de imaginar a menos que se hubiese vivido. Cuando llegué por primera vez a Barcelona, me pareció una ciudad donde apenas existían distinciones de clase ni grandes diferencias económicas. O al menos eso creí. La ropa elegante era la excepción, nadie daba ni aceptaba propinas, los camareros, las floristas y los limpiabotas te miraban a la cara y te llamaban «camarada». En aquel entonces no reparé en que era solo una mezcla de esperanza e hipocresía. Los obreros creían en una revolución que había empezado pero no acababa de consolidarse, y los burgueses estaban asustados y se habían disfrazado temporalmente de obreros. En los primeros meses de la revolución, debió de haber miles de personas que se pusieron el mono y gritaron consignas revolucionarias para salvar el pellejo. Ahora las cosas estaban volviendo a la normalidad. Los restaurantes elegantes y los hoteles estaban llenos de gente rica que engullía comidas caras, mientras que para los trabajadores los precios de la comida habían subido enormemente sin el correspondiente aumento de salario. Aparte de lo caro que era todo, había escaseces recurrentes que, por supuesto, siempre afectaban más a los pobres que a los ricos. Los restaurantes y hoteles no parecían tener problemas en conseguir todo lo que necesitaban, pero en los barrios obreros las colas para comprar pan, aceite de oliva y otros alimentos básicos alcanzaban varios cientos de metros. Antes me había sorprendido la ausencia de mendigos en Barcelona; ahora los había por todas partes. A las puertas de las charcuterías del principio de las Ramblas, siempre había enjambres de niños descalzos que esperaban para rodear a los que salían y pedirles un poco de comida. Las fórmulas de tratamiento revolucionarias estaban cayendo en desuso. Los desconocidos ya rara vez se dirigían a uno llamándolo *tú* o *camarada*; lo habitual era decir *señor* y *usted*. *Buenos días* empezaba a sustituir a *salud*. Los camareros volvían a llevar camisas con la pechera almidonada y los dependientes eran tan serviles como siempre. Mi mujer y yo entramos en una mercería de las Ramblas a comprar unas medias. El encargado nos hizo una reverencia y se frotó las manos, un gesto que ya no es frecuente en Inglaterra, aunque lo era hace veinte o treinta años. De manera disimulada, la gente volvía a dejar propina. Las patrullas de obreros se habían disuelto y las fuerzas policiales de antes de la revolución habían vuelto a la calle. Una de las consecuencias de todo ello era que muchos de los espectáculos de cabaret y de los burdeles de lujo que las patrullas obreras habían clausurado, habían vuelto a abrir.[1] Un pequeño pero significativo ejemplo del modo en que todo se orientaba ahora en favor de las clases acomodadas podía verse en la escasez de tabaco. Para la mayoría de la gente, la escasez de tabaco era tan desesperada que en las calles se vendían cigarrillos de regaliz. Una vez los probé. (Muchos los probaban una vez.) Franco se había apoderado de las Canarias, donde se cultiva todo el tabaco español, así que las únicas reservas de tabaco que quedaban en el bando gubernamental eran las existencias que había antes de la guerra. Tan escasas eran que los estancos abrían solo una vez a la semana; después de hacer cola un par de horas, con suerte uno podía conseguir un paquete de tabaco de veinte gramos. En teoría, el gobierno no autorizaba la compra de tabaco en el extranjero, porque eso suponía reducir las reservas de oro que debían guardarse para comprar armas y otras cosas necesarias. Pero, en la práctica, había un suministro constante de cigarrillos extranjeros de contrabando de las marcas más caras, Lucky Strike y demás, que era una excelente oportunidad para hacer negocio. En los hoteles elegantes se podían comprar abiertamente cigarrillos de contrabando y en las calles no tanto, siempre que uno pudiera pagar las diez pesetas (la paga diaria de un miliciano) que costaba el paquete. El contrabando favorecía a los ricos y, por tanto, se hacía la vista gorda. Si uno tenía suficiente dinero podía conseguir cualquier cosa, con la posible excepción de pan, que estaba racionado de manera muy estricta. Ese contraste entre riqueza y pobre-

1. Se dice que las patrullas de obreros cerraron el 75 por ciento de los burdeles. [En su fe de erratas, Orwell anotó: «No tengo pruebas concluyentes de que la prostitución disminuyera un 75 por ciento al principio de la guerra, y me da la impresión de que los anarquistas se dedicaron a "colectivizar" los burdeles y no a suprimirlos. Con todo, es cierto que hubo una campaña contra la prostitución (carteles, etc.), y el hecho es que los burdeles de lujo y los espectáculos sicalípticos de cabaret se cerraron al principio de la contienda pero volvieron a abrir transcurrido ya un año de guerra». *(N. del E.)*]

za habría sido inconcebible unos meses antes, cuando los trabajadores estaban o parecían estar al mando. No obstante, sería injusto
atribuirlo únicamente a los cambios políticos. En parte se debía a la
seguridad con que se vivía en Barcelona, donde, salvo algún ataque
aéreo ocasional, apenas había nada que le recordase a uno la guerra. Todos los que habían estado en Madrid decían que allí las cosas eran muy diferentes. En Madrid, el peligro constante obligaba
a gente muy distinta a sentir cierta camaradería. Un gordo zam-
pándose unas codornices mientras los niños mendigan pan es un
espectáculo repulsivo, pero es menos probable verlo cuando se oye
el ruido de los disparos.

Uno o dos días después de los combates callejeros, pasé por
una de las calles elegantes y vi una confitería con el escaparate re-
pleto de pasteles y bombones carísimos. Era una de esas tiendas que
hay en Bond Street o la rue de la Paix, y recuerdo que sentí una
vaga sensación de horror y sorpresa al pensar que el dinero podía
seguir despilfarrándose de ese modo en un país hambriento y azo-
tado por la guerra. Pero Dios me libre de dármelas de virtuoso.
Después de varios meses de incomodidades, estaba deseando comer una comida decente, beber buen vino y cócteles, fumar cigarrillos americanos y demás, y confieso que me concedí tantos lujos
como pude permitirme. Esa primera semana, antes de que empezaran los combates callejeros, tuve varias preocupaciones que se
entrelazaron de forma curiosa. En primer lugar, como ya he dicho,
me dediqué a la buena vida, y, en segundo lugar, estuve un poco
indispuesto de tanto comer y beber. Me encontraba mal, guardaba
cama hasta mediodía, me levantaba para dar cuenta de otra comi-
lona y luego volvía a sentirme mal. Al mismo tiempo, había enta-
blado negociaciones secretas para comprar un revólver. Estaba deseando tener uno —es mucho más útil que un fusil en la guerra de
trincheras—, pero eran muy difíciles de conseguir. El gobierno se
los proporcionaba a los policías y los oficiales del Ejército Popular,

pero se negaba a dárselos a la milicia, por lo que había que comprar-los, ilegalmente, en los almacenes de los anarquistas. Después de muchas pegas y molestias, un amigo anarquista se las arregló para procurarme una minúscula pistola automática de 6 mm, un arma malísima, inutilizable a menos de cinco metros de distancia, pero que siempre era mejor que nada. Y aparte de eso, estaba haciendo gestiones para dejar la milicia del POUM y alistarme en alguna otra unidad que me garantizara el traslado al frente de Madrid.

Hacía tiempo que le había dicho a todo el mundo que quería dejar el POUM. Mis preferencias personales me empujaban a unir-me a los anarquistas. Si uno se hacía miembro de la CNT podía alis-tarse en las milicias de la FAI, pero alguien me dijo que era más pro-bable que la FAI me enviara a Teruel que a Madrid. Si quería ir a Madrid debía alistarme en las Brigadas Internacionales, y para eso necesitaba la recomendación de un miembro del Partido Comu-nista. Localicé a un amigo comunista vinculado al Socorro Rojo español y le expliqué mi caso. Pareció muy interesado en reclutar-me y me pidió que, de ser posible, tratara de persuadir a algún otro inglés del ILP de que siguiera mi ejemplo. De haber estado mejor de salud, es probable que hubiese aceptado al momento. Hoy es di-fícil saber si habría supuesto alguna diferencia. Lo más probable es que me hubieran destinado a Albacete antes de que empezaran los combates en Barcelona; en cuyo caso tal vez habría dado crédito a là versión oficial, pues no los habría presenciado. Por otro lado, si me hubiese quedado en Barcelona bajo las órdenes de los comunis-tas, mi lealtad personal hacia los camaradas del POUM me habría colocado en una situación insostenible. Pero aún me quedaba otra semana de permiso y quería recuperarme antes de volver al frente. Además, por uno de esos detalles que siempre deciden nuestro des-tino, tenía que esperar a que el zapatero me hiciera unas botas nue-vas. (En todo el ejército español no había un solo par lo bastante grande para que me cupieran los pies.) Le dije a mi amigo comunista que ya arreglaríamos los detalles más adelante. De momento, necesitaba descansar. Incluso había pensado en ir a pasar uno o dos días con mi mujer en la playa. ¡Menuda ocurrencia! El ambiente político debería haberme advertido de que no era lo más indicado esos días.

Por debajo de la superficie de la ciudad, por debajo del lujo y la creciente pobreza, por debajo de la aparente alegría de las calles con sus puestos de flores, sus banderas multicolores, sus carteles de propaganda y las multitudes, había un horrible e inconfundible sentimiento de odio y rivalidad políticos. Gente de todos los signos políticos profetizaba: «Se va a armar una buena». El peligro era sencillo y evidente. Era el antagonismo entre quienes querían que la revolución siguiera adelante y quienes deseaban ponerle freno o impedirla, en último extremo entre anarquistas y comunistas. Políticamente no había ningún poder en Cataluña salvo el del PSUC y sus aliados liberales. Enfrente estaba la dudosa fuerza de la CNT, peor armada y menos segura de sus objetivos que sus adversarios, pero aun así poderosa por su elevado número de militantes y su predominio en las industrias clave. Dada aquella distribución de fuerzas, el conflicto era inevitable. Desde el punto de vista de la Generalidad, controlada por el PSUC, lo más necesario, si quería asegurar su posición, era desarmar a los obreros de la CNT. Como he señalado antes,* el intento de disolver las milicias de los partidos era en el fondo una maniobra que perseguía ese mismo fin. Al mismo tiempo, se habían reinstaurado los cuerpos de seguridad de antes de la guerra, como la Guardia Civil y otros similares, y se los estaba reforzando y armando hasta los dientes. Eso solo podía significar una cosa. La Guardia Civil, en particular, era una especie de gendarmería como las que hay en Europa, y desde hacía casi un

---

* Véase el Apéndice I, situado originalmente entre los capítulos 4 y 5. (N. del E.)

siglo había actuado como protectora de los terratenientes. Antes se había promulgado un decreto que obligaba a entregar todas las armas que estuviesen en manos de particulares. Como es natural, nadie había obedecido esa orden; estaba claro que a los anarquistas solo les podrían quitar las armas por la fuerza. Hacía tiempo que circulaban rumores, siempre vagos y contradictorios a causa de la censura, sobre los diversos enfrentamientos que se estaban produciendo en toda Cataluña. En varios sitios, las fuerzas de seguridad habían asaltado los bastiones anarquistas. En Puigcerdá, en la frontera francesa, enviaron a los carabineros a tomar la oficina de aduanas, que estaba en manos de los anarquistas, y Antonio Martín, un conocido anarquista, había muerto. Había habido incidentes similares en Figueras y, según tengo entendido, en Tarragona. En Barcelona se habían producido una serie de peleas más o menos extraoficiales en los barrios obreros. Los miembros de la CNT y la UGT llevaban un tiempo asesinándose unos a otros; en algunos casos, los asesinatos iban seguidos de multitudinarios funerales pensados para alentar el odio político. Hacía poco que habían asesinado a un miembro de la CNT, y el sindicato había convocado a cientos de miles de sus simpatizantes para asistir al cortejo fúnebre. A finales de abril, justo después de mi llegada a Barcelona, Roldán Cortada, un miembro prominente de la UGT, murió asesinado, presumiblemente a manos de alguien de la CNT. El gobierno decretó el cierre de todas las tiendas y organizó un impresionante cortejo fúnebre, integrado en su mayor parte por tropas del Ejército Popular, que tardó más de dos horas en pasar. Lo estuve observando, sin demasiado entusiasmo, desde la ventana del hotel. Era evidente que el supuesto funeral era tan solo una demostración de fuerza; un paso más y habría derramamiento de sangre. Esa misma noche, a mi mujer y a mí nos despertaron los tiros en la plaza de Cataluña, que estaba a cien o doscientos metros. Al día siguiente nos enteramos de que alguien, probablemente de la UGT, había li-

quidado a uno de la CNT. Por supuesto, es posible que todos aquellos asesinatos los cometieran agentes provocadores. La actitud de
la prensa capitalista extranjera sobre la disputa entre los comunistas
y los anarquistas puede apreciarse en el hecho de que el asesinato
de Roldán Cortada recibió toda su atención, mientras que apenas
aludieron al asesinato cometido en represalia.

Se acercaba el Primero de Mayo y corrían rumores de una
multitudinaria manifestación en la que participarían tanto la CNT
como la UGT. Los líderes de la CNT, más moderados que muchos
de sus seguidores, llevaban tiempo negociando la reconciliación
con la UGT; de hecho, la clave de su política consistía en intentar
que los dos bloques de sindicatos formaran una gigantesca coalición. La idea era que la CNT y la UGT desfilaran juntas y demos-
traran su solidaridad. Pero en el último momento se desconvocó la
manifestación. Estaba muy claro que se habrían producido disturbios. Así que en el Primero de Mayo no se produjo ningún acto en
Barcelona. Era una situación muy extraña. Barcelona, la tan ca-
careada capital revolucionaria, fue probablemente la única ciudad
de la Europa no fascista que no celebró ese día. No obstante, admito que me sentí aliviado. El contingente del ILP iba a desfilar con
la sección del POUM, y todo el mundo contaba con que se producirían enfrentamientos. Lo último que deseaba era verme envuelto en una absurda lucha callejera. Desfilar por las calles detrás de
banderas rojas repletas de elevadas consignas y que un desconocido
me liquide desde una ventana con un fusil ametrallador, no es mi
idea de una muerte útil.

9

El día 3 de mayo al mediodía me crucé en el vestíbulo del hotel con un amigo que me dijo con indiferencia:

—He oído decir que ha habido disturbios en el edificio de Telefónica.

Ignoro por qué, pero no presté mucha atención a sus palabras.

Esa tarde, entre las tres y las cuatro, pasaba por las Ramblas cuando oí varios disparos de fusil a mis espaldas. Me volví y vi ocultarse detrás de una esquina a varios jóvenes que iban fusil en mano y con el pañuelo rojinegro de los anarquistas alrededor del cuello. Era evidente que estaban intercambiando disparos con alguien que había en una torre de forma octogonal —una iglesia, creo— que dominaba el callejón de al lado. Enseguida pensé: «¡Ya ha empezado!». Pero no me sorprendió demasiado. Todo el mundo contaba con que empezaría en cualquier momento. Comprendí que debía volver cuanto antes al hotel y cerciorarme de que mi mujer estaba bien. Pero el puñado de anarquistas que había en la esquina hacían gestos para que la gente retrocediera y nos gritaron que no cruzáramos la línea de fuego. Se oyeron más disparos. Las balas que disparaban desde la torre barrían toda la calle, y una multitud aterrorizada corría por las Ramblas huyendo del tiroteo; en toda la calle se oía el runrún de las persianas metálicas de los comercios al cerrarse para proteger los escaparates. Vi a dos oficiales del Ejército Popular batirse cautamente en retirada y ocultarse detrás de los árboles con la mano en la culata del revólver. Delante de mí, la muchedumbre entraba en la estación de metro que hay en mitad de las Ramblas para ponerse a cubierto. Enseguida decidí no seguir su ejemplo. Podía quedar atrapado durante horas.

En ese momento, un médico estadounidense que había estado con nosotros en el frente corrió a donde yo estaba y me cogió del brazo. Parecía muy nervioso.

—Vamos, tenemos que ir al hotel Falcón. —El hotel Falcón era una especie de pensión del POUM donde se alojaban muchos milicianos cuando estaban de permiso—. Los del POUM estarán allí. Esto ya ha empezado. Debemos estar juntos.

El médico me tiraba del brazo. Estaba demasiado nervioso para hablar con claridad. Por lo visto, se hallaba en la plaza de Cataluña cuando llegaron varios camiones cargados de guardias de asalto armados* hasta los dientes al edificio de la Telefónica, cuyos empleados eran casi todos de la CNT, y lo asaltaron. Luego, habían llegado varios anarquistas y se había producido una refriega. Me pareció entender que todo se debía a la exigencia del gobierno de que entregaran la Telefónica, algo a lo que, evidentemente, se habían negado.

Mientras íbamos calle abajo nos cruzamos con un camión que iba en dirección opuesta. Iba lleno de anarquistas fusil en mano. Delante, un joven harapiento estaba apilando colchones detrás de una ametralladora ligera. Cuando llegamos al hotel Falcón, que estaba al final de las Ramblas, una multitud se agolpaba en el vestíbulo; reinaba la confusión, nadie parecía saber lo que se esperaba de nosotros y solo el puñado de soldados del batallón de choque que custodiaban el edificio iban armados. Corrí al comité local del POUM, que estaba casi enfrente. En el piso de arriba, en la sala donde los milicianos iban a cobrar la paga, se apretujaba otra multi-

---

* Véase la nota de la p. 245. *(N. del E.)*

tud. Un hombre alto, pálido y más bien apuesto de unos treinta años, vestido de civil, se esforzaba por poner orden y repartía unos cintos y cartucheras que había apilados en un rincón. Por lo visto todavía no había fusiles. El médico había desaparecido —creo que ya se habían producido las primeras víctimas y habían requerido su ayuda—, pero allí había otro inglés. En ese momento, el tipo alto y unos cuantos más sacaron un montón de fusiles y se pusieron a repartirlos. El otro inglés y yo, por ser extranjeros, estábamos bajo sospecha y al principio no quisieron darnos uno. Luego llegó un miliciano que yo conocía del frente, quien me identificó y logró que nos dieran fusiles y unos cuantos cargadores, aunque a regañadientes.

Se oían tiros a lo lejos y las calles estaban desiertas. Todo el mundo decía que era imposible subir por las Ramblas. Los guardias de asalto habían tomado posiciones en varios edificios desde los que se dominaba la calle y disparaban a todo el que pasara. Aun así me habría arriesgado a volver al hotel, pero circulaba el rumor de que atacarían el comité local en cualquier momento y se decía que era mejor quedarse allí. En todo el edificio, en las escaleras y fuera, en la acera, había grupos de personas que hablaban nerviosos. Nadie parecía saber lo que pasaba. Lo único que pude deducir fue que los guardias de asalto habían atacado el edificio de la Telefónica y tomado posiciones en puntos estratégicos desde donde controlaban otros edificios propiedad de los trabajadores. Se tenía la impresión general de que los guardias de asalto iban a por los de la CNT y los obreros en general. Es curioso que, en aquel momento, nadie pareciera culpar al gobierno. Las clases humildes de Barcelona veían a los guardias de asalto como una especie de Black and Tans,* y todo el mundo parecía dar por supuesto que habían

---

* Los Black and Tans fueron una fuerza paramilitar reclutada en Gran Bretaña y enviada a Irlanda para reprimir las revueltas del Sinn Feinn de 1919 y 1920. (N. del T.)

iniciado el ataque por iniciativa propia. En cuanto supe lo que ocurría me sentí aliviado. La cosa estaba clara. De un lado estaba la CNT, del otro la policía. No siento especial simpatía por el «obrero» idealizado por los comunistas burgueses, pero cuando veo a un obrero de carne y hueso enfrentado a su enemigo natural, el policía, no necesito preguntarme de qué lado estoy.

Pasó un buen rato sin que ocurriera nada en aquella parte de la ciudad. No se me ocurrió telefonear al hotel a preguntar por mi mujer. Di por sentado que los teléfonos habrían dejado de funcionar, aunque lo cierto es que la línea solo se interrumpió unas horas. Debía de haber unas trescientas personas en los dos edificios, sobre todo gente muy pobre, de los callejones de la zona del puerto; había algunas mujeres, algunas con bebés en brazos, y una muchedumbre de chiquillos harapientos. Supongo que la mayoría no sabían lo que ocurría y habían corrido a los edificios del POUM en busca de protección. También había varios milicianos de permiso y unos cuantos extranjeros. Según calculé, entre todos tendríamos unos sesenta fusiles. La oficina de arriba estaba llena de gente que pedía que le entregaran armas y a quien repetían sin cesar que ya no quedaba ninguna. Los milicianos más jóvenes, que parecían tomarse aquello como una especie de pícnic, se dedicaban a merodear por ahí y tratar de robarle el fusil a quien tuviera. Al poco tiempo, uno de ellos me quitó el mío con una astuta treta y me dejó solamente con mi diminuta pistola automática, para la que solo tenía un cargador.

Cuando oscureció empezó a entrarme hambre y al parecer no había comida en el Falcón. Mi amigo y yo nos escabullimos a cenar algo en su hotel, que estaba cerca. Las calles estaban a oscuras y reinaba el silencio, no se movía ni un alma y las persianas de los comercios estaban bajadas, no obstante, todavía no se había alzado ninguna barricada. Nos costó mucho que nos dejaran entrar en el hotel, donde habían atrancado la puerta. Al volver me enteré de que todavía funcionaban los teléfonos y corrí al despacho de arriba para llamar a mi mujer. Como era de esperar no había guía telefónica en el edificio, y yo no sabía el número del hotel Continental; al cabo de una hora, después de mucho buscar habitación por habitación, encontré una y conseguí el número. No pude hablar con mi mujer, pero me pusieron con John McNair, el representante del ILP en Barcelona, que me explicó que todo iba bien y que no había heridos y me preguntó cómo iban las cosas en el comité local. Respondí que solo nos faltaban cigarrillos. Lo dije en broma, pero media hora después McNair apareció con dos paquetes de Lucky Strike. Se había aventurado por las calles oscuras plagadas de patrullas de anarquistas, que le habían dado el alto dos veces a punta de pistola para pedirle los papeles. No olvidaré ese pequeño acto de heroísmo. Nos alegró mucho que nos llevara los cigarrillos.

Habían apostado guardias armados en casi todas las ventanas y abajo, en la calle, un pequeño grupo del batallón de choque interrogaba a los transeúntes. Vimos pasar un coche lleno de anarquistas y erizado de armas. En el asiento del copiloto, una guapa muchacha de unos dieciocho años acariciaba el fusil ametrallador que llevaba sobre las rodillas. Pasé un buen rato deambulando por el edificio, un lugar muy intrincado en el que era imposible orientarse. Por todas partes se veían los muebles rotos y papeles rasgados que al parecer son el producto inevitable de la revolución. Había gente durmiendo en todos los rincones; dos mujeres del puerto roncaban plácidamente en un sofá. Aquel sitio había sido un teatro de variedades antes de que el POUM lo confiscara. En varias habitaciones había escenarios, y en una de ellas un triste piano de cola. Por fin encontré lo que buscaba: la armería. No sabía en qué iba a acabar aquello y necesitaba un arma. Había oído contar tantas veces que todos los partidos rivales, el PSUC, el POUM, y también la CNT y la FAI, acumulaban armas en Barcelona, que no podía creer que los dos principales edificios del POUM solo contuvieran los cincuenta o sesenta fusiles que había visto repartir. La sala que hacía las veces de armería estaba sin custodiar y la puerta era muy endeble; entre otro inglés y yo logramos forzarla. Al entrar comprobamos que lo que nos habían dicho era cierto: no había más armas. Lo único que encontramos fueron dos docenas de anticuados fusiles de pequeño calibre y unas cuantas escopetas, pero ningún cartucho. Subí a la oficina y pregunté si tenían munición para pistolas, pero no les quedaba. No obstante, tenían unas cuantas cajas de granadas que les había llevado una patrulla anarquista. Metí un par en una de mis cartucheras. Eran unas granadas muy rudimentarias, que se activaban al encender una especie de fósforo que tenían en lo alto y que tendían a explotar por su cuenta.

Había gente tendida por el suelo. En una habitación un bebé no dejaba de llorar. Aunque estábamos en mayo, la noche había refrescado. Uno de los escenarios todavía conservaba el telón, así que rasgué un trozo con el cuchillo, me arropé con él y traté de dormir un poco. Recuerdo que me costó conciliar el sueño por culpa de aquellas dichosas granadas, que podían hacerme volar por los aires si me daba la vuelta con demasiada energía. A las tres de la mañana, el hombre alto y apuesto que parecía estar al mando me despertó, me dio un fusil y me puso a montar guardia en una de las ventanas. Me contó que Salas, el jefe superior de policía, responsable del ataque a la Telefónica, se encontraba bajo arresto (luego supimos que, en realidad, solo lo habían destituido; sin embargo, la noticia sirvió para confirmar la impresión general de que los guardias de asalto habían actuado por su cuenta). En cuanto amaneció, la gente de abajo empezó a levantar dos barricadas, una ante la puerta del comité local y la otra delante del hotel Falcón. Las calles de Barcelona estaban pavimentadas con adoquines que podían utilizarse para construir un muro, y debajo había una especie de gravilla con la que podían rellenarse los sacos terreros. La construcción de las barricadas fue digna de ver; habría dado algo por poder fotografiarlo. Con esa energía característica de los españoles cuando por fin deciden ponerse manos a la obra, largas hileras de hombres, mujeres y niños se pusieron a arrancar los adoquines y a apilarlos en una carretilla que habían encontrado en alguna parte, otros se tambaleaban bajo el peso de los sacos. En la puerta del comité local, una joven judía alemana que llevaba unos pantalones de miliciano cuyas rodilleras le llegaban a la altura de los tobillos, lo observaba todo con una sonrisa. Al cabo de una hora, las barricadas llegaban a la altura de la cabeza y había tiradores apostados en las aspilleras, detrás de una barricada habían encendido una hoguera y unos tipos estaban friendo huevos.

Habían vuelto a quitarme el fusil y no parecía que pudiera hacer gran cosa. Otro inglés y yo decidimos volver al hotel Continental. Se oían muchos disparos a lo lejos, pero no en las Ramblas. De camino pasamos por el mercado. Solo habían abierto unos cuantos puestos, ante los que se agolpaba una multitud de personas de los barrios obreros al sur de las Ramblas. Al llegar oímos una serie de disparos, algunos cristales del techo se rompieron y todo el mundo echó a correr hacia las salidas de la parte trasera. No obstante, unos cuantos puestos siguieron abiertos y pudimos tomar una taza de café y comprar un trozo de queso de cabra que guardé con las granadas. Unos días después agradecí mucho haber comprado aquel queso.

En la esquina donde un día antes había visto disparar a los anarquistas, ahora había una barricada. El hombre que había detrás (yo estaba al otro lado de la calle) me gritó que tuviera cuidado. Los guardias de asalto que había en la torre de la iglesia disparaban a todo el que pasara por allí. Me detuve y crucé la bocacalle a la carrera; efectivamente, se oyó un disparo y una bala pasó rozándome. Al acercarme a la sede del POUM, aunque seguía al otro lado de la calle, unos soldados del batallón de choque que había en la puerta me advirtieron de algo a gritos, pero no entendí lo que me decían. Entre el lugar donde me hallaba y el edificio había árboles y un quiosco de periódicos (los bulevares españoles tienen un ancho paseo en el centro), y no veía lo que me indicaban. Seguí hasta el Continental, me aseguré de que todo seguía en orden, me lavé la cara y volví a la sede del POUM (que estaba a cien metros calle abajo) a pedir órdenes. En ese momento, el rugido de los fusiles y las ametralladoras que se oía desde varios sitios era casi comparable al estruendo de una batalla. Acababa de encontrar a Kopp y estaba preguntándole qué se suponía que debíamos hacer cuando oímos una serie de explosiones terribles en la planta baja. El ruido fue tan ensordecedor que pensé que nos estaban disparando con un cañón ligero. Luego resultó que eran solo granadas de mano, que hacen el doble de ruido cuando estallan entre edificios de piedra.

Kopp se asomó a la ventana, se puso la fusta a la espalda y dijo: «Investiguemos»; bajó por las escaleras con su despreocupación característica, mientras yo seguía sus pasos. En el vestíbulo había unos soldados del batallón de choque que hacían rodar granadas por la acera como si jugasen a los bolos. Las granadas estallaban a menos de veinte metros con un estruendo terrible y ensordecedor que se mezclaba con los disparos de los fusiles. En mitad de la calle, detrás del quiosco, asomaba como un coco de feria la cabeza de un miliciano estadounidense a quien yo conocía bien. Tardé en comprender lo que ocurría. Justo al lado del edificio del POUM había un café, el Moka, con un hotel en el piso de arriba. El día anterior, veinte o treinta guardias de asalto habían entrado en el café y, al empezar los combates, habían tomado el hotel y se habían atrincherado en él. Probablemente les habían ordenado tomar el café antes de asaltar las oficinas del POUM. A primera hora de la mañana habían intentado salir y, tras un intercambio de disparos, un guardia de asalto había muerto y uno del batallón de choque había resultado malherido. Los guardias habían vuelto a refugiarse en el café, pero cuando llegó el norteamericano abrieron fuego contra él, a pesar de que iba desarmado. El hombre se había puesto a cubierto detrás del quiosco, y los del batallón de choque estaban lanzando granadas contra los guardias de asalto para obligarlos a entrar de nuevo.

Kopp se hizo cargo de lo que ocurría nada más verlo. Sujetó del brazo a un alemán pelirrojo que se disponía a quitarle el seguro a una granada con los dientes. Gritó a todos que se apartaran de la puerta y nos dijo en varios idiomas que teníamos que evitar un derramamiento de sangre. Luego salió a la acera y, a la vista de los guardias de asalto, se quitó la pistola y la dejó en el suelo. Dos oficiales de la milicia hicieron lo mismo, y los tres echaron a andar muy despacio hacia la puerta donde se apelotonaban los guardias de asalto. Yo no lo hubiera hecho ni por todo el oro del mundo. Iban andando, desarmados en dirección a unos hombres asustados y con fusiles cargados. Un guardia de asalto, en mangas de camisa y lívido de terror, salió a parlamentar con Kopp y señaló dos granadas sin explotar que había en la acera. Kopp retrocedió y nos pidió que las hiciéramos estallar, pues eran un peligro para cualquiera que pasara por allí. Uno de los del batallón de choque disparó su fusil contra una de ellas y la granada explotó; luego disparó contra la otra y falló. Le pedí que me dejara el fusil, me arrodillé y apreté el gatillo, aunque siento decir que yo también fallé. Fue la única vez que disparé durante los disturbios. La acera estaba cubierta de cristales rotos del rótulo del café Moka, y los dos coches que había aparcados fuera, uno de ellos el coche oficial de Kopp, estaban acribillados a balazos y con los parabrisas rotos por las explosiones.

Kopp volvió a llevarme arriba y me explicó la situación. Teníamos que defender los edificios del POUM si los atacaban, pero los líderes del partido habían enviado instrucciones de que estuviésemos a la defensiva y no abriéramos fuego si podíamos evitarlo. Justo enfrente había un cine, llamado Poliorama, con un museo en el

piso de arriba y en lo alto, por encima de los demás tejados, un
pequeño observatorio con dos cúpulas gemelas. Desde las cúpulas
se dominaba la calle, y unos cuantos hombres apostados allí con
fusiles podrían impedir cualquier ataque contra los edificios del
POUM. Los encargados del cine eran de la CNT y nos dejarían
entrar y salir. En cuanto a los guardias de asalto del café Moka,
no nos plantearían problemas; no tenían mayor interés en pelear
y estaban deseando vivir y dejar vivir. Kopp repitió que nuestras
órdenes eran no disparar a menos que nos disparasen primero o
atacasen nuestros edificios. Deduje, aunque no me lo dijo, que
los líderes del POUM estaban furiosos de que los hubieran arras-
trado a aquella situación, pero se sentían obligados a apoyar a la
CNT.

Ya habían apostado vigías en el observatorio. Quitando los
breves intervalos en que iba a comer al hotel, pasé los siguientes
tres días con sus noches en la azotea del Poliorama. No corría ningún peligro y mis mayores preocupaciones eran el hambre y el
aburrimiento, pero, aun así, fue una de las épocas más insoporta-
bles de mi vida. Creo que muy pocas vivencias podrían ser más
odiosas, decepcionantes y, en último término, exasperantes que
aquellos terribles días de lucha callejera.

Me sentaba en la azotea maravillado de lo absurdo de todo
aquello. Desde los tragaluces del observatorio, la vista alcanzaba a
varios kilómetros a la redonda; esbeltos edificios, cúpulas de cristal
y fantásticos tejados ondulados con tejas verdes y de color cobre se
extendían hacia el este en dirección al refulgente mar azul pálido, el
primer atisbo del mar que había tenido desde mi llegada a España.
Y aquella enorme ciudad de un millón de habitantes estaba atrapa-
da en una especie de inercia violenta, una pesadilla de ruido sin
movimiento. Las calles soleadas estaban casi vacías. Aparte de las
balas que salían de las barricadas y de las ventanas protegidas con
sacos terreros, no ocurría nada. Ni un solo vehículo recorría las

calles, a lo largo de las Ramblas había tranvías inmóviles, detenidos allí donde los habían dejado sus conductores al empezar los combates. Y, mientras tanto, aquel sonido infernal que retumbaba en miles de edificios de piedra se repetía una y otra vez, como una tormenta tropical —pum, pum, ra-ta-ta-ta-tá, bum—, reducido a veces a unos pocos disparos y convertido en ocasiones en una ensordecedora descarga de fusilería, pero sin interrupción hasta el anochecer, para reanudarse puntualmente nada más despuntar el día.

Al principio me costó mucho averiguar qué demonios pasaba, quién combatía con quién y quién estaba ganando. Los habitantes de Barcelona están tan habituados a los combates callejeros y tan familiarizados con la geografía local, que saben casi por instinto las calles y los edificios que tomará cada partido político. Un forastero está en enorme desventaja. Desde el observatorio, daba la impresión de que las Ramblas, una de las calles principales de la ciudad, formaban una línea divisoria. A la derecha, los barrios obreros eran anarquistas, y a la izquierda se libraban confusos combates en los tortuosos callejones, aunque esa parte estaba más o menos controlada por el PSUC y los guardias de asalto. En nuestro extremo de las Ramblas, cerca de la plaza de Cataluña, la situación era tan complicada que habría sido ininteligible si en cada edificio no hubiera ondeado una bandera. El principal punto de referencia era el hotel Colón, el cuartel general del PSUC, que dominaba la plaza. En una ventana, cerca de la penúltima «O» del enorme rótulo HOTEL COLÓN que cubría la fachada, habían instalado una ametralladora capaz de barrer la plaza con mortífera eficacia. A cien metros a nuestra derecha, en dirección a las Ramblas, las JSU, la liga juvenil del PSUC (equivalente a la Young Communist League inglesa), se habían apoderado de unos grandes almacenes, cuyas ventanas laterales, protegidas con sacos de arena, estaban enfrente de nuestro observatorio. Habían arriado la bandera roja e izado la bandera nacional catalana. En el edificio de la Telefónica, donde había empezado todo el lío, ondeaban la catalana y la anarquista; debían de haber acordado una especie de tregua, pues los teléfonos funcionaban sin interrupciones y no salían disparos del edificio.

Nuestra posición estaba extrañamente tranquila. Los guardias de asalto del café Moka habían bajado las persianas metálicas y amontonado los muebles para hacer una barricada. Luego, media docena habían subido a la azotea que teníamos enfrente y habían construido otra barricada con colchones sobre los que ondeaba otra bandera catalana. Pero era evidente que no tenían intención de iniciar ninguna lucha. Kopp había llegado a un acuerdo con ellos: si no nos disparaban, nosotros tampoco les dispararíamos a ellos. Se había hecho bastante amigo de ellos y había ido varias veces a verlos al café Moka. Como es natural, habían saqueado todos los licores del local, y le regalaron quince botellas de cerveza. A cambio, Kopp les había regalado uno de nuestros fusiles para compensar uno que habían perdido el día anterior. De todos modos, me sentía raro sentado en aquella azotea. Unas veces estaba tan hastiado que no prestaba atención a aquel ruido tan infernal y pasaba las horas leyendo una serie de libros de la Penguin Library que por suerte había comprado unos días antes; otras no podía dejar de pensar en los hombres armados que me vigilaban a cincuenta metros de distancia. En cierto modo era como estar de vuelta en las trincheras, y en varias ocasiones me sorprendí, por la fuerza de la costumbre, llamando «fascistas» a los guardias de asalto. Por lo general éramos seis. Poníamos a un hombre de guardia en cada una de las torres del observatorio y los demás nos sentábamos en la azotea que había debajo, donde solo podíamos ponernos a cubierto detrás de un murete de piedra. Yo sabía que en cualquier momento los guardias de asalto podían recibir por teléfono la orden de abrir fuego. Habían prometido advertirnos antes de hacerlo, pero no estábamos seguros de que fuesen a cumplir su promesa. No obstante, solo una vez pareció que fuese a empezar el jaleo.

Uno de los guardias de asalto que había enfrente hincó la rodilla en el suelo y empezó a disparar a los de la barricada. Yo estaba de guardia, así que le apunté y le grité.

—¡Eh! ¡No nos dispares!

—¿Qué?

—¡Que no nos dispares o responderemos!

—¡No, no! Si no os disparaba a vosotros. Mira… ¡allí abajo! —Señaló con un gesto al callejón que había junto al edificio, donde un joven con un mono azul se parapetaba fusil en mano detrás de una esquina. Estaba claro que acababa de abrir fuego contra los guardias de asalto de la azotea—. Le estaba disparando a él. Él empezó.

(Creo que era cierto.)

—No queremos dispararos. Somos trabajadores como vosotros.

Hizo el saludo antifascista y yo se lo devolví. Luego le grité:

—¿Os quedan cervezas?

—No, se han acabado.

Ese mismo día, sin motivo aparente, uno de los del edificio de las JSU alzó el fusil y me disparó al ver que me asomaba a una ventana. Tal vez fuese un blanco demasiado tentador. No respondí. A pesar de que estaba a menos de cien metros, la bala se desvió tanto que ni siquiera acertó a la azotea o el observatorio. Como de costumbre, la mala puntería de los españoles me había salvado. Me dispararon en varias ocasiones desde aquel edificio.

El infernal fragor del tiroteo siguió y siguió. Pero, por lo que pude ver y oír, la lucha era defensiva por ambas partes. La gente se quedaba en sus edificios o detrás de sus barricadas y disparaba contra los que tenían enfrente. A menos de un kilómetro de donde estábamos, había una calle donde estaban las sedes de la CNT y de la UGT, una enfrente de la otra; en esa dirección el ruido era terrible. Recorrí aquella calle un día después de que concluyeran los combates, y los cristales de los escaparates parecían coladores. (Casi todos los tenderos de Barcelona habían pegado cinta adhesiva en los cristales, de modo que cuando los atravesaba una bala no saltaban hechos pedazos.) En ocasiones, las explosiones de las granadas de mano interrumpían el tableteo del fuego de los fusiles y las ametralladoras. Y muy de vez en cuando, tal vez una docena de veces en total, se oían terribles explosiones que al principio no pude explicarme; sonaban como bombas de aviación, pero era imposible porque no se veían aviones. Luego me dijeron —y es posible que fuese verdad— que había agentes provocadores haciendo estallar explosivos para causar ruido y sembrar el pánico. No obstante, no se oía fuego de artillería. Yo prestaba mucha atención, pues si empezaban a oírse cañonazos la cosa se pondría fea (la artillería es el factor determinante en la lucha callejera). Luego los periódicos publicaron historias descabelladas sobre baterías de cañones que disparaban en las calles, pero ninguno pudo mostrar un solo edificio que hubiese sido dañado por un obús. En cualquier caso, el ruido de los cañones es inconfundible si uno está acostumbrado a oírlo.

Los alimentos escasearon casi desde el primer momento. Con mucha dificultad y amparados en la oscuridad de la noche (pues los guardias de asalto disparaban a todo el que circulara por las Ramblas) desde el hotel Falcón llevaban comida para los quince o veinte milicianos que había en la sede del POUM, pero apenas era suficiente y muchos íbamos a comer al hotel Continental. El Continental lo había colectivizado la Generalidad y no la CNT o la UGT, como casi todos los demás hoteles, por lo que se consideraba terreno neutral. En cuanto empezaron los combates, el hotel se llenó de gente de lo más extraordinario. Había periodistas extranjeros, sospechosos políticos de todo jaez, un aviador estadounidense al servicio del gobierno, varios agentes comunistas —incluido un ruso muy gordo de aspecto siniestro de quien se decía que era un agente de la OGPU, a quien llamaban Charlie Chan y que llevaba al cinto un revólver y una granada pequeña—, algunas familias de españoles acomodados que parecían simpatizantes de los fascistas, dos o tres heridos de las Brigadas Internacionales, un grupo de camioneros franceses que transportaban naranjas a Francia y que se habían visto retenidos por los combates, y varios oficiales del Ejército Popular. El Ejército Popular, como cuerpo, se mantuvo neutral durante todo el tiempo, aunque algunos soldados escaparon de los cuarteles y participaron por su cuenta; el martes por la mañana vi a un par de ellos en las barricadas del POUM. Al principio, antes de que empezara a escasear la comida y los periódicos se pusieran a fomentar el odio, la gente se lo tomaba a broma. Eso pasaba en Barcelona todos los años, decían. George Tioli, un periodista italiano, buen amigo nuestro, llegó con los pantalones empapados de sangre. Había salido a ver lo que ocurría y se había agachado para ayudar a un herido que había en la acera cuando alguien le había lanzado en broma una granada que, por suerte, no le hirió de gravedad. Recuerdo haberle oído decir que los adoquines de Barcelona deberían estar numerados y que así se ahorrarían muchos esfuerzos al construir y demoler las barricadas. Y me acuerdo también de un par de tipos de las Brigadas Internacionales que encontré en mi cuarto del hotel al volver hambriento y fatigado tras una noche de guardia. Su actitud fue totalmente neutral. Si hubiesen sido buenos hombres de partido, me habrían animado a cambiar de bando o incluso me habrían inmovilizado y quitado las granadas que llevaba en los bolsillos, pero, en lugar de eso, me compadecieron por tener que pasar mis días de permiso montando guardia en la azotea. La impresión general era: «Es solo una trifulca de los anarquistas con la policía, no tiene mayor importancia». Pese a la extensión de los combates y el número de víctimas, creo que eso se acercaba más a la verdad que la versión oficial, que presentó el asunto como un motín premeditado.

Más o menos el miércoles (5 de mayo) empezaron a cambiar las cosas. Con las persianas de las tiendas bajadas, las calles tenían un

aspecto horrible. Los pocos transeúntes que se habían visto obligados a salir por uno u otro motivo, pasaban cautelosamente aquí y
allá ondeando pañuelos blancos, y en un sitio en mitad de las Ramblas que estaba a cubierto de las balas, unos cuantos vendedores de
periódicos los anunciaban a la calle vacía. El martes *Solidaridad
Obrera*, el periódico anarquista, había descrito el ataque contra el
edificio de la Telefónica como una «monstruosa provocación» (o
algo por el estilo), pero el miércoles cambió de tono y empezó a
implorar a la gente que volviera al trabajo. Los líderes anarquistas
transmitían el mismo mensaje. La redacción de *La Batalla*, el periódico del POUM, que no estaba defendida, había sido tomada y
saqueada por los guardias de asalto a la vez que la Telefónica, pero,
aun así, siguieron imprimiéndose y distribuyéndose algunos ejemplares desde otro sitio. Animaba a seguir en las barricadas. La gente no sabía qué hacer y se preguntaba cómo diablos terminaría
aquello. Dudo que nadie abandonara las barricadas, pero todos estaban hartos de aquella lucha absurda que estaba claro que no conduciría a ninguna parte, porque nadie quería correr el riesgo de
que se convirtiese en una guerra civil a gran escala que podría suponer perder la guerra contra Franco. Oí expresar aquel temor en
los dos bandos. Por lo que se oía decir a la gente, las bases de la
CNT solo querían lo mismo que habían deseado desde el principio: que les devolvieran la Telefónica y se desarmara a los guardias
de asalto. Si la Generalidad hubiera prometido hacer ambas cosas y
también poner fin a los estraperlistas que traficaban con los alimentos, no me cabe la menor duda de que en dos horas habrían
desaparecido las barricadas. Pero era evidente que la Generalidad
no tenía intención de rendirse. Circulaban rumores muy preocu-
pantes. Se decía que el gobierno de Valencia había enviado a seis
mil hombres para ocupar Barcelona, y que cinco mil milicianos y
anarquistas del POUM habían abandonado el frente de Aragón
para enfrentarse a ellos. Solo lo primero era cierto. Desde la torre

del observatorio vimos las grises siluetas de los barcos de guerra que llegaban al puerto. Douglas Moyle, que había sido marino, dijo que parecían destructores británicos. De hecho lo eran, aunque no lo supimos hasta después.

Esa tarde oímos que cuatrocientos guardias de asalto se habían rendido y habían entregado sus armas a los anarquistas en la plaza de España; también circulaban rumores de que la CNT controlaba los barrios obreros de las afueras. Daba la impresión de que estábamos ganando. Pero esa misma tarde Kopp me mandó llamar y me contó muy serio que, según la información que acababa de recibir, el gobierno estaba a punto de ilegalizar el POUM y declarar el estado de guerra contra él. La noticia me dejó atónito. Fue el primer atisbo que tuve de la interpretación que probablemente se daría después al asunto. Vagamente preví que, cuando concluyeran los combates, echarían todas las culpas al POUM, que era el partido más débil y, por tanto, un buen chivo expiatorio. De momento, se había acabado la neutralidad. Si el gobierno nos declaraba la guerra, no nos quedaba otro remedio que defendernos, y estaba claro que los guardias de asalto de al lado recibirían órdenes de atacar nuestra sede. Nuestra única oportunidad era golpear primero. Kopp esperaba recibir órdenes por teléfono; si se confirmaba la ilegalización del POUM, deberíamos prepararnos de inmediato para tomar el café Moka.

Recuerdo la larga tarde de pesadilla que pasamos fortificando el edificio. Cerramos las persianas metálicas de la entrada principal y detrás construimos una barricada con las piedras y los ladrillos dejados por unos obreros que habían estado haciendo reformas. Luego hicimos inventario de nuestro armamento. Contando los seis que había en la azotea del Poliorama, teníamos veintiún fusiles (uno de ellos defectuoso), unos cincuenta cartuchos por fusil y una docena escasa de granadas; aparte de eso, apenas unos cuantos revólveres y pistolas. Una docena de hombres, la mayoría alemanes,

se habían presentado voluntarios para asaltar el café Moka en caso
de que llegara a ser necesario. Lo haríamos desde la azotea, claro,
y de madrugada, para cogerles por sorpresa; ellos eran más numerosos, pero nuestra moral era más alta y estaba claro que logra-
ríamos tomarlo, aunque habría víctimas. En el edificio no quedaba más comida que unas tabletas de chocolate, y corría el rumor de
que nos iban a cortar el agua. (Nadie sabía quién iba a hacerlo. Tal
vez el gobierno, que controlaba el servicio de abastecimiento, o
quizá la CNT.) Pasamos un buen rato llenando los lavabos, todos
los cubos que pudimos reunir y, por último, las quince botellas de
cerveza, ahora vacías, que los guardias de asalto le habían regalado
a Kopp.

Después de casi sesenta horas sin dormir, estaba desanimado y
muerto de sueño. Se había hecho de noche. La gente dormía tirada
por el suelo detrás de la barricada. En el piso de arriba había un
cuartito con un sofá que pensábamos utilizar como enfermería,
aunque no hace falta decir que no había yodo ni vendas en el edificio. Mi mujer había venido del hotel, por si hacía falta una enfermera. Me tumbé en el sofá, convencido de que me vendría bien
descansar media hora antes de que se produjese aquel ataque contra
el Moka en el que podían matarme. Recuerdo lo mucho que me
incomodaba la pistola, que llevaba metida en el cinturón y se
me clavaba en la espalda. Lo siguiente que acude a mi memoria es
que me desperté con un respingo y vi a mi mujer de pie a mi lado.
Ya era de día y no había pasado nada; el gobierno no había declarado la guerra al POUM, no nos habían cortado el agua y, salvo por
algún tiroteo esporádico en las calles, todo era normal. Mi mujer
me explicó que no había tenido valor para despertarme y que había
dormido en un sillón en una de las habitaciones de al lado.

Esa tarde se produjo una especie de armisticio. Cesaron los tiroteos y las calles se llenaron de gente con una rapidez asombrosa.
Unas cuantas tiendas subieron las persianas y en el mercado se con-

gregó una multitud que pedía comida a pesar de que los puestos estaban casi vacíos. No obstante, todavía no circulaban los tranvías. Los guardias de asalto seguían detrás de sus barricadas en el Moka; ninguno de los bandos evacuó los edificios fortificados. Todo el mundo iba y venía tratando de comprar comida, y en todas partes se oía preguntar lo mismo: «¿Crees que habrá terminado?, ¿volverá a empezar?». La gente se refería a los combates como si hubiesen sido una especie de catástrofe natural, un huracán o un terremoto, que afectara a todos por igual y que nadie pudiera impedir. Y, efectivamente, poco después —supongo que la tregua debió de durar varias horas, pero a mí me parecieron minutos— se oyó un repentino tiroteo como una tormenta en pleno junio y todo el mundo huyó despavorido; volvieron a bajar las persianas, las calles se vaciaron como por arte de magia, se ocuparon otra vez las barricadas y se reanudó la catástrofe.

Regresé a mi puesto en la azotea con una mezcla de rabia y asco. Cuando uno participa en unos acontecimientos así supongo que, en cierto sentido, está haciendo historia y tiene derecho a sentirse un personaje histórico. Pero eso nunca ocurre, porque las molestias físicas ensombrecen todo lo demás. Mientras duraron los combates no hice ningún análisis «correcto» de la situación, como los que redactaban verbosos periodistas a cientos de kilómetros. No pensé en la justicia o injusticia de aquellas luchas intestinas, sino en la incomodidad y el aburrimiento de tener que pasar día y noche en aquella incómoda azotea y en el hambre que cada vez era peor, pues no habíamos tomado una comida decente desde el lunes. Y no paraba de darle vueltas a que, cuando aquello acabara, tendría que volver al frente. Estaba furioso. Después de ciento cincuenta días en las líneas, había vuelto a Barcelona en busca de descanso y un poco de comodidad, y en lugar de eso tenía que perder el tiempo sentado en una azotea frente a unos guardias de asalto tan aburridos como yo y que de vez en cuando me saludaban y afirmaban que eran «trabajadores» (o, lo que venía a ser lo mismo, que esperaban que no les disparase, aunque ellos abrirían fuego en cuanto recibieran la orden de hacerlo). Si eso era hacer historia, a mí no me lo parecía. Recordaba más a un mal momento en el frente, cuando escasean los hombres y los turnos de guardia se alargan; en lugar de portarse como un héroe, uno tiene que quedarse en su puesto, aburrido, muerto de sueño y sin sentir el menor interés por lo que sucede.

En el hotel se había instalado un horrible ambiente de sospecha entre aquella heterogénea pandilla que, en su mayor parte, no se había atrevido a asomar la nariz a la calle. Había quienes veían espías por todas partes y se pasaban el día cuchicheando que los demás eran agentes comunistas, trotskistas, anarquistas o lo que fuera. El ruso gordo se dedicaba a abordar a los refugiados extranjeros y explicarles con todo lujo de detalles que todo aquello era un complot de los anarquistas. Lo observé con cierto interés porque nunca había visto a nadie cuya profesión fuese contar mentiras, a menos que incluyamos a los periodistas. Aquel simulacro de elegante vida de hotel que seguían llevando tras las ventanas cerradas y entre los disparos de los fusiles, me parecía repugnante. El salón principal había dejado de utilizarse desde que una bala entrara por la ventana y descascarillase una columna, y los huéspedes se agolpaban en el oscuro salón del fondo, donde nunca había mesas suficientes para todos. Había muy pocos camareros —algunos eran de la CNT y se habían unido a la huelga general— y no llevaban la pechera almidonada, aunque las comidas seguían sirviéndose con mucha ceremonia. No obstante, apenas había alimentos. Ese jueves por la noche, el plato principal de la cena fue una sardina por barba. Hacía días que no quedaba pan en el hotel, e incluso el vino escaseaba tanto que el que nos servían era cada vez más añejo y más caro. Esa escasez de comida duró hasta varios días después de terminados los combates. Recuerdo que, durante tres días seguidos, mi mujer y yo desayunamos un poco de queso de cabra sin pan ni nada para beber. Lo único que había en abundancia eran naranjas. Los camioneros franceses habían llevado un montón al hotel. Eran unos tipos de pinta endurecida; los acompañaban unas llamativas muchachas españolas y un mozo muy corpulento de blusa negra. En cualquier otra circunstancia, el envarado director del hotel habría procurado que se sintieran incómodos o se habría negado a admitirlos, pero en ese momento eran muy populares porque, a diferencia de los demás, tenían sus reservas de pan y todos intentaban sacarles un poco.

Pasé esa última noche en la azotea y, a la mañana siguiente, tuve la sensación de que los combates iban a cesar definitivamente. No creo que hubiese muchos disparos ese día (el viernes). Nadie estaba seguro de si realmente enviarían tropas desde Valencia, pero lo cierto es que llegaron esa tarde. El gobierno transmitía mensajes entre amenazantes y tranquilizadores, pidiendo a todo el mundo que volviera a sus casas y advirtiendo de que, a partir de cierta hora, cualquiera al que sorprendiesen portando armas podía ser arrestado. Aunque la gente no prestaba mucha atención a los anuncios gubernamentales, poco a poco empezó a abandonar las barricadas. No me cabe duda de que la culpa la tuvo la escasez de alimentos. Por todas partes se oía decir lo mismo: «Ya no queda comida, lo mejor será volver al trabajo». En cambio, los guardias de asalto, que tenían asegurada su ración mientras hubiera alimentos en la ciudad, pudieron seguir en sus puestos. Por la tarde las calles casi habían vuelto a la normalidad, aunque las barricadas seguían en pie; las Ramblas estaban abarrotadas de gente, casi todas las tiendas habían abierto y —lo más tranquilizador de todo— los tranvías, que llevaban tanto tiempo parados, arrancaron con una sacudida y se pusieron en movimiento. Los guardias de asalto seguían en el café Moka y no habían retirado su barricada, pero algunos sacaron sillas y se sentaron en la acera con el fusil sobre las rodillas. Al pasar por allí le guiñé el ojo a uno que me respondió con una sonrisa amistosa; me había reconocido, claro. En el edificio de Telefónica habían arriado la bandera anarquista y solo ondeaba la catalana. Eso significaba que los obreros habían perdido. Comprendí —aunque debido a mi ignorancia política, no con toda la claridad que debía— que en cuanto el gobierno se sintiera más seguro habría represalias. Pero en aquel momento no me interesaban esas cosas. Lo único que sentí fue un profundo alivio por que hubiese cesado el endiablado fragor de los disparos y porque ahora podría comprar comida y descansar un poco antes de volver al frente.

Creo que a finales de la tarde llegaron a las calles las tropas de Valencia. Eran guardias de asalto (un cuerpo similar a la Guardia de Asalto local), los odiados guardias civiles y carabineros (un cuerpo policial) y las tropas de élite de la República. Fue como si brotaran del suelo; se les veía por todas partes patrullando las calles en grupos de diez, hombres altos con uniforme gris o azul, con largos fusiles en bandolera y un fusil ametrallador en cada grupo. Quedaba por hacer un trabajo delicado. Los seis fusiles que habíamos utilizado para montar guardia en las torres del observatorio aún seguían allí, y de un modo u otro teníamos que devolverlos al edificio del POUM. Solo había que cruzar la calle y eran parte de la armería del edificio, pero sacarlos de allí era contravenir las órdenes del gobierno, y si nos pillaban con ellos en la mano, sin duda nos detendrían y, peor aún, nos los confiscarían. Con solo veintiún fusiles en el edificio no podíamos permitirnos perder seis. Después de mucho discutir cuál sería la mejor manera de hacerlo, un español pelirrojo y yo nos dispusimos a sacarlos. Burlar a los guardias de asalto valencianos no era difícil; el peligro estaba en los guardias de asalto del Moka, que sabían que teníamos fusiles en el observatorio y podían denunciarnos si nos veían. Nos desvestimos a medias y nos colgamos los fusiles del hombro con la culata en la axila y el cañón metido por la pernera del pantalón. Fue una pena que fuesen Mausers muy largos, pues ni siquiera alguien tan alto como yo puede meterse uno en la pernera del pantalón sin que le resulte incómodo. Fue muy complicado bajar la escalera de caracol del observatorio con la pierna rígida. Una vez en la calle, descubrimos que el único modo ·de movernos era ir muy despacio para no tener que doblar la rodilla. Al salir del cine vi a varias personas que me miraban con interés mientras avanzaba a paso de tortuga. Quisiera saber qué pensaron que me ocurría. Que me habían herido en la guerra, tal vez. En todo caso, trasladamos los fusiles sin problemas.

Al día siguiente, los guardias de asalto valencianos estaban por todas partes recorriendo las calles como conquistadores. No había duda de que el gobierno estaba realizando una exhibición de fuerza para asustar a la población, convencido de que no ofrecería resistencia; si hubiesen temido que se produjeran más disturbios, habrían dejado a los guardias de asalto en los cuarteles, no dispersos por ahí en pequeños grupos. Eran unos soldados magníficos, los mejores que vi en España, y, aunque supongo que en cierto sentido eran «el enemigo», tengo que reconocer que me gustó su aspecto. Los veía ir y venir con asombro. Acostumbrado a las milicias harapientas y casi desarmadas del frente de Aragón, ignoraba que la República tuviera tropas así. Eran hombres especialmente seleccionados y en muy buena forma física, pero lo que me maravilló fueron sus armas. Todos llevaban fusiles nuevos, los llamados «fusiles rusos» (los enviaba a España la URSS, pero creo que se fabricaban en Estados Unidos). Examiné uno. No era un fusil perfecto, pero sí mucho mejor que los terribles trabucos que teníamos en el frente. Los guardias de asalto de Valencia tenían un fusil ametrallador por cada diez hombres y una pistola automática cada uno; en el frente solo teníamos un fusil ametrallador por cada cincuenta hombres, y los revólveres y pistolas solo se podían conseguir ilegalmente. Lo cierto era que, aunque no me había dado cuenta hasta entonces, en todas partes pasaba lo mismo. Los guardias de asalto y los carabineros, que no eran cuerpos pensados para ir al frente, estaban mejor armados e iban mucho mejor vestidos que nosotros. Imagino que lo mismo ocurre en todas las guerras y que siempre se produce el mismo contraste entre la elegante policía de la retaguardia y los harapientos soldados del frente. Por lo general, los guardias de asalto de Valencia congeniaron bastante bien con la población al cabo de uno o dos días. Al principio fue un poco peor porque algunos de ellos, supongo que siguiendo instrucciones, se comportaron de forma provocadora. Subían en grupo a los tranvías, registraban a los pasajeros y, si encontraban a alguien con un carnet de la CNT, se lo quitaban, lo rompían y lo pisoteaban. Eso causó enfrentamientos con los anarquistas armados y hubo uno o dos muertos. No obstante, poco después abandonaron su prepotencia y las relaciones se volvieron más amistosas. Es notable que muchos se echaron novia en uno o dos días.

Los combates de Barcelona proporcionaron al gobierno de Valencia la excusa largo tiempo anhelada para hacerse con el poder en Cataluña. Las milicias de obreros debían disolverse y redistribuirse en el seno del Ejército Popular. La bandera republicana española ondeaba en toda Barcelona —fue la primera vez que la vi—, excepto, creo, en una ocasión en una trinchera fascista.* En los barrios obreros las barricadas se desmontaron en parte, pues es mucho más fácil construir una barricada que volver a colocar los adoquines en su sitio. Se permitió que quedaran en pie las barricadas de delante de los edificios del PSUC, y muchas seguían allí a finales de junio. Los guardias de asalto seguían ocupando puntos estratégicos. Se requisaron un montón de armas en los reductos de la CNT, aunque no me cabe duda de que consiguieron esconder muchas. *La Batalla* siguió publicándose, aunque se censuró tanto que

* Véase la nota de la p. 50. *(N. del E.)*

la primera plana acabó apareciendo casi en blanco. Los periódicos del PSUC no sufrían censura y publicaban artículos incendiarios exigiendo la supresión del POUM. Se afirmó que el POUM era una organización fascista encubierta, y los agentes del PSUC hicieron circular una caricatura que representaba al POUM como una figura que se quitaba una máscara marcada con el martillo y la hoz y revelaba un rostro horrible y desquiciado marcado con la esvástica. Estaba claro que ya se había decidido la versión oficial de los combates de Barcelona: un levantamiento quintacolumnista orquestado exclusivamente por el POUM.

En el hotel, el horrible ambiente de sospecha y hostilidad había empeorado más que nunca ahora que habían concluido los combates. En vista de las acusaciones que se estaban haciendo, era imposible ser neutral. Había vuelto a funcionar el correo, empezaron a llegar los periódicos comunistas extranjeros y sus narraciones de los combates no solo eran violentamente partidistas sino, por supuesto, totalmente inexactas. Creo que algunos de los comunistas que habían visto lo que ocurría se escandalizaron al ver la interpretación que se estaba dando a los hechos, pero, como es natural, tuvieron que alinearse con su bando. Nuestro amigo comunista volvió a abordarme para preguntarme si aún quería pedir el traslado a las Brigadas Internacionales.

Me quedé un tanto sorprendido.

—Vuestros periódicos afirman que soy un fascista —dije—. Viniendo del POUM sería un sospechoso político.

—¡Bah! Qué más da. Al fin y al cabo, no hacías más que cumplir órdenes.

Tuve que responderle que, después de lo ocurrido, no podía alistarme en una unidad controlada por los comunistas. Antes o después, acabarían utilizándome contra la clase obrera española. Era imposible saber si volvería a ocurrir algo parecido, y si tenía que usar mi fusil, lo haría en el bando de la clase obrera y no contra ella. Se lo tomó muy bien. Pero a partir de ese momento el clima cambió totalmente. Ya no se podía, como antes, «olvidar las diferencias de opinión» y tomar una copa con alguien que en teoría era tu oponente político. En el salón del hotel se producían discusiones desagradables. Mientras tanto, las cárceles estaban llenas a rebosar. Al acabar los combates, los anarquistas habían liberado a sus prisioneros, pero los guardias de asalto no habían hecho lo propio y a mucha gente la encarcelaron y la tuvieron varios meses en prisión sin someterla a juicio. En numerosos casos la incompetencia policial condujo al arresto de inocentes. Ya conté antes que a Douglas Thompson lo habían herido a principios de abril. Después perdimos el contacto con él, como ocurría casi siempre que herían a alguien porque a menudo trasladaban a los heridos de hospital en hospital. En realidad, había estado en el hospital de Tarragona y lo habían trasladado a Barcelona cuando empezaron los combates. El martes por la mañana me lo encontré por la calle, muy desconcertado por los disparos que se oían por todas partes. Me preguntó lo mismo que preguntaba todo el mundo.

—¿Qué demonios está pasando? —Se lo expliqué lo mejor que pude y él respondió sin dudarlo—: Pues no pienso involucrarme. Todavía me duele el brazo. Me quedaré en el hotel.

Volvió a su hotel pero, por desgracia (¡qué importante es conocer la geografía local cuando se producen combates callejeros!), se encontraba en un barrio controlado por los guardias de asalto, que irrumpieron en el hotel, detuvieron a Thompson y lo metieron en una celda tan abarrotada que no había sitio ni para tumbarse. Hubo muchos casos parecidos. Numerosos extranjeros con un historial político dudoso estaban huidos, con la policía siguiéndoles la pista y temerosos de que alguien pudiera delatarlos. La situación era peor para los italianos y los alemanes, que no tenían pasaporte y a quienes por lo general buscaba la policía secreta de sus propios países. Si los detenían, corrían el riesgo de que los deportaran a Francia y, desde allí a Italia y Alemania, donde Dios sabe qué horrores les estarían esperando. Una o dos extranjeras regularizaron su situación casándose con españoles. Una chica alemana que no tenía papeles esquivó a la policía fingiendo ser la amante de un hombre durante unos días. Recuerdo la vergüenza y la angustia que se pintaron en el rostro de la pobre chica cuando me topé con ella por casualidad mientras salía del dormitorio del tipo. Por supuesto, no era su amante, pero sin duda pensó que yo lo creía. Uno tenía todo el rato la impresión de que un antiguo amigo podía estar denunciándolo a la policía secreta. La larga pesadilla de los combates, el ruido, la falta de sueño y de comida, la mezcla de tensión y aburrimiento mientras estaba en la azotea pensando que en cualquier momento podían dispararme u obligarme a abrir fuego, me habían dejado los nervios destrozados. Había llegado al punto de que, cada vez que oía dar un portazo, echaba mano a la pistola. El sábado por la mañana se oyeron varios disparos y todo el mundo gritó: «¡Ya vuelve a empezar!». Salí corriendo a la calle y descubrí que eran unos guardias de asalto de Valencia que disparaban a un perro rabioso. Nadie que estuviese en Barcelona por aquel entonces o en los meses siguientes olvidará el clima tan horrible que produjeron el temor, la sospecha, el odio, los periódicos censurados, las cárceles atestadas, las largas colas para comprar comida y los grupos de hombres armados que recorrían las calles.

He procurado dar una idea de lo que se sentía al estar en medio de los combates en Barcelona; sin embargo, no creo haber logrado describir la extrañeza de esos días. Una de las cosas que quedaron grabadas en mi memoria fueron las relaciones accidentales que uno tenía en la época, el atisbo momentáneo de personas no combatientes y para quienes todo aquello no era más que un caos sin sentido. Recuerdo a una mujer muy elegante a quien vi paseando por las Ramblas con una cesta de la compra bajo el brazo y un caniche blanco mientras dos calles más abajo se oía el ruido de los disparos.

No me extrañaría que fuese sorda. Y al hombre a quien vi atravesando a la carrera la plaza de Cataluña con un pañuelo blanco en cada mano. Y al grupo de gente vestida de negro que estuvo una hora tratando de atravesar esa misma plaza y no lo consiguió, pues, cada vez que se asomaban al callejón, las ametralladoras del PSUC del hotel Colón abrían fuego y los obligaban a retroceder, vaya usted a saber por qué, porque estaba claro que iban desarmados. Luego pensé que debía de tratarse de un cortejo fúnebre. Y al hombrecillo que hacía de conserje en el museo que había encima del Poliorama y que parecía tomarse aquello como un evento social. Estaba encantado de tener visitantes ingleses, que según él eran muy simpáticos, y no paraba de repetir que volviésemos a visitarlo cuando aquello terminara, y así lo hice. Y a otro hombrecillo refugiado en un portal que indicaba con la cabeza hacia el infernal tiroteo de la plaza de Cataluña y afirmaba (como quien dice que hace una buena mañana): «¡Pues ya tenemos aquí otro 19 de julio!». Y a los empleados de la zapatería que estaban confeccionando las botas. Fui a verlos antes de que estallaran los disturbios, después, y también unos pocos minutos durante el breve armisticio del 5 de mayo. Era una tienda cara, y los empleados eran de la UGT y tal vez del PSUC; en todo caso, políticamente eran del otro bando y sabían que yo servía en el POUM. No obstante, su actitud era de total indiferencia.

—¡Qué lástima que pasen estas cosas! ¿No cree? Es muy malo para el negocio. ¡Lástima que no se acabe! ¡Como si no tuviésemos ya bastante con lo que ocurre en el frente!

Etcétera, etcétera.

Debió de haber mucha gente, tal vez la mayoría de los habitantes de Barcelona, que observó aquello con desinterés, o como si fuese una especie de ataque aéreo.

En este capítulo solo he descrito mis vivencias personales. En el Apéndice II expongo como mejor puedo las cuestiones más generales, lo que pasó en realidad y sus consecuencias, quiénes tenían razón y quiénes no, y quién fue el responsable. Se han obtenido tantos réditos políticos de los disturbios de Barcelona que es necesarios considerarlos con ecuanimidad. Se ha escrito mucho al respecto, lo suficiente para llenar muchos volúmenes, y no creo estar exagerando un ápice si digo que las nueve décimas partes son falsas. Casi todas las noticias que publicaron los periódicos las redactaron periodistas que no estaban allí y son no solo inexactas, sino deliberadamente engañosas. Como de costumbre, la mayoría de la gente solo ha oído una versión. Como todos los que estaban en Barcelona en esos días, solo vi lo que ocurría en mi entorno más cercano, pero vi y oí lo suficiente para poder rebatir muchas de las mentiras que se pusieron en circulación.

10

Unos tres días después del cese de los combates en Barcelona volvimos al frente. Después de la lucha —y sobre todo del cruce de insultos en los periódicos— era muy difícil pensar en aquella guerra con el mismo idealismo e ingenuidad que antes. Supongo que no hay nadie que pasara unas semanas en España sin desilusionarse en mayor o menor grado. Recordé al corresponsal de prensa a quien conocí el día que llegué a Barcelona y que me dijo: «Esta guerra es una estafa como todas». Aquella observación me había sorprendido mucho, y entonces (en diciembre) no creí que fuera cierta; ni siquiera lo creí entonces, en mayo; pero cada vez lo parecía más. La verdad es que todas las guerras sufren una degradación progresiva cada día que pasa, porque las libertades individuales y la prensa veraz sencillamente son incompatibles con la eficiencia militar.

Ahora se empezaba a entrever lo que podía ocurrir. Estaba claro que el gobierno de Largo Caballero no tardaría en caer y que lo sustituiría un gobierno más de derechas y con una mayor influencia comunista (ocurrió una o dos semanas después), que se aseguraría de destruir el poder de los sindicatos de una vez para siempre. Y luego, después de derrotar a Franco, y al margen de los enormes problemas planteados por la reconstrucción de España, el panorama no sería muy alentador. En cuanto a la cháchara de los periódicos que aseguraba que ésta era una «guerra por la democracia», era un puro camelo. Nadie que estuviera en sus cabales pensaba que hubiera la menor esperanza de que, cuando acabase la guerra, pudiese haber democracia, ni siquiera tal como se entiende en Inglaterra o Francia, en un país tan dividido y exhausto como España. Tendría que haber una dictadura, y saltaba a la vista que la ocasión para implantar una dictadura del proletariado ya había pasado. Eso significaba que sería alguna forma de fascismo. Un fascismo que sin duda adoptaría algún otro nombre y que, tratándose de España, sería más humano y menos eficaz que las variantes alemana o italiana. Las únicas alternativas eran una dictadura infinitamente peor con Franco o (siempre cabía la posibilidad) que la guerra concluyera con una España dividida, bien por una frontera real o en zonas económicas.

Se mirara como se mirase, era un panorama deprimente. Pero eso no significaba que no valiera la pena combatir por el gobierno y contra el fascismo más crudo y desarrollado de Franco y Hitler. Por muchos defectos que pudiera tener el gobierno de la posguerra, el régimen de Franco sería sin duda mucho peor. Para los obreros —el proletariado de las ciudades— tal vez no tuviera mucha importancia quién ganara, pero España es sobre todo un país agrícola, y los campesinos casi seguro que saldrían beneficiados de una victoria del gobierno. Al menos parte de las tierras confiscadas seguiría en sus manos, en cuyo caso también se repartirían las tierras en el territorio que había estado bajo el control de Franco y probablemente desaparecería la servidumbre que había existido en algunas zonas del país. En cualquier caso, el gobierno que llegase al poder al final de la guerra sería anticlerical y antifeudal. Mantendría a raya a la Iglesia, al menos de momento, y modernizaría el país; construiría carreteras, por ejemplo, y promovería la educación y la salud pública, tal como había hecho ya incluso después de empezada la guerra. Franco, por su parte, en la medida en que no era

un simple títere de Italia y Alemania, estaba vinculado a los latifundistas feudales y defendía la vetusta reacción militar y eclesiástica. El Frente Popular podía ser una estafa, pero Franco era un ana-
cronismo. Solo los millonarios y los ilusos podían desear su victoria.

Por otro lado, estaba la cuestión del prestigio internacional del
fascismo, que desde hacía un año o dos me angustiaba como una
pesadilla. Desde 1930 los fascistas habían vencido en todos los frentes y ya era hora de que sufrieran alguna derrota, poco importaba
dónde. Si lográbamos expulsar a Franco y sus mercenarios extranjeros, ello serviría para mejorar inmensamente la situación mundial, aunque España acabara bajo una dictadura opresiva y con sus
mejores hombres en la cárcel. Solo por eso habría valido la pena
ganar la guerra.

Así era como veía las cosas en aquel entonces. Debo añadir que
ahora tengo una opinión mucho mejor del gobierno de Negrín
que cuando llegó al poder. Ha presentado batalla con enorme valor y demostrado mayor tolerancia política de lo que nadie esperaba. Aun así, sigo convencido de que, a menos que España acabe
partida en dos con consecuencias impredecibles, la tendencia del
gobierno de posguerra será fascista. Una vez más, dejo constancia
de mi opinión, aun a riesgo de que el tiempo me trate igual que a
la mayoría de los profetas.

Acabábamos de llegar al frente cuando nos enteramos de que
habían detenido a Bob Smillie en la frontera cuando se disponía a
regresar a Inglaterra, lo habían llevado a Valencia y lo habían encar-
celado. Smillie llevaba en España desde octubre del año anterior.
Había trabajado varios meses en las oficinas del POUM y luego se
había unido a la milicia cuando llegaron los demás miembros del
ILP, pensando que pasaría tres meses en el frente antes de regresar a
Inglaterra y participar en una gira de propaganda. Tardamos un
tiempo en descubrir por qué lo habían arrestado. Lo tenían incomunicado, y ni siquiera podía verlo un abogado. En España no

existe, al menos en la práctica, el derecho de *habeas corpus*, por lo que cualquiera puede pasar meses en la cárcel sin que nadie presente cargos contra él y sin que haya ningún juicio. Finalmente, supimos por un prisionero recién liberado que habían detenido a Smillie por «llevar armas». Luego supe que las «armas» eran dos granadas de mano muy primitivas, como las que se usaban al principio de la guerra, y que las llevaba a casa para enseñarlas en sus conferencias, junto con unos trozos de metralla y otros recuerdos. Les había quitado la carga y los detonadores, por lo que no eran más que unos cilindros de acero totalmente inofensivos. Estaba claro que solo era una excusa y que lo habían detenido por su conocida vinculación con el POUM. Hacía poco que habían concluido los combates en Barcelona, y las autoridades no querían que saliera de España nadie que pudiera poner en tela de juicio la versión oficial. El resultado fue que se arrestó a un montón de gente en la frontera con pretextos más o menos frívolos. Es muy probable que su intención fuese detener a Smillie solo unos días. Pero lo malo es que, en España, una vez que te meten en la cárcel ahí te quedas, con juicio o sin él.

Seguíamos en Huesca, pero nos habían destinado más a la derecha, enfrente del reducto fascista que habíamos tomado temporalmente unas semanas antes. Ahora servía como teniente, que supongo que equivale a un subteniente del ejército británico, y estaba al mando de treinta hombres, ingleses y españoles. Me habían propuesto para un ascenso permanente, aunque no estaba claro si me lo concederían. Hasta entonces, los oficiales de la milicia se habían negado a aceptar los ascensos que equivalían a una paga mejor y estaban reñidos con las ideas igualitarias de la milicia, pero ahora estaban obligados a aceptarlos. A Benjamín acababan de nombrarlo capitán y a Kopp iban a nombrarlo comandante. Como es lógico, el gobierno no podía prescindir de los oficiales de la milicia, pero tampoco los ascendía por encima del rango de comandante, probablemente para reservar los mandos a los oficiales del ejército regular y a los nuevos oficiales de la Escuela de Guerra. Como resultado de ello, en nuestra división, la 29.ª, y sin duda en otras muchas, se dio la peculiar circunstancia de que el jefe de la división, los jefes de brigada y los jefes de batallón eran todos comandantes.

En el frente no sucedía gran cosa. Los combates en torno a la carretera de Jaca habían ido cesando y no se reanudaron hasta mediados de junio. En nuestra posición, el principal peligro eran los francotiradores. Las trincheras fascistas se hallaban a más de ciento cincuenta metros, pero estaban en terreno elevado y nos amenazaban por los dos flancos, ya que nuestras líneas formaban un saliente en ángulo recto. El vértice era un lugar peligroso donde siempre se producían bajas a causa de los francotiradores. De vez en cuando, los fascistas nos lanzaban una granada de fusil o algo parecido. Hacían un ruido espantoso y eran un tanto desquiciantes porque era imposible oírlas con el tiempo suficiente para ponerse a cubierto, pero no eran verdaderamente peligrosas; el agujero que hacían en el suelo era más pequeño que una bañera. Las noches eran cálidas y agradables, y durante el día hacía mucho calor; los mosquitos empezaban a convertirse en un incordio y, a pesar de que habíamos llevado ropa limpia de Barcelona, no tardamos en estar cubiertos de piojos. En los huertos frutales que había en la tierra de nadie, las cerezas blanqueaban en los árboles. Durante dos días cayó una lluvia torrencial, los refugios se inundaron y el parapeto se hundió casi treinta centímetros; luego estuvimos varios días más sacando el barro pegajoso con las lamentables palas españolas, que no tienen mango y se doblan como cucharas de latón.

Nos habían prometido un mortero ligero para la compañía, y estaba deseando tenerlo. De noche patrullábamos como de costumbre, aunque era más peligroso, pues en las trincheras fascistas había ahora más hombres y se habían vuelto más cautos; habían esparcido latas vacías justo delante de la alambrada y abrían fuego con las ametralladoras al menor ruido. De día les disparábamos desde la tierra de nadie. Arrastrándote por el suelo unos cien metros, llegabas a una zanja oculta por la hierba desde donde se divisaba un hueco en el parapeto fascista. Habíamos instalado una plataforma para el fusil. Si esperabas lo suficiente, acababas viendo pasar una figura vestida de caqui por el hueco. Yo disparé varias veces. No sé si le di a alguien, aunque me parece improbable porque tengo muy mala puntería con el fusil. Pero era divertido; los fascistas no sabían de dónde llegaban los disparos y yo estaba convencido de que terminaría por acertarle a uno. No obstante, el cazador acabó cazado, pues en lugar de eso me acertó a mí un francotirador fascista. Apenas llevaba diez días en el frente cuando ocurrió. Recibir un balazo es una vivencia interesante, y creo que vale la pena describirla con detalle.

Sucedió en el vértice del parapeto a las cinco en punto de la mañana. Se trataba de una hora peligrosa, porque el sol salía por detrás y si asomabas la cabeza por encima del parapeto, se recortaba claramente contra el cielo. Estaba hablando con los centinelas poco antes del cambio de guardia. De pronto, a mitad de frase, sentí... Es muy difícil decir lo que sentí, aunque lo recuerdo de manera muy vívida.

A grandes rasgos, tuve la sensación de encontrarme en el centro de una explosión. Creí oír una detonación muy fuerte, vi una luz muy intensa y sentí una tremenda sacudida, aunque no me dolió; solo fue una sacudida muy violenta, como una descarga eléctrica, acompañada de una debilidad terrible, como si me hubieran golpeado y no tuviese fuerzas para hacer nada. Los sacos terreros que tenía delante parecieron perderse en la distancia. Supongo que uno debe de sentir más o menos lo mismo cuando lo alcanza un rayo. Enseguida supe que me habían dado, aunque debido a la intensidad del fogonazo y de la detonación, pensé que a alguien se le había disparado accidentalmente un fusil. Todo ocurrió en menos de un segundo. Justo después se me doblaron las rodillas, caí y me golpeé la cabeza con violencia contra el suelo, pero por suerte no me dolió. Estaba aturdido y embotado y comprendí que estaba malherido, aunque no sentí dolor en el sentido habitual del término.

El centinela norteamericano con el que había estado hablando corrió hacia donde yo estaba.

—¡Caray! ¿Te han dado?

La gente se arremolinó en torno a mí y se produjo el revuelo de costumbre.

—¡Levantadlo!

—¿Dónde le han dado?

—¡Desabrochadle la camisa!

Etcétera, etcétera.

El norteamericano pidió un cuchillo para rajarme la camisa. Yo llevaba uno en el bolsillo y traté de sacarlo, pero descubrí que tenía el brazo derecho paralizado. Como no me dolía, sentí una vaga satisfacción. Mi mujer se alegraría, pensé; siempre había querido que me hiriesen para que no me mataran cuando llegara la gran ofensiva. Hasta ese momento no se me ocurrió preguntarme dónde me habían dado y si era grave; no sentía nada, pero era consciente de que la bala me había alcanzado en la parte frontal del cuerpo. Cuando traté de hablar, descubrí que no tenía voz, solo proferí un leve gemido, aunque al segundo intento conseguí preguntar dónde me habían dado. En la garganta, dijeron. Harry Webb, nuestro camillero, había llegado con una venda y una botellita de alcohol que nos daban para las curas de campaña. Cuando me incorporaron, me salió un chorro de sangre de la boca y oí decir a un español que tenía detrás que la bala me había atravesado limpiamente el cuello. Noté que el alcohol, que en condiciones normales me habría escocido como un demonio, me producía un frescor agradable en la herida.

Volvieron a tumbarme mientras alguien iba a buscar una camilla. En cuanto me enteré de que la bala me había atravesado el cuello, di por hecho que estaba listo. Nunca había oído hablar de un hombre o animal al que hubieran disparado en el cuello y que hubiese sobrevivido. La sangre me resbalaba por la comisura de los labios. «Se ha desgarrado la arteria», me dije. Me pregunté cuánto tiempo duraba uno con vida cuando le cortaban la arteria carótida; probablemente unos minutos. Todo estaba muy borroso. Debieron de pasar dos minutos en los que pensé que me habían matado. Y eso también fue interesante; me refiero a que es interesante saber en qué piensa uno en una ocasión así. Aunque parezca un tópico, en lo primero que pensé fue en mi mujer. Lo siguiente que sentí fue una violenta rabia por tener que dejar este mundo, en el que, a pesar de todo, me encuentro muy bien. Tuve tiempo de sentirlo de forma muy vívida. Me desquiciaba aquella estúpida mala suerte. ¡Qué cosa tan absurda! ¡Que me liquidaran no en la batalla, sino en aquella trinchera maloliente a causa de un momento de descuido! También pensé en el hombre que me había disparado; quise saber si era español o extranjero, si sabría que me había dado y demás. No sentí rencor. Pensé que, tratándose de un fascista, yo también lo habría matado si hubiese podido, pero que si lo hubiesen hecho prisionero y lo hubiesen llevado a mi presencia en ese momento, me habría limitado a felicitarle por su buena puntería. No obstante, es posible que cuando uno se esté muriendo de verdad no piense lo mismo.

Acababan de tenderme en una camilla cuando recobré la movilidad en el brazo derecho, que empezó a dolerme como un demonio. En ese momento pensé que debía de habérmelo roto al caer; pero el dolor me tranquilizó, pues sabía que cuando uno se muere las sensaciones no se agudizan. Empecé a sentirme mejor y a compadecer a los cuatro pobres diablos que sudaban y se esforzaban con la camilla al hombro. Había que recorrer casi dos kilómetros de caminos resbaladizos y llenos de piedras hasta llegar a la ambulancia, y era agotador. Lo sabía porque había ayudado a tras-

ladar a un herido uno o dos días antes. Las hojas de los álamos plateados que había en algunos sitios al borde de nuestras trincheras
me daban en la cara; pensé que era bueno estar vivo en un mundo
donde crecen los álamos. Pero el dolor del brazo era cada vez más
infernal y hacía que maldijera y luego que tratara de no hacerlo,
porque cada vez que respiraba con demasiada fuerza me salía sangre de la boca.

El médico volvió a vendarme la herida, me puso una inyección
de morfina y me envió a Siétamo. Los hospitales de Siétamo eran
unos cobertizos de madera construidos a toda prisa donde, por lo
general, dejaban a los heridos solo unas horas antes de enviarlos a
Barbastro o a Lérida. Yo estaba adormecido por la morfina, pero
seguía muy dolorido; apenas podía moverme y no paraba de tragar
sangre. Es típico de los métodos hospitalarios españoles que, mientras estaba en ese estado, la enfermera tratara de obligarme a tragar
la comida del hospital —sopa, huevos, estofado y demás— y se
sorprendiera de que no la quisiera. Pedí un cigarrillo, pero estábamos en una época de carestía y no había ni uno. De pronto, dos camaradas a quienes habían dado permiso para abandonar las líneas
por unas horas aparecieron junto a mi cama.

—¡Vaya! Así que sigues vivo. Eso está bien. Queremos tu reloj,
tu revólver y tu linterna. Y tu cuchillo, si lo tienes.

Se marcharon con todas mis posesiones. Siempre que herían a
alguien ocurría lo mismo: todo lo que tenía se repartía, y con razón, pues los relojes, revólveres y demás eran un bien preciado en
el frente y a los heridos siempre acababan por robarles el equipo.

Por la tarde ya habían llegado suficientes enfermos y heridos
para llenar un par de ambulancias y enviarnos a Barbastro. ¡Menudo viaje! Se decía que en esa guerra uno se salvaba si lo herían en
las extremidades, pero que siempre moría en caso de tener una herida en el abdomen. Entonces entendí por qué. Nadie que tuviera
una hemorragia interna podría sobrevivir a los traqueteos de una

carretera hecha pedazos por los camiones y que no habían reparado desde el principio de la guerra. ¡Pim, pam, golpe! Me recordó a
mi infancia y a un juego terrible llamado Wiggle-Woggle que había en la Exposición Universal de White City. Olvidaron atarnos a
las camillas. Todavía me quedaban fuerzas para sujetarme con el
brazo izquierdo, pero un pobre desdichado cayó al suelo y sufrió
sabe Dios qué tormentos. Un tipo que estaba sentado en un rincón
no paró de vomitar. El hospital de Barbastro estaba abarrotado
y las camas tan juntas que casi se tocaban. A la mañana siguiente,
a unos cuantos nos metieron en un tren hospital y nos enviaron a
Lérida.

Pasé cinco o seis días en Lérida, entre enfermos, heridos y pacientes civiles. Algunos de los convalecientes de mi pabellón tenían
heridas terribles. En la cama contigua a la mía había un joven de
pelo negro que padecía no sé qué enfermedad y a quien suministraban una medicina que hacía que su orina fuese de color verde es-
meralda. Su orinal era una de las cosas dignas de ver en aquel pabellón. Un comunista holandés que hablaba inglés se enteró de que
había un británico en el hospital y me trajo unos periódicos ingleses. Lo habían dejado muy malherido en los combates de octubre
y se las había arreglado para quedarse en el hospital de Lérida y ca-
sarse con una de las enfermeras. A causa de la herida, una de las
piernas se le había atrofiado hasta tener el mismo grosor que mi
brazo. Dos milicianos de permiso a quienes había conocido la primera semana que pasé en el frente, pasaron a ver a un amigo herido
y me reconocieron. Eran chicos de unos dieciocho años. Se planta-
ron junto a mi cama sin saber qué hacer, pensando en algo que decir, y luego, para demostrarme que lamentaban que estuviese herido, sacaron todo el tabaco que llevaban en los bolsillos, me lo dieron
y se marcharon antes de que pudiera devolvérselo. ¡Qué típicamen-
te español! Luego descubrí que era imposible comprar tabaco en
ningún sitio y que me habían dado la ración de una semana.

Al cabo de una semana pude levantarme y andar con el brazo en cabestrillo. Por algún motivo, me dolía mucho más si lo llevaba colgando. También me dolía horrores el golpe que me había dado al caer y casi no tenía voz, pero la herida de bala nunca me dolió. Por lo visto es bastante frecuente. El tremendo golpetazo de la bala elimina cualquier sensación local; un trozo de metralla, que suele tener los bordes irregulares y además golpea con menos fuerza, debe de doler como un demonio. En el terreno del hospital había un bonito jardín y un estanque con pececillos dorados y unos cuantos peces de color gris —carpas, creo—. Pasaba horas observándolos. Gracias a lo que vi en Lérida, me hice una idea del sistema hospitalario en el frente de Aragón, aunque no sé si era igual en otros sitios. Los médicos eran hombres capaces y no parecían faltar las medicinas ni el equipo. Pero había un par de deficiencias que, sin duda, deben de haber causado la muerte de cientos o miles de hombres que podrían haberse salvado.

Una era el hecho de que todos los hospitales próximos a la línea del frente se emplearan como hospitales de sangre. Como consecuencia de ello, nadie recibía tratamiento a menos que estuviese demasiado malherido para trasladarlo. En teoría, a la mayoría de los heridos los enviaban directamente a Barcelona o Tarragona, pero a causa de la falta de transporte a veces tardaban una semana o diez días en llegar. Se les dejaba esperando en Siétamo, Barbastro, Monzón, Lérida y otros sitios, sin recibir más tratamiento que un ocasional cambio de vendaje, y a veces ni siquiera eso. Hombres con terribles heridas de metralla, huesos rotos y demás eran envueltos en una mezcla de vendas y yeso, y se escribía una descripción de la herida en la escayola, que por lo general no se les quitaba hasta que llegaban a Barcelona o Tarragona diez días después. Era casi imposible conseguir que te examinaran la herida por el camino; los médicos no daban abasto y se limitaban a pasar junto a tu cama diciendo:

—Sí, sí, ya te atenderán en Barcelona.

Circulaban constantes rumores de que el tren hospital partiría para Barcelona *mañana*. La otra deficiencia era la falta de enfermeras competentes. Por lo visto no había enfermeras tituladas en España, tal vez porque antes de la guerra era una labor llevada a cabo sobre todo por las monjas. No tengo quejas de las enfermeras españolas, que siempre me trataron con suma amabilidad, pero es innegable que eran muy ignorantes. Todas sabían tomar la temperatura y algunas sabían hacer un vendaje, pero nada más. El resultado era que los heridos que no podían cuidar de sí mismos, a menudo estaban vergonzosamente desatendidos. Las enfermeras dejaban que alguien padeciera de estreñimiento una semana entera y casi nunca lavaban a los que estaban demasiado débiles para hacerlo solos. Recuerdo que un pobre diablo que tenía el brazo destrozado me contó que había pasado tres semanas sin lavarse la cara. Incluso dejaban las camas sin hacer varios días seguidos. La comida en todos los hospitales era buena, incluso demasiado (en España, más que en ningún otro sitio, la tradición es atiborrar a los enfermos). En Lérida era abundantísima. El desayuno, que se servía a eso de las seis de la mañana, consistía en una sopa, una tortilla, estofado, pan, vino blanco y café, y la comida aún era más abundante. Y eso en una época en que la mayoría de la población civil pasaba hambre. Los españoles parecen ignorar lo que es una dieta ligera. Dan la misma comida a los enfermos que a los sanos; siempre los mismos guisos grasientos y contundentes bañados en aceite de oliva.

Una mañana, a los de mi pabellón nos anunciaron que iban a enviarnos a Barcelona ese mismo día. Me las arreglé para enviar un telegrama a mi mujer advirtiéndole de mi llegada, y enseguida nos metieron en autobuses y nos llevaron a la estación. Hasta que el tren se puso en marcha, el celador del hospital no nos informó, como por casualidad, de que al final no íbamos a Barcelona, sino a Tarragona. Supongo que el maquinista debió de cambiar de idea.

¡Típico de España! Aunque también fue muy español que accedieran a esperarme mientras enviaba otro telegrama, y aún más que nunca llegara a su destino.

Nos habían acomodado en vagones de tercera clase con asientos de madera, y muchos hombres estaban malheridos y acababan de salir de la cama esa misma mañana. Poco después, entre el calor y el traqueteo, la mitad se habían desmayado o estaban vomitando en el suelo. El celador se abría paso entre los heridos, que estaban desparramados por todas partes como si fuesen cadáveres, llevando consigo una bota de vino llena de agua y echándoles chorros en la boca. Todavía hoy recuerdo aquel sabor tan horrible. Llegamos a Tarragona cuando empezaba a caer el sol. La línea férrea discurre a lo largo de la costa, a un tiro de piedra del mar. Al llegar a una estación vimos un tren que salía lleno de hombres de las Brigadas Internacionales y a un puñado de personas que los despedían desde el puente. Era un tren muy largo, lleno a rebosar de hombres, con cañones en los vagones descubiertos y soldados en torno a ellos. Tengo un recuerdo muy vívido del espectáculo de aquel tren pasando bajo la luz amarillenta de la tarde, una ventanilla tras otra llenas de rostros atezados y sonrientes, los cañones de los fusiles y los pañuelos escarlatas al viento, contra un mar de color turquesa.

—*Son extranjeros* —dijo alguien—. Italianos.

Sin duda lo eran. Nadie habría podido arremolinarse junto a las ventanillas de forma tan pintoresca ni devolver los saludos de la multitud con tanta gracia, aunque tal vez tuviese algo que ver el hecho de que la mitad de los hombres del tren estaban apurando botellas de vino. Luego oímos contar que habían sido parte de las tropas que habían logrado en marzo la gran victoria de Guadalajara; habían estado de permiso y ahora los trasladaban al frente de Aragón. Me temo que muchos murieron en Huesca pocas semanas después. Quienes podían tenerse en pie habían ido al otro lado del vagón para vitorear a los italianos a su paso. Una muleta asomó por una ventanilla y brazos vendados hacían el saludo rojo. Era como una imagen alegórica de la guerra: el tren cargado de hombres de refresco avanzando orgullosamente hacia el frente, los heridos moviéndose cada vez más despacio y los cañones de los vagones descubiertos que hacían que el corazón te diese un vuelco, como ocurre siempre, y que transmitían la perniciosa sensación, tan difícil de evitar, de que la guerra es gloriosa a pesar de todo.

El hospital de Tarragona era enorme y estaba lleno de heridos de todos los frentes. ¡Qué heridas veía uno allí! El modo en que trataban algunas de ellas supongo que será el último grito en medicina, pero era especialmente horrible de ver. Consistía en dejar la herida abierta y sin vendar, pero protegida de las moscas con una muselina sobre un bastidor de alambre. Por debajo se veía la roja gelatina de la herida a medio curar. Recuerdo a un tipo a quien habían herido en la cara y en la garganta y que tenía la cabeza dentro de una especie de casco esférico de muselina; tenía la boca cerrada y respiraba por un tubito que sostenía entre los labios. Pobre diablo, parecía tan solo yendo de aquí para allá, mirándote a través de su jaula de muselina y sin poder hablar. A los tres o cuatro días de estar en Tarragona, empecé a recobrar las fuerzas y un día, andando muy despacio, conseguí llegar a la playa. Era raro ver que la vida en la costa seguía casi como de costumbre; los cafés elegantes en el paseo y la rolliza burguesía local bañándose y tomando el sol en hamacas, como si no hubiera una guerra a mil quinientos kilómetros de allí. No obstante, vi ahogarse a uno de los bañistas, cosa que a cualquiera le habría parecido imposible en un mar tan poco profundo y en calma.

Por fin, a los ocho o nueve días de dejar el frente, me examinaron la herida. En el consultorio donde inspeccionaban a los pacientes recién llegados, médicos con tijeras enormes retiraban la coraza de escayola en que habían envuelto en los hospitales de sangre a los heridos con las costillas o la clavícula rotas; entre la tosca coraza se veía asomar un rostro preocupado y con barba de una semana. El médico, un hombre apuesto y vivaz de unos treinta años, me sentó en una silla, me cogió la lengua con una gasa, la sacó cuanto pudo, me introdujo un espejo de dentista en la garganta y me pidió que dijera «¡eh!». Siguió así hasta que me sangró la lengua y se me llenaron los ojos de lágrimas, y luego anunció que tenía una cuerda vocal paralizada.

—¿Y cuándo recuperaré la voz? —pregunté.

—¿La voz? ¡Ah, no la recuperará! —respondió como si tal cosa.

Por suerte se equivocó. Pasé dos semanas casi sin poder hablar más que con un susurro, pero después mi voz se volvió de pronto normal, pues la otra cuerda vocal compensó a la primera. El dolor en el brazo se debía a que la bala había atravesado un grupo de nervios en la nuca. Era un dolor agudo, como una neuralgia, y siguió doliéndome varios meses, sobre todo de noche, por lo que no podía dormir mucho. Los dedos de la mano derecha también me quedaron semiparalizados. Incluso hoy, cinco meses después, tengo el dedo índice entumecido, un extraño efecto tratándose de una herida en el cuello.

La herida despertó cierta curiosidad y varios médicos la examinaron entre expresiones de «*¡qué suerte, qué suerte!*». Uno de ellos me explicó con aire de autoridad que la bala no había rozado la arteria por apenas un milímetro. Ignoro cómo podía saberlo. Todos aquellos a quienes conocí por entonces, médicos, enfermeras, practicantes y otros pacientes, me aseguraron que, si te pegan un tiro en el cuello y sobrevives, puedes considerarte el hombre más afortunado del mundo. No pude sino pensar que aún habría tenido más suerte si no me hubiesen pegado el tiro.

11

Las últimas semanas que pasé en Barcelona se respiraba un aire particularmente enrarecido, reinaba un clima de sospecha, temor, incertidumbre y odio disimulado. Las luchas de mayo habían tenido un efecto imborrable. Con la caída del gobierno de Largo Caballero, los comunistas habían subido definitivamente al poder, el mantenimiento del orden público se había puesto en manos de los ministros comunistas y nadie dudaba de que aplastarían a sus rivales políticos a la menor ocasión. Todavía no había ocurrido nada y ni yo mismo me hacía una idea de lo que podía suceder, pero había una continua y vaga sensación de peligro, la impresión de que algo malo iba a pasar. Aunque no estuvieses intrigando, el ambiente hacía que te sintieras como un auténtico conspirador. Era como si uno pasara el tiempo susurrando en los rincones de los cafés y preguntándose si la persona de la mesa de al lado no sería un confidente de la policía.

Gracias a la censura de los periódicos circulaban todo tipo de rumores siniestros. Uno era que el gobierno de Negrín y Prieto estaba dispuesto a pactar el fin de la guerra. En esa época me sentía inclinado a creerlo, pues los fascistas se estaban acercando a Bilbao y era evidente que el gobierno no iba a hacer nada para impedirlo. Había banderas vascas en toda la ciudad y chicas que hacían colectas en los cafés, y se oían las acostumbradas emisiones sobre «los heroicos defensores», pero en realidad nadie estaba ayudando a los vascos. Era tentador creer que el gobierno estaba practicando un doble juego. Los acontecimientos posteriores demostraron que me equivocaba, aunque sigo pensando que Bilbao habría podido salvarse si hubieran actuado con un poco más de energía. Una ofensiva en el frente de Aragón, incluso infructuosa, habría obligado a Franco a desviar parte de sus tropas; pero lo cierto es que el gobierno no inició ninguna acción ofensiva hasta que fue demasiado tarde, de hecho hasta que cayó Bilbao. La CNT estaba distribuyendo masivamente un panfleto que advertía «¡Estad alerta!» e insinuaba que «cierto partido» (en referencia a los comunistas) estaba planeando un golpe de Estado. También estaba muy extendido el temor de que invadieran Cataluña. Antes, al regresar al frente, había visto las poderosas defensas que estaban construyendo a decenas de kilómetros detrás de las líneas, y en toda Barcelona estaban construyendo nuevos refugios a prueba de bombas. Aunque había numerosos avisos de ataques aéreos y navales, la mayor parte eran falsas alarmas, pero cada vez que sonaban las sirenas, las luces de toda la ciudad se apagaban durante horas y los más pusilánimes se refugiaban en los sótanos. Había confidentes de la policía por todas partes. Las cárceles seguían abarrotadas de prisioneros que llevaban allí desde los sucesos de mayo y de otros —siempre, claro, anarquistas y partidarios del POUM— a los que recluían de uno en uno y de dos en dos. Por lo que pude saber, no juzgaron ni acusaron a uno solo, ni siquiera de algo tan claro como de «trotskismo»; sencillamente, los metían en la cárcel y los dejaban allí, por lo general incomunicados. Bob Smillie seguía en la cárcel en Valencia. No pudimos averiguar nada, salvo que ni al representante del ILP ni al abogado que habían contratado les habían permitido verle. Cada vez había en la cárcel más personal extranjero de las Brigadas Internacionales y de otras milicias. Por lo general los detenían por desertores. Era típico de la situación general que nadie supiera con seguridad si un miliciano era voluntario o un soldado regular. Unos meses antes, a todos los que se alistaban en la milicia se les decía que lo hacían de forma voluntaria y que, si querían, podían licenciarse aprovechando cualquier permiso. En algunos puntos del frente las autoridades seguían concediendo licencias. En la frontera, unas veces se daban por válidas y otras no, en cuyo caso uno acababa con sus huesos en la cárcel. Con el paso del tiempo, el número de «desertores» extranjeros encarcelados llegó a varios centenares, pero la mayor parte acabaron por ser repatriados cuando sus gobiernos protestaron.

Grupos de guardias de asalto valencianos rondaban por las calles, los guardias de asalto locales seguían atrincherados en los cafés y otros edificios en sitios estratégicos, y muchos de los edificios del PSUC continuaban cubiertos de sacos terreros y protegidos con barricadas. En varios puntos de la ciudad había puestos de control donde los guardias de asalto locales o los carabineros detenían a los viandantes y les pedían los papeles. Todo el mundo me advertía que no enseñara mi carnet de miliciano del POUM, sino solo mi pasaporte y el volante del hospital. Incluso haber servido en la milicia del POUM era vagamente peligroso. A los milicianos del POUM heridos o de permiso se los penalizaba con pequeños castigos, como, por ejemplo, ponerles trabas para cobrar la paga. *La Batalla* seguía publicándose, pero tan censurado que casi desapareció, y *Solidaridad* y los demás periódicos anarquistas también sufrían el acoso de la censura. Se estableció la norma de no dejar los artículos censurados en blanco y rellenarlos con alguna otra cosa, por lo que se hizo imposible saber cuándo habían eliminado alguno.

La falta de comida, que había fluctuado durante la guerra, pasaba por una de sus peores etapas. El pan escaseaba y las peores variedades estaban adulteradas con arroz; el pan que daban a los soldados en los cuarteles era una pasta asquerosa que parecía yeso. Faltaban la leche y el azúcar y, quitando los caros cigarrillos de contrabando, apenas había tabaco. El aceite de oliva, que los españoles utilizan de mil maneras distintas, también escaseaba mucho. Las colas de mujeres que esperaban para comprar aceite de oliva estaban vigiladas por guardias de asalto a caballo que a veces se divertían haciendo recular a sus monturas para que les pisaran los pies. Otra molestia menor de la época era la falta de calderilla. Habían retirado de la circulación todas las monedas de plata y, como todavía no se habían acuñado monedas nuevas, no había cambio entre la moneda de diez céntimos y el billete de dos pesetas y media, y también escaseaban los billetes de menos de diez pesetas.[1] Eso empeoraba la falta de alimentos para los más pobres. Una mujer con un billete de diez pesetas podía hacer cola durante varias horas para comprar verduras y tener que irse con las manos vacías porque el verdulero no tenía cambio y ella no podía permitirse gastar todo el billete.

Es difícil hacerse una idea del clima de pesadilla que imperaba entonces y de la peculiar intranquilidad que causaban los rumores siempre cambiantes, los periódicos censurados y la constante presencia de hombres armados. Me resulta difícil describirlo porque en Inglaterra no existe lo más esencial para que predomine ese ambiente. De momento, en Inglaterra no se da por descontada la intolerancia política. Hay persecución política a pequeña escala; si fuese minero, no querría que el patrón se enterase de que soy comunista. Sin embargo, el «hombre de partido» y el gangsterismo de la política europea siguen siendo una rareza, y la idea de «liquidar» o «eliminar» a alguien que está en desacuerdo contigo sigue sin ser algo habitual. En Barcelona lo era. Los estalinistas estaban en el poder, y todo el mundo sabía que los trotskistas corrían peligro. La gente temía algo que no llegó a suceder, otro brote de violencia callejera del que volverían a culpar al POUM y los anarquistas. Había

---

1. El valor adquisitivo de la peseta equivalía a unos cuatro peniques.

veces en que me sorprendía aguzando el oído creyendo haber oído los primeros disparos. Era como si una inteligencia todopoderosa y malévola planeara sobre la ciudad. La gente era consciente de ello y hacía comentarios. Es curioso que todo el mundo lo expresara casi con las mismas palabras: «El ambiente se está volviendo horrible. Es como estar en un manicomio». Aunque tal vez no debería decir «todo el mundo». Algunos visitantes ingleses que pasaron brevemente por España, de hotel en hotel, parecen no haberse dado cuenta de que el ambiente se había enrarecido. Veo que la duquesa de Atholl escribe (*Sunday Express*, 17 de octubre de 1937):

> Estuve en Valencia, Madrid y Barcelona ..., en las tres ciudades imperaba un perfecto orden sin ninguna demostración de fuerza. Todos los hoteles en que me alojé no solo eran «normales» y «decentes», sino muy cómodos a pesar de la falta de mantequilla y café.

Una peculiaridad de los viajeros ingleses es que no creen que exista otra cosa aparte de los hoteles elegantes. Espero que encontraran un poco de mantequilla para la duquesa de Atholl.

Yo estaba en el sanatorio Maurín, uno de los varios gestionados por el POUM. Se hallaba en las afueras, cerca del Tibidabo, una montaña de forma extraña que se alza justo detrás de Barcelona, y de la que se dice que es la montaña desde la que Satanás le mostró a Jesús los reinos de la Tierra (de ahí su nombre). El edificio había pertenecido a unos burgueses adinerados y había sido requisado durante la revolución. La mayoría de los pacientes eran hombres que habían quedado inválidos en el frente o habían sufrido una herida que los incapacitaba de forma permanente (miembros amputados y demás). Había varios ingleses más: Williams, con una herida en la pierna, Stafford Cottman, un chico de dieciocho años al que habían enviado de las trincheras con un inicio de tuberculosis,

y Arthur Clinton, cuyo brazo izquierdo seguía inmovilizado con
uno de esos enormes artilugios de alambre llamados «aeroplanos»
que utilizaban en los hospitales españoles. Mi mujer seguía alojada
en el hotel Continental y, por lo general, yo bajaba a Barcelona a
pasar el día. Por las mañanas acostumbraba ir al Hospital General
a recibir tratamiento eléctrico en el brazo. Por raro que parezca
—eran una serie de descargas eléctricas que hacían que los múscu-
los se contrajeran— funcionó, recuperé el uso de los dedos y el dolor disminuyó. Ambos habíamos decidido que lo mejor que podíamos hacer era regresar a Inglaterra cuanto antes. Me sentía muy
débil, había perdido la voz, al parecer para siempre, y los médicos
coincidían en que tendrían que pasar varios meses hasta que pudiera volver a combatir. Más tarde o más temprano tendría que empezar a ganar dinero, y no tenía mucho sentido quedarse en España y
comernos la comida que tanto necesitaban otras personas. Pero
mis motivos eran principalmente egoístas. Estaba deseando alejar-
me de todo aquello, del horrible clima de odio y sospecha política,
de las calles repletas de hombres armados, de los ataques aéreos, de
las trincheras, de los chirriantes tranvías, el té sin leche, la cocina
con aceite y la escasez de cigarrillos; en general, de casi todo lo que
había llegado a asociar con España.

Los médicos del Hospital General habían certificado que no era
médicamente apto, pero para que me licenciaran tenía que exami-
narme una comisión médica en uno de los hospitales cerca del frente y luego ir a Siétamo a que me sellaran los papeles de la milicia del
POUM. Kopp acababa de regresar del frente lleno de júbilo. Acababa de participar en unos combates y afirmó que Huesca iba a caer
por fin. El gobierno había trasladado tropas del frente de Madrid y
estaba concentrando a treinta mil hombres y un montón de aviones.
Los italianos que había visto en el tren en Tarragona habían atacado la carretera de Jaca, pero habían sufrido muchas bajas y perdido
dos tanques. En cualquier caso, la ciudad estaba a punto de caer,

afirmó Kopp. (Pero, ¡ay!, no fue así. El ataque fue un terrible desastre y solo sirvió para desencadenar una sarta de mentiras en los periódicos.) Entretanto, Kopp había tenido que ir a Valencia a una entrevista en el Ministerio de la Guerra. Había recibido una carta del general Pozas, que ahora estaba al mando del Ejército del Este, la típica carta que describía a Kopp como una «persona de toda confianza» y lo recomendaba para un destino especial en el cuerpo de ingenieros (Kopp había sido ingeniero en la vida civil). Partió hacia Valencia el mismo día que yo salí para Siétamo, el 15 de junio.

Tardé cinco días en regresar a Barcelona. Llegamos en un camión a Siétamo a medianoche y, en cuanto nos presentamos en el cuartel del POUM, nos hicieron formar y empezaron a repartirnos fusiles y cartuchos sin preguntarnos siquiera los nombres. Por lo visto, el ataque estaba a punto de producirse y tenían pensado movilizar a los reservistas. Yo llevaba el volante del hospital en el bolsillo, pero no tuve valor para negarme a acompañarlos. Me tumbé en el suelo muy desanimado, con una caja de munición por almohada. Lo de la herida me había destrozado los nervios —tengo entendido que ocurre con frecuencia—, y la perspectiva de estar bajo el fuego me asustaba horriblemente. El caso es que acabaron dejándolo para *mañana*, como siempre, y al final no nos movilizaron. Al día siguiente mostré mi volante del hospital y fui a buscar mi licencia. Tuve que hacer una serie de viajes confusos y fatigosos. Como de costumbre, me enviaron de hospital en hospital —a Siétamo, Barbastro, Monzón y luego otra vez a Siétamo— para sellarme la licencia, y luego tuve que volver vía Barbastro y Lérida, y la ofensiva sobre Huesca lo había desorganizado todo al acaparar todos los medios de transporte. Recuerdo que dormí en sitios insólitos; una vez lo hice en una cama de hospital, pero otra en una cuneta, una en un banco muy estrecho del que me caí en plena noche, y otra en una especie de casa de huéspedes municipal en Barbastro. Aparte del ferrocarril, no había otra forma de viajar que subirse en los pocos camiones que pasaban. Había que estar horas en la cuneta, en ocasiones más de tres o cuatro, con grupos de campesinos desesperados cargados con hatos llenos de pollos y conejos, esperando a que pasara algún camión. Y cuando finalmente pasaba uno que no estuviera lleno de soldados, barras de pan o cajas de munición, los baches lo hacían a uno papilla. Ningún caballo me ha lanzado nunca tan alto como esos camiones. El único modo de viajar era agarrarse unos a otros. Con gran vergüenza por mi parte, descubrí que seguía demasiado débil para subir sin ayuda a un camión.

Una noche dormí en el hospital de Monzón, donde fui a que me examinara la comisión médica. En la cama de al lado había un guardia de asalto a quien habían herido en el ojo izquierdo. Estuvo muy amable y me ofreció unos cigarrillos.

—En Barcelona estaríamos a tiro limpio —dije, y los dos nos echamos a reír.

Era raro ver cómo cambiaban los ánimos a medida que se acercaba uno al frente. Todos o casi todos los odios enconados de los partidos políticos se esfumaban. En todo el tiempo que pasé en el frente no recuerdo una sola ocasión en que un simpatizante del PSUC se mostrara hostil conmigo por ser yo del POUM. Eso solo pasaba en Barcelona o en sitios aún más alejados de la guerra. Había muchos guardias de asalto en Siétamo. Los habían trasladado desde Barcelona para participar en el ataque contra Huesca. La Guardia de Asalto no era un cuerpo pensado originalmente para combatir en el frente, y muchos no habían estado nunca bajo el fuego. En Barcelona eran los amos y señores de las calles, pero aquí eran solo *quintos* o novatos y hacían buenas migas con los milicianos de quince años que llevaban varios meses en el frente.

En el hospital de Monzón, el médico volvió a tirarme de la lengua y a introducir el espejo, me aseguró con la misma desenvoltura que los demás que nunca recuperaría la voz y firmó el certificado. Mientras esperaba a que me reconociera, en el consultorio operaron a alguien sin anestesia, vaya usted a saber por qué motivo. Duró un buen rato y los gritos me parecieron interminables; cuando entré, vi que había sillas volcadas y varios charcos de sangre y orina en el suelo.

Los detalles de ese último viaje han quedado grabados en mi memoria con una peculiar claridad. Mi estado de ánimo había cambiado, y ahora me fijaba mucho más en las cosas que varios meses antes. Había conseguido mi licencia, con el sello de la División n.º 29, y el certificado del médico que me declaraba inútil. Ya podía volver a Inglaterra. En consecuencia, me sentí capaz, casi por primera vez, de ver España. Tenía que pasar veinticuatro horas en Barbastro, porque solo había un tren al día. Antes lo había visto por encima y me había parecido una parte más de la guerra; un lugar gris, fangoso y frío, lleno de camiones y de tropas harapientas. Ahora me pareció extrañamente diferente. Paseando por el pueblo, admiré las hermosas y tortuosas callejuelas, los viejos puentes de piedra, las bodegas repletas de enormes toneles rezumantes, tan altos como un hombre, y los misteriosos talleres casi subterráneos, donde había artesanos fabricando ruedas de carro, puñales, cucharas de madera y botas de vino. Vi fabricar una y descubrí interesado algo en lo que no había reparado antes, y es que se confeccionan con el pelo hacia dentro sin quitarlo, así que lo que uno bebe en realidad es un destilado de pelo de cabra. Llevaba meses bebiendo de ellas sin saberlo. Al otro lado del pueblo corría un arroyo de color verde jade y, justo detrás, se alzaba una roca o acantilado perpendicular con casas excavadas en la roca, de modo que uno podía escupir en el río desde la ventana del dormitorio a treinta metros de altura. En los huecos del acantilado vivían un sinfín de palomas. Y en Lérida había viejos y destartalados edificios en cuyas cornisas habían construido sus nidos miles de golondrinas que desde lejos parecían recargadas molduras de estilo rococó. Era raro que en esos seis meses no me hubiera fijado en esas cosas. Con los papeles de la licencia en el bolsillo, volvía a sentirme un ser humano. Y también una especie de turista, pues por primera vez tenía la impresión de estar de verdad en España, un país que siempre había querido visitar. En las tranquilas callejas de Lérida y Barbastro, me pareció vislumbrar por un momento la España que habita en la imaginación de todos. Sierras blancas, rebaños de cabras, mazmorras de la Inquisición, palacios moros, serpenteantes reatas de mulas, plateados olivos y huertos llenos de limoneros, chicas con mantilla negra, el vino de Málaga y Alicante, las catedrales, los cardenales, las corridas de toros, los gitanos, las serenatas...; en suma, España. Era el país europeo que más cautivaba mi imaginación. Era una lástima que, cuando por fin había conseguido viajar allí, solo hubiese visto aquel rincón nororiental, en mitad de una guerra confusa, y casi todo el tiempo en invierno.

Llegué a Barcelona muy tarde y no había taxis. Era inútil tratar de llegar al sanatorio Maurín, que estaba en la otra punta de la ciudad, así que me dirigí al hotel Continental y me paré a cenar por el camino. Recuerdo la conversación que mantuve con un camarero muy paternal acerca de las jarras de madera de roble y latón donde servían el vino. Le dije que me gustaría comprar unas cuantas para llevármelas a Inglaterra. El camarero estuvo cordial. ¿Eran bonitas, verdad? Pero imposibles de encontrar hoy en día. Ya nadie fabricaba nada. ¡Lástima de guerra! Coincidimos en que era una lástima. Una vez más volví a sentirme como un turista. El camarero me preguntó muy amablemente si me había gustado España y si pensaba volver algún día. Sí, claro, algún día. Aquella conversación tan agradable ha quedado grabada en mi recuerdo por lo que ocurrió justo después.

Cuando llegué al hotel, mi mujer estaba sentada en el salón. Se levantó y fue hacia donde yo estaba aparentando una total indiferencia; luego me pasó la mano por el hombro y, con una sonrisa dedicada al resto de la gente, me susurró:

—¡Vete!

—¿Qué?

—¡Que te vayas de aquí ahora mismo!

—¿Cómo?

—¡No te quedes ahí pasmado! ¡Tienes que irte enseguida!

—Pero ¿por qué? ¿Qué pasa?

Me cogió del brazo y me llevó hacia la escalera. A mitad de camino nos cruzamos con un francés. (No diré su nombre, porque pese a que no tenía relación con el POUM, se portó muy bien con nosotros.) Me miró con gesto de preocupación.

—¡Oiga! No debe usted venir más por aquí. Márchese cuanto antes y escóndase antes de que alguien llame a la policía.

Y hete aquí que, al llegar al pie de las escaleras, uno de los empleados del hotel, que era militante del POUM (supongo que sin que lo supiera el director), salió a hurtadillas del ascensor y me advirtió en un inglés macarrónico que me marchase cuanto antes. Ni siquiera entonces comprendí lo que había ocurrido.

—¿A qué demonios viene esto? —pregunté en cuanto llegamos a la acera.

—¿No te has enterado?

—No. ¿Enterarme de qué? No sé nada.

—Han ilegalizado el POUM. Todos sus edificios están cerrados. Casi todos están en la cárcel. Y dicen que han empezado a fusilar a la gente.

Así que era eso. Necesitábamos un sitio donde hablar. Los grandes cafés de las Ramblas estaban repletos de policías, pero encontramos un local muy tranquilo en un callejón. Mi mujer me contó lo que había ocurrido mientras estaba fuera.

El 15 de junio la policía había detenido sin previo aviso a Andrés Nin en su despacho y esa misma tarde habían hecho una redada en el hotel Falcón y arrestado a todos los que había allí, sobre todo a milicianos de permiso. Al poco tiempo, el edificio se había

convertido en una cárcel y no tardó en estar lleno a rebosar de
todo tipo de prisioneros. Al día siguiente ilegalizaron el POUM y
confiscaron todas sus oficinas, librerías, sanatorios, centros del Socorro Rojo y demás. Entretanto, la policía se había dedicado a detener a cualquiera que tuviese la menor relación con el POUM. Al
cabo de uno o dos días, los cuarenta miembros del Comité Ejecutivo estaban en la cárcel. Puede que uno o dos escaparan y lograran
esconderse, pero la policía estaba empleando la táctica (frecuente
en ambos bandos durante la guerra) de detener como rehenes a las
mujeres de los que huían. Era imposible saber a cuánta gente habían detenido, aunque mi mujer había oído decir que, solo en Barcelona, eran unos cuatrocientos. Y luego llegué a la conclusión de
que debieron de ser muchos más. Algunas de las detenciones eran
absurdas. En algunos casos, la policía había llegado a sacar a rastras
a milicianos heridos de los hospitales.

Era muy descorazonador. ¿A qué demonios venía aquello? Podía entender que prohibieran el POUM, pero ¿por qué estaban deteniendo a la gente? Por nada. Por lo visto, la ilegalización del
POUM tenía efectos retroactivos: el partido era ilegal y, por tanto,
cualquiera que hubiese pertenecido a él estaba infringiendo la ley.
Como de costumbre, no habían presentado cargos contra ninguno
de los detenidos. Y, entretanto, los periódicos comunistas de Valencia se dedicaban a proclamar a los cuatro vientos que se había
descubierto una gigantesca «conjura fascista», con comunicaciones
por radio con el enemigo, documentos firmados con tinta simpática, etcétera, etcétera. Hablaré de esto con más detalle en el Apéndice II. Lo más significativo es que solo se publicara en los periódicos de Valencia; si no estoy equivocado, en ninguno de los
periódicos barceloneses, ya fueran comunistas, anarquistas o republicanos, se publicó una sola palabra de eso, o de la ilegalización
del POUM. No conocimos la naturaleza exacta de los cargos contra los líderes del POUM hasta que lo leímos en los periódicos in-

gleses que llegaron a Barcelona un día o dos después. Lo que no podíamos saber entonces era que el gobierno no era el responsable de
la acusación de traición y espionaje, y que sus miembros lo negarían
después. Lo único que supimos fue que a los líderes del POUM, y
presumiblemente a todos nosotros, los habían acusado de estar a
sueldo de los fascistas. Y ya circulaban rumores de que estaban fusi-
lando en secreto a la gente en la cárcel. Hubo muchas exageraciones, pero es cierto que en algunos casos ocurrió, y no me cabe ninguna duda de que fue lo que sucedió en el caso de Nin. Después de
detenerlo, trasladaron a Nin a Valencia y desde allí a Madrid, y el
día 21 ya circulaba el rumor de que lo habían fusilado. Luego el rumor cobró forma más definida: a Nin lo había asesinado en prisión
la policía secreta y habían dejado el cadáver en mitad de la calle.
Esta versión procedía de diversas fuentes, entre ellas Federica
Montseny, que había sido miembro del gobierno. Desde entonces
nadie ha vuelto a ver a Nin con vida. Cuando tiempo después los
delegados de varios países preguntaron al gobierno, este se limitó a
dar largas y decir que Nin había desaparecido y que no se conocía
su paradero. Algunos periódicos inventaron que había huido a territorio fascista. No aportaron ninguna prueba, e Irujo, el ministro
de Justicia, declaró después que la agencia de noticias Espagne había
tergiversado su comunicado oficial.[2] En cualquier caso, es muy improbable que dejasen escapar a un prisionero político de la importancia de Nin. Si no aparece con vida en el futuro, creo que hay que
dar por hecho que murió asesinado en prisión.

Las noticias sobre las detenciones continuaron durante varios
meses, hasta que el número de prisioneros políticos, excluyendo a
los fascistas, se contó por miles. Una cosa que llamaba la atención
era la autonomía de los rangos más bajos de la policía. Muchas de
las detenciones eran claramente ilegales y muchas personas cuya li-

2. Véanse los informes de la delegación Maxton [en el Apéndice II].

beración había ordenado el jefe superior de policía, eran detenidas de nuevo al salir de prisión y conducidas a «cárceles secretas». Un caso típico es el de Kurt Landau y su mujer. Los arrestaron alrededor del 17 de junio y Landau «desapareció» casi en el acto. Cinco meses después su mujer seguía en la cárcel, sin ser juzgada y sin noticias del marido. Se declaró en huelga de hambre y el ministro de Justicia mandó que le informaran de que su marido había muerto. Poco después la pusieron en libertad, y luego volvieron a detenerla y a encarcelarla. Es notable que la policía, al menos al principio, parecía totalmente indiferente a la repercusión que sus actos pudieran tener en la guerra. Eran muy capaces de detener, sin pedir autorización previa, a oficiales que ocupaban puestos de importancia en el ejército. A finales de junio, un grupo de policías enviados ex profeso desde Barcelona detuvieron a José Rovira, el general que estaba al mando de la División n.º 29. Sus hombres enviaron una delegación de protesta al Ministerio de la Guerra. Luego se supo que, ni el ministro de la Guerra, ni Ortega, el jefe superior de policía, habían sido informados de la detención de Rovira. Lo que más me cuesta aceptar de todo aquel asunto, aunque es posible que no tenga mayor importancia, es que ocultasen a las tropas del frente lo que estaba ocurriendo. Como ya se ha visto, ni yo ni nadie en el frente se había enterado de la ilegalización del POUM. Los cuarteles de la milicia del POUM, los centros del Socorro Rojo y demás seguían funcionando como si tal cosa, y en Lérida, que está solo a ciento cincuenta kilómetros de Barcelona, nadie supo lo que estaba pasando hasta pasado el 20 de junio al menos. En los periódicos de Barcelona no se publicó ni una palabra (los de Valencia, que estaban publicando lo del espionaje, no llegaban al frente de Aragón), y no cabe duda de que uno de los motivos por los que detuvieron a los milicianos del POUM que estaban de permiso en Barcelona, fue impedir que volvieran al frente con las noticias. El reemplazo con el que viajé al frente el 15 de junio debió de ser el último en partir. Todavía hoy sigo sin explicarme cómo pudieron mantenerlo en secreto, pues los camiones de suministro seguían yendo y viniendo; pero no cabe duda de que lo consiguieron, y, por lo que he sabido después de otras personas, en el frente nadie se enteró de nada hasta pasados unos días. El motivo está muy claro. El ataque contra Huesca acababa de empezar y la milicia del POUM seguía siendo una unidad independiente, así que debieron de temer que si los hombres se enteraban de lo sucedido se negaran a combatir. Lo cierto es que, cuando llegó la noticia, no ocurrió nada parecido. Entretanto, debieron de ser muchos los hombres que murieron sin saber siquiera que los periódicos de la retaguardia estaban acusándolos de actuar en connivencia con los fascistas. Cosas así son difíciles de perdonar. Sé que lo habitual es ocultarles las malas noticias a las tropas, y tal vez sea una medida justificada. Pero enviar a los soldados al combate sin decirles que han ilegalizado su partido a sus espaldas, que a sus líderes los han acusado de traición y que sus amigos y parientes están siendo encarcelados, es algo muy diferente.

Mi mujer empezó a contarme lo que había sido de nuestros amigos. Algunos ingleses y otros extranjeros habían cruzado la frontera. A Williams y a Stafford Cottman no los habían detenido en la redada del sanatorio Maurín, y estaban ocultos en alguna parte. Igual que John McNair, que estaba en Francia y había regresado a España cuando ilegalizaron el POUM; era una imprudencia, pero se había negado a quedarse allí mientras sus camaradas corrían peligro. Por lo demás, solo fue una crónica de dónde habían detenido a Fulano y dónde habían detenido a Mengano. Por lo visto, habían detenido a casi todo el mundo. Me sorprendió oír que también a Georges Kopp.

—¡Qué! ¿A Kopp? Creía que estaba en Valencia.

Al parecer Kopp había vuelto a Barcelona con una carta del Ministerio de la Guerra para el coronel al mando de las labores de

ingeniería en el frente oriental. Se enteró de que habían ilegalizado el POUM, claro, pero probablemente no creyó que la policía
pudiera ser tan estúpida de arrestarlo cuando iba camino del frente con una importante misión militar. Había ido al hotel Continental a recoger el petate; mi mujer había salido, y los empleados
del hotel se las arreglaron para entretenerlo con una excusa mientras telefoneaban a la policía. Admito que me enfureció enterarme
de la detención de Kopp. Era mi amigo y había combatido varios
meses a sus órdenes, había estado con él bajo el fuego y sabía que lo
había sacrificado todo —familia, nacionalidad, trabajo— para ir a
España a luchar contra el fascismo. Al salir de Bélgica sin permiso
y alistarse en un ejército extranjero siendo reservista del ejército
de su país, y al haber colaborado antes ilegalmente en la fabricación de municiones para el gobierno de España, había acumulado
suficientes condenas para pasar muchos años en prisión si alguna
vez se le ocurría volver a su país. Había estado en el frente desde
octubre de 1936, había ascendido de miliciano a comandante, había entrado en combate no sé yo cuántas veces y lo habían herido
en una ocasión. Durante los disturbios de mayo, yo mismo había
visto cómo había contribuido a impedir los tiroteos y salvado diez o
veinte vidas. Y lo único que se les ocurría hacer para recompensar-
lo era encarcelarlo. De nada sirve enfadarse, pero la estúpida maldad de estas cosas pone a prueba la paciencia de cualquiera.

De momento no habían detenido a mi mujer. Aunque se había
quedado en el Continental, la policía la había dejado en paz. Era
evidente que la estaban utilizando como señuelo. No obstante, un
par de noches antes seis policías de paisano habían irrumpido de
madrugada en nuestra habitación y la habían registrado. Habían
confiscado hasta el último papel que teníamos, excepto, por suerte, los pasaportes y la chequera. Se habían llevado mis diarios,
nuestros libros, los recortes de prensa que llevaba meses acumulando (a menudo me he preguntado para qué los querrían), mis re-

cuerdos de la guerra y nuestras cartas. (Por cierto, también se llevaron varias cartas que había recibido de los lectores. Todavía no había respondido a algunas de ellas y, por supuesto, no tengo sus direcciones. Si alguno me escribió a propósito de mi último libro y no obtuvo respuesta, ¿aceptará estas líneas como disculpa?) Luego me enteré de que la policía también se había incautado de varios objetos que había dejado en el sanatorio Maurín. Incluso se llevaron la ropa sucia. Es posible que pensaran que tenía mensajes escritos con tinta simpática.

Estaba claro que, de momento, lo más seguro para mi mujer era quedarse en el hotel. Si trataba de huir saldrían en el acto en su persecución. En cuanto a mí, tendría que esconderme. La idea me repugnaba. A pesar de las innumerables detenciones, me resultaba casi imposible creer que corriera verdadero peligro. No tenía ningún sentido. La misma negativa a tomarse en serio aquel ataque insensato era lo que había enviado a Kopp a la cárcel. Una y otra vez me repetía: «Pero ¿por qué iban a querer detenerme?, ¿qué he hecho?». Ni siquiera era miembro del POUM. Cierto es que había llevado armas durante los sucesos de mayo, pero también lo habían hecho (tirando por lo bajo) otras cuarenta mil o cincuenta mil personas. Además, me hacía falta una noche de sueño. Quería arriesgarme a volver al hotel. Mi mujer no quiso ni oír hablar de ello. Con mucha paciencia me explicó la situación. No importaba lo que hubiera hecho o dejado de hacer. No estaban deteniendo a criminales; era meramente el reinado del terror. Yo no era culpable de nada en concreto, pero sí de trotskismo. El hecho de que hubiera combatido en la milicia del POUM bastaba para enviarme a la cárcel. De nada servía aferrarse a esa idea inglesa de que uno está a salvo mientras cumpla las leyes. En la práctica, la ley era lo que dijera la policía. Lo único que podía hacer era esconderme y ocultar el hecho de que había tenido algo que ver con el POUM. Repasamos los papeles que llevaba en el bolsillo. Mi mujer me hizo romper el carnet de miliciano, que llevaba escrito «POUM» en letras muy grandes, y también una foto de un grupo de milicianos con la bandera del POUM al fondo; esas eran las cosas por las que podían detenerlo a uno en esos días. No obstante, tuve que quedarme con los papeles de la licencia, que también eran un peligro, pues llevaban el sello de la División n.º 29 y la policía sabría que dicha división era del POUM, pero sin ellos podrían detenerme por desertor.

Lo que teníamos que hacer a continuación era salir de España. No tenía sentido quedarse con la certeza de que, tarde o temprano, acabaríamos en la cárcel. A los dos nos habría gustado quedarnos para ver lo que ocurría. Pero supuse que las cárceles españolas debían de ser sitios horribles (en realidad eran aún peores de lo que me imaginaba) y que una vez en prisión era imposible saber cuándo saldrías, mi salud no era buena y me dolía mucho el brazo. Quedamos en vernos al día siguiente en el consulado británico, adonde iban a ir también Cottman y McNair. Probablemente tardaríamos un par de días en tener los pasaportes en regla. Antes de salir de España tenían que sellarte el pasaporte en tres sitios distintos: en la Jefatura de Policía, en el consulado francés y en las autoridades de inmigración catalanas. Lo más peligroso era la Jefatura de Policía, claro. Pero tal vez el cónsul británico consiguiera arreglarlo sin que se supiera que teníamos algo que ver con el POUM. Obviamente, habrían elaborado una lista de sospechosos trotskistas extranjeros, y era más que probable que nuestros nombres figurasen en ella, pero, con un poco de suerte, podríamos llegar a la frontera antes que la lista. Sin duda habría todo tipo de papeleos y mucho *mañana*. Por fortuna estábamos en España y no en Alemania. La policía secreta española compartía el mismo espíritu que la Gestapo, pero no su eficiencia.

Luego nos despedimos. Mi mujer regresó al hotel y yo me perdí en la oscuridad, en busca de un sitio donde dormir. Recuerdo que estaba aburrido y malhumorado. ¡Tenía tantas ganas de dormir en una cama! No tenía adónde ir, ninguna casa donde refugiarme. El POUM carecía de organización clandestina. Sin duda sus dirigentes sabían que acabarían por ilegalizar el partido, pero no imaginaban una caza de brujas a esta escala. De hecho, habían seguido con las reformas en los edificios del POUM (entre otras cosas, estaban construyendo un cine en el Edificio Ejecutivo, que antes había sido un banco) hasta el mismo día en que ilegalizaron el partido. En consecuencia, no tenían esos puntos de reunión y refugio con los que debe contar cualquier organización revolucionaria. Dios sabe cuánta gente cuya casa había registrado la policía dormiría esa noche en la calle. Yo estaba agotado después de cinco días viajando sin parar y durmiendo en los sitios más inverosímiles, el brazo me dolía mucho, y ahora a esos idiotas les había dado por perseguirme y tenía que volver a dormir en el suelo. No podía pensar en otra cosa. No hice ninguna reflexión política correcta. Nunca lo hago mientras ocurren las cosas. Por lo visto, siempre me pasa lo mismo cuando me involucro en política o en una guerra. Lo único que siento son las incomodidades físicas y un profundo deseo de que termine ese absurdo sinsentido. Después comprendo el significado de los acontecimientos, pero cuando ocurren tan solo pienso en poner tierra de por medio; tal vez sea un tanto innoble por mi parte.

Estuve andando un buen rato y llegué cerca del Hospital General. Necesitaba un sitio donde tumbarme donde ningún policía entrometido me pidiera los papeles. Probé en un refugio antiaéreo, pero acababan de construirlo y chorreaba de humedad. Luego me topé con las ruinas de una iglesia quemada y saqueada durante la revolución. No eran más que cuatro paredes y un montón de escombros. En la penumbra, me abrí paso a tientas y encontré una especie de hueco donde tumbarme. Los cascotes no son muy cómodos, pero por suerte hacía una noche bastante cálida y conseguí conciliar el sueño unas cuantas horas.

12

Lo peor de que te persiga la policía en una ciudad como Barcelona es que todo abre muy tarde. Cuando uno duerme en la calle siempre se despierta antes del amanecer, y ninguno de los cafés barceloneses abre antes de las nueve. Pasaron horas antes de que pudiera tomar una taza de café o afeitarme. Era raro ver todavía en la barbería el cartel anarquista que explicaba que las propinas estaban prohibidas. «La Revolución ha roto nuestras cadenas», decía. Estuve tentado de decirle al barbero que, si no iban con cuidado pronto, volverían a tenerlas puestas.

Estuve deambulando por el centro. Habían arrancado las banderas rojas de los edificios del POUM y en su lugar ondeaban banderas republicanas, y grupos de guardias de asalto armados montaban guardia en la puerta. En el centro del Socorro Rojo de la esquina con la plaza de Cataluña, la policía se había entretenido en romper los cristales de las ventanas. Los puestos de libros del POUM estaban vacíos, y en el tablón de anuncios de las Ramblas habían pegado un cartel con una caricatura anti POUM (la del fascista que se quitaba la careta). Al final de las Ramblas, cerca del puerto, me topé con una imagen extraña: un destacamento de milicianos recién llegados del frente, todavía harapientos y sucios de barro, se habían sentado exhaustos en las sillas de los limpiabotas. Yo sabía quiénes eran e incluso reconocí a uno. Eran milicianos del POUM que habían llegado del frente el día anterior, se habían enterado de que habían prohibido su partido y habían tenido que dormir en la calle porque habían registrado sus casas. Cualquier miliciano del POUM que regresara a Barcelona en esa época tenía que elegir entre esconderse o ir directo a la cárcel, una recepción muy poco agradable después de pasar tres o cuatro meses en el frente.

Vivíamos una situación muy extraña. De noche éramos fugitivos perseguidos por la policía, pero de día casi se podía llevar una vida normal. Las casas que habían alojado a simpatizantes del POUM estaban —o al menos era probable que estuvieran— bajo vigilancia, y era imposible ir a un hotel o a una pensión, porque los directores de esos establecimientos tenían la obligación de informar de inmediato a la policía de la llegada de cualquier extraño. En la práctica, eso significaba que teníamos que pasar la noche al raso. De día, en cambio, en una ciudad del tamaño de Barcelona uno estaba más o menos a salvo. Las calles estaban abarrotadas de guardias de asalto locales y de Valencia, carabineros y policías, por no hablar de los innumerables espías de paisano. Sin embargo, no podían detener a todos los transeúntes, y si uno tenía una pinta más o menos normal podía pasar inadvertido. Lo único que había que hacer era evitar los edificios del POUM y los cafés y restaurantes donde los camareros te conocían de vista. Ese día y el siguiente pasé un buen rato tomando un baño en los baños públicos. Me pareció un buen modo de ocultarme y pasar el tiempo. Por desdicha, la misma idea se le ocurrió a un montón de gente, y unos días después, cuando ya me había ido de Barcelona, la policía practicó una redada en los baños y detuvo a un montón de «trotskistas» tal como su madre los trajo al mundo.

En mitad de las Ramblas me topé con uno de los heridos del sanatorio Maurín. Intercambiamos uno de esos guiños disimulados que todo el mundo estaba empleando y nos las arreglamos para vernos en un café que había calle arriba. Había conseguido escapar cuando hicieron la redada en el sanatorio, pero, al igual que los demás, se había visto obligado a dormir en la calle. Iba en mangas de camisa (había tenido que huir sin chaqueta) y no tenía dinero. Me contó que uno de los guardias de asalto había arrancado de la pared el enorme retrato de Maurín y lo había roto a patadas. Maurín (uno de los fundadores del POUM) estaba preso en manos de los fascistas, y se decía que lo habían fusilado.

Me reuní con mi mujer en el consulado británico a las diez. McNair y Cottman llegaron un poco después. Lo primero que me dijeron fue que Bob Smillie estaba muerto. Había fallecido en la cárcel en Valencia, aunque nadie sabía cómo. Lo habían enterrado a toda prisa, y a David Murray, el representante del ILP en la zona, ni siquiera le habían permitido ver el cadáver.

Por supuesto, di por sentado que lo habían fusilado. Es lo que pensó todo el mundo, aunque luego he llegado a la conclusión de que quizá me equivocara. Posteriormente dijeron que había muerto de apendicitis, y por otro prisionero supimos que Smillie había estado enfermo en la cárcel. Así que tal vez sea cierto y la negativa a dejar que Murray viese el cadáver no fuese sino pura inquina. No obstante, debo decir que Bob Smillie solo tenía veintidós años y era uno de los hombres más fuertes que he conocido. Creo que fue la única persona, inglesa o española, que pasó tres meses en las trincheras sin estar indispuesto ni un solo día. Alguien tan fuerte no muere de apendicitis si recibe los cuidados oportunos. Pese a todo, cuando uno veía las cárceles españolas, y sobre todo las cárceles improvisadas que utilizaban para recluir a los prisioneros políticos, comprendía lo improbable que era que un hombre enfermo recibiera la atención adecuada. Las cárceles solo podían describirse como mazmorras. En Inglaterra habría que remontarse al siglo XVIII para encontrar algo parecido. Encerraban a la gente en cuartuchos donde apenas había sitio para tumbarse, y con frecuencia los metían en sótanos y otros lugares oscuros. No era una medida temporal, pues hubo quien pasó cuatro y cinco meses sin ver la luz del día. Y, les daban una dieta insuficiente de solo dos platos de sopa y dos mendrugos de pan al día (no obstante, parece que unos meses después la comida mejoró un poco). No estoy exagerando. Basta con preguntar a cualquier sospechoso político a quien encarcelaran en España. He recibido informes de las cárceles españolas procedentes de diversas fuentes, y todos coinciden demasiado como para no darles crédito; además, yo mismo pude ver por encima una cárcel española. Otro amigo inglés al que encarcelaron después escribe que sus vivencias en la cárcel «hacen que el caso de Smillie sea más fácil de entender». No me resulta fácil perdonar la muerte de Smillie. Hete aquí un chico inteligente y valeroso que abandona su carrera en la Universidad de Glasgow para luchar contra el fascismo y que, tal como vi con mis propios ojos, combate en el frente con ánimo y valor; y lo único que se les ocurre es meterlo en la cárcel y dejarlo morir como un animal. Sé que en mitad de una guerra sangrienta a gran escala de nada sirve organizar mucho escándalo por la muerte de una sola persona. Un avión que lanza una bomba en una calle abarrotada causa más sufrimiento que la persecución política. Pero lo que me enfurece de una muerte así es su absoluta falta de sentido. Que lo maten a uno en combate... sí, cualquiera cuenta con eso; pero que te encarcelen no ya por un delito imaginario, sino por puro y ciego rencor y te dejen morir solo, es algo muy distinto. No alcanzo a comprender cómo algo así —y el caso de Smillie no fue una excepción— nos acercó lo más mínimo a la victoria.

Mi mujer y yo visitamos a Kopp esa tarde. Se podía visitar a los prisioneros que no estaban *incomunicados*, aunque no era seguro hacerlo más de una o dos veces. La policía vigilaba a la gente que entraba y salía, y si uno visitaba las cárceles con demasiada frecuencia, podía ser catalogado de amigo de los trotskistas y acabar también en prisión. Ya le había ocurrido a varias personas.

Kopp no estaba *incomunicado* y conseguimos fácilmente un permiso para ir a verle. Mientras nos abrían las puertas de acero, vi pasar a un miliciano conocido mío entre dos guardias de asalto. Nuestras miradas se cruzaron y volvió a repetirse el guiño disimulado. La primera persona a quien encontramos dentro fue un miliciano estadounidense que había intentado partir hacia su país unos días antes; sus papeles estaban en regla, pero lo habían detenido en la frontera, probablemente porque llevaba bombachos de pana y lo habían identificado como miliciano. Ambos pasamos de largo como si no nos hubiéramos visto nunca. Fue horrible. Nos conocíamos desde hacía meses, habíamos compartido el mismo refugio y había sido uno de los que ayudaron a trasladarme cuando me hirieron, pero no podíamos hacer nada. Los guardias uniformados de azul estaban por todas partes y habría sido fatal reconocer a demasiada gente.

La supuesta cárcel era en realidad la planta baja de una tienda. Había casi cien personas encerradas en dos cuartos de apenas veinte metros cuadrados. El lugar parecía directamente sacado del siglo XVIII y del Almanaque de Newgate con su sucia inmundicia, aquel montón de gente, la falta de muebles —tan solo el suelo de piedra, un banco y unas cuantas mantas harapientas— y la luz tenebrosa que se colaba por las persianas metálicas que habían bajado por detrás de las ventanas. En las paredes mugrientas habían garabateado consignas revolucionarias, «*Visca el POUM!*» «*¡Viva la Revolución!*» y demás cosas por el estilo. Llevaban meses utilizando aquel sitio para recluir a los prisioneros políticos. Se oía un ensordecedor sonido de voces. Era la hora de visita y había tanta gente que era difícil moverse. Casi todas eran personas muy humildes de extracción obrera. En todas partes se veían mujeres deshaciendo patéticos hatillos de comida que habían llevado para sus familiares. Entre los prisioneros había varios heridos del sanatorio Maurín. A dos de ellos les habían amputado una pierna y a otro lo habían llevado a la cárcel sin sus muletas e iba por ahí dando saltos sobre un pie. También había un chiquillo de no más de doce años; por lo visto también estaban deteniendo a los niños. El lugar hedía como cualquier sitio donde se meta a una multitud sin las condiciones sanitarias adecuadas.

Kopp se abrió paso a codazos para ir a saludarnos. Su rostro rollizo y lozano estaba igual que siempre, y se las había arreglado para conservar limpio el uniforme en aquel sitio tan mugriento e incluso para afeitarse. Había otro oficial con el uniforme del Ejército Popular entre los prisioneros. Él y Kopp se saludaron mientras se abrían paso entre la gente; el gesto fue conmovedor. Kopp parecía de muy buen humor.

—Bueno, supongo que nos fusilarán a todos —dijo alegremente.

La palabra *fusilar* me dio escalofríos. Hacía poco que una bala me había atravesado el cuerpo y la sensación seguía estando fresca en mi recuerdo. No es agradable pensar que eso pueda ocurrirle a alguien a quien uno conoce bien. En aquel entonces daba por sentado que fusilarían a los principales dirigentes del POUM, a Kopp entre ellos. Empezaban a circular los primeros rumores sobre la muerte de Nin y sabíamos que estaban acusando al POUM de traición y espionaje. Todo apuntaba a un juicio amañado seguido de una matanza de dirigentes «trotskistas». Es terrible ver a un amigo en la cárcel y saber que es imposible ayudarlo. No había nada que hacer, ni siquiera apelar a las autoridades belgas, pues Kopp había quebrantado las leyes de su país al viajar a España. Tuve que dejar hablar a mi mujer, pues con mi voz afónica apenas podía hacerme oír en mitad de aquel barullo. Kopp nos habló de los amigos que había hecho entre los prisioneros, de los guardias, algunos de los cuales eran buenas personas aunque otros golpeaban a los prisioneros más pusilánimes y abusaban de ello, y del rancho, que era «bazofia para los cerdos». Por suerte se nos había ocurrido llevarle un paquete de comida y cigarrillos. Luego

Kopp empezó a hablarnos de los papeles que le habían confiscado al arrestarlo, entre ellos la carta del Ministerio de la Guerra, dirigida al coronel al mando de las labores de ingeniería del frente oriental. La policía se había incautado de ellos y se había negado a devolvérselos; se decía que estaban en el despacho del jefe superior de policía. Si pudiera recuperarlos le serían de gran ayuda.

Comprendí en el acto la importancia que podían tener. Una carta oficial de ese tipo, con la recomendación del Ministerio de la Guerra y del general Pozas, demostraría la buena fe de Kopp. La dificultad estribaba en demostrar la existencia de la carta; si llegaban a abrirla en el despacho del jefe superior de policía, algún soplón acabaría destruyéndola. Solo había una persona que podía recuperarla, y era el oficial a quien iba dirigida. Kopp ya había pensado en ello y había escrito una carta que quería que yo sacara de la cárcel y echara al correo. Pero sin duda era más rápido y fácil ir en persona. Dejé a mi mujer con Kopp, salí a toda prisa y, después de mucho buscar, encontré un taxi. Sabía que el tiempo era crucial. Eran casi las cinco y media, el coronel probablemente saldría de su despacho a las seis y al día siguiente sabe Dios dónde estaría la carta; destruida, probablemente, o perdida entre el caos de documentos que debían de estar apilándose con cada detención. El despacho del coronel estaba en el Departamento de la Guerra, junto al puerto. Cuando subía a toda prisa por las escaleras, un guardia de asalto me cerró el paso con la bayoneta y me pidió los «papeles». Le mostré la hoja de mi licencia; noté que no sabía leer y me dejó pasar, impresionado por el vago misterio de los «papeles». Aquel lugar era un laberinto enorme e intrincado en torno a un patio central con cientos de oficinas en cada piso; y, como estábamos en España, nadie tenía ni la menor idea de dónde estaba el despacho que buscaba. Yo no hacía más que repetir:

—¡El coronel, jefe de ingenieros, frente oriental!

La gente sonreía y se encogía de hombros con elegancia. Cada cual me enviaba en una dirección diferente, y pasé un buen rato subiendo y bajando escaleras y recorriendo pasillos interminables que no llevaban a ninguna parte. El tiempo se agotaba. Tenía la extraña sensación de estar viviendo una pesadilla; las escaleras, la gente que iba y venía, los caóticos despachos llenos de papeles por todas partes que vislumbraba a través de las puertas entreabiertas, el golpeteo de las máquinas de escribir y el tiempo que se me escurría entre los dedos mientras una vida estaba en el fiel de la balanza.

A pesar de todo llegué a tiempo y, con gran sorpresa por mi parte, accedieron a recibirme. No llegué a entrevistarme con el coronel, pero sí con su ayudante de campo o secretario, un oficial muy joven de ojos grandes y bizcos que llevaba un uniforme muy elegante y salió a recibirme a la antesala. Empecé a contarle mi historia. Había ido allí en nombre de mi oficial superior, el comandante Jorge Kopp, que iba al frente en misión urgente y al que habían detenido por error. La carta destinada al coronel era de naturaleza confidencial y debía recuperarse cuanto antes. Yo había servido varios meses a las órdenes de Kopp, era un oficial intachable, saltaba a la vista que su detención era un error, etcétera, etcétera, etcétera. Insistí mucho en lo de la importancia de la misión de Kopp en el frente, pues sabía que era nuestra mejor baza. No obstante, debió de parecerle una historia muy rara en mi atroz español, que pasaba al francés ante cualquier dificultad. Y lo peor era que casi había perdido la voz y solo con grandes esfuerzos conseguía emitir una especie de graznido. Me preocupaba perderla del todo y que el joven oficial se cansara de esforzarse en entender lo que le decía. Me he preguntado muchas veces qué pensaría que le había ocurrido a mi voz, si creería que estaba borracho o que me atormentaba la conciencia.

Sin embargo, me escuchó con mucha paciencia, asintió muchas veces y pareció estar de acuerdo con lo que le decía. Sí, daba la impresión de tratarse de un error. Sin duda habría que estudiar el asunto. *Mañana.* Yo protesté. *¡Nada de mañana!* El asunto era muy urgente; Kopp debería estar ya en el frente. Una vez más, el oficial pareció estar de acuerdo. Luego me hizo la pregunta que yo tanto temía.

—Ese comandante Kopp…, ¿en qué cuerpo servía?

No me quedó otro remedio que pronunciar la palabra maldita:

—En la milicia del POUM.

—¡En el POUM!

Ojalá pudiera reproducir la sorpresa y la alarma de su voz. Hay que tener presente la opinión que se tenía entonces del POUM. La amenaza del espionaje estaba en su apogeo; probablemente, todos los buenos republicanos creyeron durante un día o dos que el POUM era una gigantesca organización de espías a sueldo de Alemania. Decirle algo así a un oficial del Ejército Popular era como entrar en un club de oficiales británicos justo después del pánico de la Carta Roja* y proclamarse comunista. Sus ojos bizcos me miraron. Tras una larga pausa dijo muy despacio:

—Dice que estuvo con él en el frente, o sea que usted también sirvió en la milicia del POUM…

—Sí.

Dio media vuelta y entró en el despacho del coronel. Los oí sostener una agitada conversación. «Se acabó», pensé. Jamás recuperaríamos la carta de Kopp. Además, había tenido que confesar que yo también había estado en el POUM y sin duda llamarían a la policía y me detendrían, aunque solo fuese para meter a otro trotskista entre rejas. No obstante, poco después el oficial volvió a salir, se puso la gorra y con un gesto me indicó que le acompañara. Íbamos a la Jefatura de Policía. Era un largo paseo de más de veinte minutos. El

---

* Alusión a un conocido episodio en el que el presidente de la Tercera Internacional supuestamente escribió al Partido Comunista de Gran Bretaña animándolo a infiltrarse en el ejército británico. *(N. del T.)*

joven oficial andaba muy envarado, con paso militar. No cruzamos una palabra en todo el camino. Al llegar a la jefatura, vimos una multitud de rufianes malencarados, sin duda soplones de la policía, informadores y espías de todo tipo, que rondaban junto a la puerta. El oficial entró y se produjo una larga y acalorada discusión. Se les oía alzar la voz; era fácil imaginar los gestos violentos, los encogimientos de hombros, los golpes en la mesa. Estaba claro que la policía se negaba a devolver la carta. Al final, el oficial salió muy acalorado, pero con un enorme sobre oficial en la mano. Era la carta de Kopp. Habíamos conseguido una pequeña victoria, aunque luego acabó sirviendo de muy poco. La carta fue entregada, pero los superiores de Kopp no pudieron sacarlo de la cárcel.

El oficial prometió que la carta llegaría a su destino. Pero ¿qué sería de Kopp?, pregunté. ¿No podíamos hacer nada por liberarlo? Se encogió de hombros. Esa era otra cuestión. Ellos no sabían por qué habían detenido a Kopp. Lo más que podía hacer era garantizarme que lo investigarían. No había más que decir; había llegado el momento de despedirse. Ambos hicimos un leve gesto con la cabeza, y a continuación ocurrió algo muy extraño y conmovedor. El joven oficial dudó un momento, y luego se acercó y me estrechó la mano.

No sé si lograré transmitir lo mucho que me conmovió aquel gesto. Parece algo trivial, pero no lo fue. Es necesario tener en cuenta la situación que se vivía en aquella época, el terrible clima de odio y sospecha, las mentiras y los rumores que circulaban por doquier, los carteles que proclamaban desde las vallas publicitarias que yo y cualquier otro como yo éramos espías fascistas. Y también hay que tener presente que estábamos ante la Jefatura de Policía, delante de aquella sucia pandilla de soplones y agentes provocadores, y que cualquiera podía saber que la policía me buscaba. Fue igual que estrecharle la mano en público a un alemán durante la Gran Guerra. Supongo que de algún modo había llegado a la conclusión de que yo no era un espía fascista, pero aun así demostró un gran valor al darme la mano.

Lo cuento aquí por irrelevante que pueda parecer, porque me parece típico de España, de los destellos de magnanimidad que uno recibe de los españoles en las peores circunstancias. Guardo de España unos recuerdos atroces, pero muy pocos malos recuerdos de los españoles. Solo recuerdo haberme enfadado dos veces con un español, y, al echar la vista atrás, tengo que admitir que era yo quien estaba equivocado. No cabe duda de que poseen una generosidad y una nobleza que parecen impropias del siglo XX. Por eso creo que incluso el fascismo adoptará en España una forma relativamente laxa y tolerable. Pocos españoles tienen esa deplorable coherencia y eficacia que requiere un Estado totalitario moderno. La prueba la había tenido unas noches antes, cuando la policía registró la habitación de mi mujer. La verdad es que debió de ser muy interesante y casi me hubiera gustado estar allí, aunque tal vez sea mejor que no estuviera porque no sé si me habría contenido.

La policía llevó a cabo el registro al estilo de la OGPU o la Gestapo. De madrugada se oyeron unos golpes en la puerta y seis hombres entraron, encendieron la luz y se apostaron en distintos sitios que debían de haber acordado de antemano. Luego registraron las dos habitaciones (había también un baño) con una minuciosidad inconcebible. Golpearon las paredes, levantaron las alfombras, examinaron el suelo, palparon las cortinas, husmearon debajo de la bañera y del radiador, vaciaron los cajones y las maletas, y miraron hasta la última prenda de ropa al trasluz. Confiscaron todos los papeles, incluidos los que había en la papelera, y todos nuestros libros. Sus sospechas se vieron confirmadas cuando descubrieron que teníamos una traducción francesa de *Mi lucha*, de Adolf Hitler. Si hubiese sido ese el único libro que hubieran encontrado, habría supuesto nuestra perdición. Estaba claro que alguien que leía *Mi lucha* tenía que ser un fascista. Sin embargo, justo después encontraron un ejemplar del panfleto de Stalin *Cómo acabar con los trotskistas y demás traidores*, que los tranquilizó un poco. En un cajón encontraron unos cuantos librillos de papel de fumar. Los hicieron pedazos y examinaron uno por uno todos los papeles por si habíamos escrito algún mensaje. Estuvieron allí casi dos horas. No obstante, en todo ese tiempo, no registraron la cama. Mi mujer estuvo acostada todo el tiempo por supuesto, podría haber habido media docena de fusiles ametralladores debajo del colchón, por no hablar de una biblioteca de documentos trotskistas debajo de la almohada. Sin embargo, no se acercaron a la cama ni miraron siquiera debajo. No creo que eso sea característico de los métodos de la OGPU. Conviene recordar que la policía estaba bajo el control de los comunistas, y aquellos hombres probablemente eran miembros del partido comunista. Pero también eran españoles, y sacar a una mujer de la cama era demasiado para ellos, así que la pasaron por alto y el registro no sirvió de nada.

Esa noche McNair, Cottman y yo dormimos en un herbazal que había junto a un edificio abandonado. Hizo una noche muy fría para esa época del año y no descansamos demasiado. Recuerdo las largas horas que pasamos deambulando por ahí, haciendo tiempo para tomar una taza de café. Por primera vez desde que llegué a Barcelona fui a echar un vistazo a la catedral, un templo moderno y uno de los edificios más espantosos del mundo.* Tenía cuatro torres almenadas con forma de botella de vino. A diferencia de la mayoría de las iglesias de Barcelona, no había sufrido daños durante la revolución; la gente decía que la habían conservado por su «valor artístico». En mi opinión, los anarquistas demostraron tener muy mal gusto al no volarla por los aires cuando tuvieron la ocasión, aunque colgaron una bandera roja y negra entre sus torres. Esa tarde, mi mujer y yo fuimos a ver a Kopp por última vez. No

* Orwell confundió la catedral con la Sagrada Familia. *(N. del T.)*

podíamos hacer absolutamente nada por él, solo despedirnos y dejar dinero a unos amigos españoles para que le llevaran comida y cigarrillos. No obstante, poco después de que nos fuésemos de Barcelona lo *incomunicaron*, y ya no se le pudo llevar ni siquiera comida. Esa noche, paseando por las Ramblas, pasamos junto al café Moka, donde seguía apostada la Guardia de Asalto. Dejándome llevar por un impulso, entré y hablé con dos de ellos, que estaban apoyados en el mostrador con los fusiles al hombro. Les pregunté si conocían a alguno de los camaradas que habían estado allí durante los combates de mayo. No los conocían y, con la típica vaguedad española, respondieron que no sabían cómo averiguarlo. Les expliqué que mi amigo Jorge Kopp estaba en la cárcel y que iban a juzgarlo por su participación en los disturbios; los hombres que habían estado allí sabían que había ordenado no disparar y salvado algunas vidas, por lo que deberían presentarse a declarar en su favor. Uno de los hombres con quienes estaba hablando era un tipo pesado y de aspecto obtuso que no hacía más que mover la cabeza porque no oía mi voz con el ruido del tráfico. Dijo que algunos de sus camaradas le habían hablado de lo que había hecho Kopp y que era un *buen chico*. Pero incluso entonces supe que era inútil. Si alguna vez llegaban a juzgar a Kopp, lo harían, como ocurre siempre en esos juicios, con pruebas falsas. Si lo han fusilado (y me temo que es bastante probable), ese será su epitafio: aquel era un *buen chico* del pobre guardia de asalto, que formaba parte de un sistema corrupto pero había conservado la suficiente humanidad para distinguir un acto decente cuando lo veía.

Llevábamos una existencia extraordinaria y demencial. De noche éramos criminales, pero de día éramos acaudalados turistas ingleses; o al menos es lo que fingíamos ser. Incluso después de pasar una noche al raso, un afeitado, un baño y un cepillado de botas hacen maravillas con tu aspecto. En ese momento, lo más seguro era aparentar ser lo más burgueses posibles. Frecuentábamos los barrios elegantes y residenciales de la ciudad, donde nadie nos conocía, íbamos a restaurantes caros y nos comportábamos como típicos ingleses con los camareros. Por primera vez en mi vida me dediqué a escribir consignas en las paredes. En los pasillos de varios restaurantes elegantes garabateé «*Visca el POUM!*» con letras tan grandes como pude escribirlas. Aunque todo ese tiempo en teoría estuve ocultándome, nunca tuve la sensación de estar en peligro. Todo era demasiado absurdo. Seguía teniendo la inconmovible convicción inglesa de que nadie puede detenerte si no has quebrantado la ley. Es una convicción muy peligrosa si se tiene en mitad de un pogromo político. McNair estaba en busca y captura, y era harto probable que los demás también estuviéramos en la lista. Las detenciones, las redadas y los registros seguían produciéndose; a esas alturas casi todos nuestros conocidos, salvo los que seguían aún en el frente, estaban ya en la cárcel. La policía incluso estaba registrando los barcos franceses que partían cargados de refugiados y deteniendo a los sospechosos «trotskistas».

Gracias a la amabilidad del cónsul británico, que debió de pasar momentos muy difíciles esa semana, nos las arreglamos para poner en regla nuestros pasaportes. Cuanto antes nos marchásemos tanto mejor. Había un tren a Port Bou a las siete y media de la tarde, así que lo más probable es que partiera a las ocho y media. Acordamos que mi mujer no pediría un taxi, haría las maletas, pagaría la cuenta y dejaría el hotel hasta el último momento. Si lo hacía con demasiada antelación, los empleados llamarían a la policía. Fui a la estación a las siete y descubrí que el tren ya se había ido; había partido a las siete menos diez. El maquinista había cambiado de opinión, como de costumbre. Por suerte, pudimos avisar a tiempo a mi mujer. Al día siguiente había otro tren a primera hora de la mañana. McNair, Cottman y yo cenamos en un pequeño restaurante cerca de la estación y, al tantear al propietario, descubrimos que era militante de la CNT y un hombre de fiar. Nos alquiló una habitación triple y olvidó informar a la policía. Fue la primera vez en cinco noches que pude quitarme la ropa para dormir.

A la mañana siguiente, mi mujer se escabulló del hotel. Esta vez el tren salió una hora tarde. Llené el tiempo escribiendo una larga carta al Ministerio de la Guerra, contándoles el caso de Kopp y explicándoles que sin duda lo habían detenido por error, que su presencia en el frente era muy necesaria, que había un sinfín de personas que testificarían para corroborar su inocencia, etcétera, etcétera, etcétera. Quisiera saber si alguien llegó a leer la carta, escrita en las páginas de un bloc de notas con letra temblorosa (todavía tenía los dedos parcialmente paralizados) y en un español aún más tembloroso. En todo caso, ni la carta ni ninguna otra gestión parecen haber servido de nada. En el momento en que escribo, seis meses después de que sucediera, Kopp (si es que no lo han fusilado) sigue en la cárcel, sin que nadie lo haya juzgado ni se hayan presentado cargos contra él. Al principio recibimos dos o tres cartas suyas, que unos prisioneros a quienes habían liberado sacaron a escondidas de la cárcel y echaron al correo en Francia. Todas contaban la misma historia: su encierro en lóbregos y sucios agujeros, la comida mala e insuficiente, las enfermedades contraídas por las condiciones del encierro y la negativa a ofrecerles cuidados médicos. Varias fuentes inglesas y francesas lo confirmaron. Hace poco tiempo desapareció en una de las «cárceles secretas», con las que es imposible establecer ningún contacto. En su misma situación se encuentran decenas o centenares de extranjeros y a saber cuántos miles de españoles.

Al final cruzamos la frontera sin incidentes. El tren tenía un vagón de primera clase y un vagón restaurante, los primeros que yo había visto en España. Hasta muy poco antes, solo había habido una clase en los trenes catalanes. Dos policías subieron al tren y apuntaron los nombres de los extranjeros, pero al vernos en el vagón restaurante dieron por sentado que éramos gente respetable. Era curioso cómo había cambiado todo. Apenas seis meses antes, cuando los anarquistas seguían en el poder, lo que le hacía a uno respetable era tener aspecto de proletario. Mientras íbamos de Perpiñán a Cerbère, un viajante francés que iba en nuestro vagón me dijo muy solemnemente:

—No vaya usted a España con esa pinta. Quítese el cuello de la camisa y la corbata, o se los arrancarán en Barcelona.

Estaba exagerando, pero era sintomático de lo que la gente pensaba de Barcelona. En la frontera los guardias anarquistas impidieron la entrada a un francés muy bien vestido y a su mujer, solo, según creo, porque les parecieron demasiado burgueses. Ahora era justo al revés, la salvación era que lo tomaran a uno por burgués. En la oficina de pasaportes nos buscaron entre la lista de sospechosos, pero gracias a la ineficacia de la policía nuestros nombres no constaban en ella, ni siquiera el de McNair. Nos registraron de pies a cabeza, pero no llevábamos nada que pudiera incriminarnos excepto los papeles de mi licencia, y los carabineros que me registraron no sabían que la División n.º 29 pertenecía al POUM. Así que pasamos al otro lado de la barrera y, justo seis meses después, volví a pisar suelo francés. Los únicos recuerdos que me llevé de España fueron una bota de vino y aquellos diminutos candiles de aceite de oliva que usan los campesinos aragoneses, y que tienen exactamente la misma forma que las lamparillas de terracota que los romanos utilizaban hace dos mil años; los había encontrado en un cobertizo en ruinas y por alguna razón no me había desprendido de ellos.

Luego resultó que nos habíamos librado por los pelos. El primer periódico que llegó a nuestras manos informaba de la detención de McNair por espionaje. Las autoridades españolas se habían precipitado un poco al anunciar aquello. Por suerte, Francia no tiene tratado de extradición para los trotskistas.

Me pregunto qué es lo primero que conviene hacer cuando llegas a un país pacífico desde uno que está en guerra. En mi caso, corrí al estanco y compré un montón de cigarros y cigarrillos. Luego fuimos a un café y pedimos una taza de té, el primer té con leche fresca que habíamos tomado en varios meses. Pasaron varios días hasta que logré acostumbrarme a la idea de que se podían comprar cigarrillos en cualquier sitio. Siempre esperaba encontrar la puerta del estanco cerrada y el cartel de *No hay tabaco* en el escaparate.

McNair y Cottman iban a ir a París. Mi mujer y yo nos apeamos del tren en Banyuls, la primera estación de la vía férrea, con la intención de descansar un poco. No fuimos demasiado bien recibidos. Cuando se enteraban de que veníamos de Barcelona siempre se repetía la misma conversación.

—¿Vienen ustedes de España? ¿En qué bando combatían? ¿Por el gobierno? ¡Oh!

Y luego una notable frialdad. Aquel pueblecito era claramente partidario de Franco, sin duda por los muchos refugiados fascistas que habían ido a parar allí. El camarero del café donde íbamos con frecuencia era un español franquista que me miraba con mala cara mientras me servía el aperitivo. En Perpiñán las cosas fueron muy diferentes, pues allí había numerosos partidarios del gobierno, y las distintas facciones conspiraban unas contra otras casi igual que en Barcelona. Había un café donde la palabra «POUM» te procuraba casi de inmediato amigos franceses y sonrisas del camarero.

Si no me equivoco, pasamos tres días en Banyuls. Fue una época de notable inquietud. Deberíamos habernos sentido aliviados y agradecidos de estar en aquel tranquilo pueblo de pescadores, lejos de las bombas, las ametralladoras, las colas para comprar comida, la propaganda y las intrigas, pero no fue así. Lo que habíamos vivido en España no se desvaneció de nuestra memoria en proporción a la distancia, sino que parecía más presente que nunca. Pensábamos, hablábamos y soñábamos constantemente con España. Llevábamos meses diciéndonos que cuando «saliéramos de España» iríamos a algún lugar junto al Mediterráneo, descansaríamos unos días y tal vez iríamos a pescar; pero ahora que habíamos salido, nos parecía aburrido y decepcionante. Hacía mucho frío, el viento no paraba de soplar, el mar estaba revuelto y gris, y en el puerto una espuma de ceniza, corchos y tripas de pescado se estrellaba una y otra vez contra el muelle. Parecerá una locura, pero lo único que deseábamos era volver a España. Aunque no habríamos ayudado a nadie y hubiera sido muy peligroso, ambos deseábamos habernos quedado y que nos hubiesen encerrado con los demás. Supongo que solo hasta cierto punto he logrado transmitir lo que supusieron para mí esos meses que pasé en España. He narrado algunos sucesos pero no puedo explicar la huella que dejaron en mí. Está mezclado de imágenes, olores y sonidos que no pueden reproducirse por escrito: el olor de las trincheras; los amaneceres en las montañas que se divisaban a gran distancia; el gélido chasquido de las balas; el rugido y el resplandor de las bombas; la luz clara y fría de las mañanas barcelonesas, y el ruido de las botas en el patio del cuartel allá por diciembre, cuando la gente aún creía en la revolución; y las colas para comprar comida; las banderas negras y rojas, y las caras de los milicianos españoles, sobre todo sus caras, hombres a quienes conocí en el frente y que ahora estarán Dios sabe dónde, unos muertos en combate, otros mutilados, algunos en la cárcel y la mayoría, espero, sanos y salvos. Les deseo buena suerte a todos, espero que ganen la guerra y echen a todos los extranjeros, alemanes, rusos e italianos, de España. Esta guerra, en la que desempeñé un papel tan irrelevante, me ha dejado sobre todo malos recuerdos, y sin embargo no me hubiera gustado perdérmela. Cuando se asiste a un desastre semejante —e independientemente de quién salga victorioso, estoy convencido de que la guerra de España demostrará haber sido un desastre terrible más allá de los heridos y los muertos—, no hay por qué acabar sumido en la desilusión y el cinismo. Es curioso, pero estas vivencias no han disminuido sino aumentado mi fe en la decencia del ser humano. Y confío en que esta narración no sea engañosa. Creo que en un asunto así es imposible ser totalmente sincero. Es muy difícil estar seguro de nada que uno no haya visto con sus propios ojos, y, ya sea consciente o inconscientemente, todo el mundo escribe con parcialidad. Por si no lo he dicho antes, lo advierto ahora: cuidado con mi parcialidad, mis errores y la inevitable distorsión causada por haber presenciado solo parte de los acontecimientos. Y lo mismo digo respecto a cualquier otro libro sobre esta época de la guerra de España.

Embargados por la sensación de que debíamos hacer algo aunque no había nada que pudiéramos hacer, nos fuimos de Banyuls antes de lo que teníamos pensado. A cada kilómetro que avanzábamos hacia el norte, Francia se volvía más verde y delicada. Nos alejábamos de las montañas y las viñas, y volvíamos a los prados y los olmos. Cuando pasé por París camino de España, me había parecido triste y decadente, muy distinto del París que había conocido ocho años antes, cuando la vida era barata y nadie había oído hablar de Hitler. La mitad de los cafés que frecuentaba entonces habían cerrado por falta de clientes, y todo el mundo estaba obsesionado con el coste de la vida y el miedo a la guerra. Ahora, después de la depauperada España, incluso París me pareció próspera y alegre. Y la Exposición Universal estaba en su apogeo, aunque nos las arreglamos para no visitarla.

Y luego Inglaterra, el sur de Inglaterra, probablemente el paisaje más apacible del mundo. Al recorrerlo, sobre todo cuando uno está recuperándose del mareo apoyado en los cómodos cojines del coche cama, es muy difícil creer que esté pasando algo en alguna parte. ¿Terremotos en Japón, hambrunas en China, revoluciones en México? No pasa nada; la leche seguirá estando en la puerta mañana y el *New Statesman* se publicará el viernes. Las ciudades industriales están lejos, como una mancha de humo y pobreza oculta por la curvatura de la superficie de la Tierra. Aquella seguía siendo la Inglaterra que había conocido en mi infancia: las zanjas del ferrocarril cubiertas de flores silvestres, los prados donde pastan y meditan caballos relucientes, los lentos arroyos bordeados de sauces, el verde regazo de los olmos, las alondras en el jardín de las casas, y luego la enorme y pacífica extensión de las afueras de Londres, las barcazas en el río fangoso, las calles familiares, los carteles informando de partidos de críquet y bodas reales, los hombres con sombrero hongo, las palomas en Trafalgar Square, los autobuses rojos, los policías de azul... Todos sumidos en el profundo sueño de Inglaterra, del que temo que no despertaremos hasta que nos obligue a hacerlo el estruendo de las bombas.

Apéndice I

Antiguo capítulo 5 de la primera edición, ubicado entre los capítulos 4 y 5 de esta edición.

Al principio había pasado por alto el aspecto político de la guerra y solo entonces empecé a prestarle atención. Quien no esté interesado en los horrores de la política de partidos puede saltarse este capítulo; he procurado exponer los aspectos políticos de la narración en un capítulo aparte precisamente por eso. Pero lo cierto es que sería casi imposible hablar de la guerra de España desde un punto de vista puramente militar. Era, por encima de todo, una guerra política. No hay un solo acontecimiento, al menos de los ocurridos durante el primer año, que pueda entenderse si no se conocen, aunque sea por encima, las luchas entre partidos que tenían lugar detrás de las líneas del bando gubernamental.

Cuando llegué a España, y hasta pasado un tiempo, no solo no me interesé por la situación política, sino que ni siquiera fui consciente de ella. Sabía que había una guerra, pero no tenía ni idea de qué tipo de guerra era. Si me hubiesen preguntado por qué me había alistado en la milicia, habría respondido: «Para combatir al fascismo», y si me hubieran preguntado por qué luchaba, habría respondido: «Por la honradez más elemental». Había aceptado la versión del *News Chronicle* y del *New Statesman* de que era una gue-

rra para defender la civilización contra un descabellado levantamiento de una caterva de coroneles reaccionarios a sueldo de Hitler. El ambiente revolucionario de Barcelona me atrajo muchísimo,
pero no traté de comprenderlo. En cuanto al caleidoscopio de partidos políticos y sindicatos con sus farragosos nombres —PSUC,
POUM, FAI, CNT, UGT, JCI, JSU, AIT—, sencillamente me sacaba
de quicio. A primera vista, era como si España sufriera una plaga de
siglas. Sabía que estaba sirviendo en algo llamado POUM (si me
alisté en su milicia y no en cualquier otra fue solo porque llegué a
Barcelona con los papeles del ILP), pero no reparé en que había
enormes diferencias entre los partidos políticos. En Monte Pocero,
cuando me indicaron la posición que había a nuestra izquierda y me
dijeron: «Esos son los socialistas» (refiriéndose al PSUC), me quedé
perplejo y pregunté: «¿Acaso no lo somos todos?», pues me parecía
absurdo que gente que estaba luchando por sus vidas perteneciera a
partidos políticos diferentes; mi punto de vista era: ¿por qué no dejarse de pamplinas políticas y concentrarse en la guerra? Ese, por supuesto, era el punto de vista «antifascista» oficial que los periódicos
ingleses habían tenido mucho cuidado en propagar, sobre todo para
impedir que la gente comprendiera la verdadera naturaleza de la lucha. Pero en España, y sobre todo en Cataluña, era una actitud que
nadie podía mantener indefinidamente. Todo el mundo, aunque
fuese a regañadientes, terminaba tomando partido antes o después.
Pues, aunque te trajeran sin cuidado los partidos políticos y sus disputas, saltaba a la vista que tu destino tenía que ver con ellos. Como
miliciano eras un soldado que luchaba contra Franco, pero también
un peón en la lucha despiadada entre dos teorías políticas. Todo lo
que me ocurrió cuando buscaba leña en la falda de la montaña y me
preguntaba si aquello era verdaderamente una guerra o un montaje
del *News Chronicle*, cuando me ponía a cubierto del fuego de ametralladora durante los combates de Barcelona, o cuando finalmente
huí de España con la policía pisándome los talones, me sucedió por-

que estaba sirviendo en la milicia del POUM y no en la del PSUC.
¡Así de grande es la diferencia entre esas dos iniciales!

Para entender la distribución de fuerzas en el bando gubernamental es preciso recordar cómo empezó la guerra. Cuando se ini-
ciaron los combates el 18 de julio, es probable que todos los antifascistas de Europa sintieran un escalofrío de esperanza. Por fin
había una democracia capaz de plantarle cara al fascismo. Desde
hacía años, los países supuestamente democráticos se habían rendido ante el fascismo en todas partes. Se había permitido a los japo-
neses hacer lo que quisieron en Manchuria. Hitler había llegado al
poder y había liquidado a todos sus oponentes políticos. Mussolini
había bombardeado a los abisinios mientras cincuenta y tres nacio-
nes (creo que eran cincuenta y tres) miraban piadosamente hacia
otro lado. Pero cuando Franco trató de derrocar a un gobierno
moderado de izquierdas, el pueblo español, contra todo pronóstico, se levantó en armas contra él. Dio la impresión de ser —y probablemente lo fuese— un cambio de tendencia.

Pero había muchos detalles que casi todos pasaron por alto.
Para empezar, Franco no era estrictamente comparable a Hitler o
Mussolini. Su alzamiento era un motín militar apoyado por la aristocracia y la Iglesia, y, sobre todo al principio, era una intentona no
tanto de imponer el fascismo como de restaurar el feudalismo. Eso
significaba que Franco tenía contra él no solo a las clases trabajadoras, sino también a una parte de la burguesía liberal, justo quienes
apoyan al fascismo cuando se presenta en su versión más moderna.
Más importante aún fue que las clases trabajadoras españolas no se
opusieron a Franco, como podrían hacerlo en Inglaterra, en nombre de la «democracia» y el *statu quo*; su resistencia vino acompañada de un estallido revolucionario, y casi podría decirse que consistió en eso. Los campesinos confiscaron las tierras; muchas
fábricas y la mayoría de los medios de transporte acabaron en manos de los sindicatos: se saquearon las iglesias y se expulsó o asesi-

nó a los curas. El *Daily Mail*, entre los vítores del clero católico, pudo presentar a Franco como un patriota que defendía a su país de las violentas hordas de los «rojos».

En los primeros momentos de la guerra, quien de verdad se enfrentó a Franco no fue tanto el gobierno como los sindicatos. Nada más producirse el levantamiento, los trabajadores organizados de las ciudades respondieron convocando una huelga general y exigiendo —y consiguiendo— el reparto de armas de los arsenales públicos. Si no hubieran actuado de manera espontánea y más o menos independiente, es muy probable que Franco no hubiese encontrado resistencia. Por supuesto, es imposible saberlo con seguridad, pero al menos hay motivos para pensarlo. El gobierno apenas hizo el menor intento por impedir un alzamiento que se veía venir desde hacía tiempo, y cuando empezaron los problemas se mostró débil y dubitativo, tanto que en un solo día hubo tres presidentes del gobierno.[1] Además, el único paso que podía resolver aquella situación, el reparto de armas entre los trabajadores, se dio a regañadientes y en respuesta a un violento clamor popular. No obstante, las armas fueron repartidas y en las grandes ciudades del este de España se derrotó a los fascistas mediante un esfuerzo enorme, sobre todo de las clases trabajadoras, ayudadas por parte de las fuerzas armadas (guardias de asalto, etcétera) que se mantuvieron leales. Un esfuerzo que probablemente solo podría haber hecho gente que combatía con un propósito revolucionario, es decir, que estaba convencida de estar luchando por algo mejor que el *statu quo*. En los sitios donde estalló la revuelta, se cree que en las calles murieron tres mil personas en un solo día. Hombres y mujeres con cartuchos de dinamita corrieron por las plazas, asaltaron edificios de piedra defendidos por soldados bien adiestrados y armados con

---

1. Quiroga, Barrio y Giral. Los dos primeros se negaron a entregar armas a los sindicatos.

fusiles, y destruyeron los nidos de ametralladora que los fascistas habían instalado en puntos estratégicos lanzando contra ellos taxis a más de ciento veinte kilómetros por hora. Incluso aunque uno no hubiera oído hablar de la confiscación de las tierras por los campesinos, del establecimiento de sóviets locales, etcétera, sería difícil creer que los anarquistas y socialistas que estaban ofreciendo aquella resistencia lo hacían para defender la democracia capitalista, que, sobre todo desde el punto de vista anarquista, no era sino una maquinaria centralizada de explotación.

Entretanto, los trabajadores habían conseguido armas y se negaron a devolverlas. (Incluso un año después se calculaba que los anarcosindicalistas catalanes tenían en su poder más de treinta mil fusiles.) Los campesinos confiscaron en muchos sitios las fincas de los grandes terratenientes pro fascistas. Además de la colectivización de la industria y del transporte, se produjo un intento de establecer un rudimentario gobierno de los trabajadores mediante la creación de comités locales, patrullas de trabajadores para reemplazar a las antiguas fuerzas policiales pro capitalistas, milicias de trabajadores basadas en los sindicatos y demás. Por supuesto, el proceso no fue uniforme, y en Cataluña llegó más lejos que en ninguna otra parte. Hubo zonas donde las instituciones de los gobiernos locales quedaron casi intactas y otras donde coexistieron con los comités revolucionarios. En varios sitios se crearon comunas anarquistas independientes, y algunas duraron hasta un año después, cuando el gobierno las suprimió por la fuerza. En Cataluña, y durante los primeros meses, el verdadero poder estuvo en manos de los anarcosindicalistas, que controlaban la mayoría de las industrias clave. Lo que había sucedido en España no era solo una guerra civil, sino el inicio de una revolución. Esto es lo que la prensa antifascista extranjera ha tratado de ocultar, reduciéndolo todo a una cuestión de «fascismo contra democracia» y pasando por alto en lo posible el aspecto revolucionario. En Inglaterra, donde la prensa está más centralizada y la opinión pública es más fácil de manipular que en ninguna otra parte, solo se ha dado publicidad a dos versiones de la guerra de España: la versión de la derecha de unos patriotas cristianos enfrentados a unos bolcheviques con las manos manchadas de sangre, y la de la izquierda de unos caballerosos republicanos aplastando una revuelta militar. La cuestión clave se ha ocultado con éxito.

Había varias razones para hacerlo. Para empezar, las terribles mentiras sobre las atrocidades cometidas en el bando republicano que la prensa pro fascista ha hecho circular y el hecho de que los propagandistas bienintencionados creyeran ayudar al gobierno español negando que España se hubiera «pasado a los rojos». Pero la principal razón fue que, salvo los grupúsculos revolucionarios que hay en todos los países, el mundo entero estaba decidido a impedir que se produjera una revolución en España. En particular el partido comunista, apoyado por la Rusia soviética, se había propuesto combatir la revolución. La tesis comunista era que en ese momento la revolución sería un desastre y que lo que hacía falta en España no era que los trabajadores tomaran el poder, sino el establecimiento de una democracia burguesa. No hace falta decir que el capitalismo liberal compartía esa opinión. Había mucho capital extranjero invertido en España. La Barcelona Traction Company, por ejemplo, suponía diez millones de capital británico, y los sindicatos habían colectivizado el transporte en Cataluña. Si la revolución seguía adelante, recibirían una escasa o nula compensación, mientras que si prevalecía la república capitalista, las inversiones extranjeras seguirían a salvo. Y, puesto que había que aplastar la revolución, lo mejor era fingir que no se había producido. De ese modo podía falsearse el significado de los acontecimientos; cualquier transferencia de poder de los sindicatos al gobierno central podía ser descrita como un paso necesario para la reorganización militar. La situación producida fue muy curiosa. Fuera de España, muy poca gente cayó en la cuenta de que se había producido una revolución, mientras que dentro nadie lo dudaba. Incluso los periódicos del PSUC, controlados por los comunistas y más o menos antirrevolucionarios, hablaban de «nuestra gloriosa revolución». Y, mientras tanto, la prensa comunista de los países extranjeros pregonaba que no había el menor indicio de que se hubiese producido una revolución y que no se había producido ni la colectivización de las fábricas ni el establecimiento de comités de trabajadores, o que, en todo caso, no «tenían relevancia política». Según el *Daily Worker* (6 de agosto de 1936), quienes decían que en España la gente estaba luchando por la revolución social, o por cualquier otra cosa que no fuese la democracia burguesa, no eran más que un «hatajo de mentirosos y sinvergüenzas». Por otro lado, Juan López, miembro del gobierno de Valencia, declaró en junio de 1937 que «el pueblo español está derramando su sangre no por la república democrática y una Constitución que no era más que papel mojado, sino por … una revolución». De manera que el hatajo de mentirosos y sinvergüenzas parecía incluir a miembros del gobierno por el que se nos pedía que lucháramos. Algunos de los periódicos antifascistas extranjeros incluso se rebajaron a publicar la mentira piadosa de que las iglesias solo habían sido atacadas cuando se utilizaban como fortalezas fascistas. Lo cierto es que las iglesias se saquearon en todas partes porque todo el mundo daba por sentado que la Iglesia española formaba parte de la engañifa capitalista. En los seis meses que pasé en España solo vi dos iglesias intactas, y excepto a un par de iglesias protestantes en Madrid, hasta julio de 1937 no se permitió que ninguna iglesia abriera sus puertas y celebrase misa.

Sin embargo, después de todo, solo era el comienzo de una revolución, no una revolución completa. Incluso cuando los trabajadores, sin duda en Cataluña y posiblemente en todas partes, tuvieron el poder para hacerlo, no derrocaron ni reemplazaron al gobierno. Es evidente que no podían hacerlo con Franco llaman-

do a la puerta y con parte de la clase media de su lado. El país atravesaba una etapa de transición que podía derivar hacia el socialismo o hacia una república capitalista convencional. Los campesinos
tenían casi todas las tierras y parecía probable que las conservaran
si Franco no ganaba la guerra; todas las industrias de relevancia habían sido colectivizadas, pero que siguieran estándolo o no depen-
dería de qué grupo conservara el poder. Al principio, tanto el gobierno central como la Generalidad de Cataluña (el gobierno
catalán semiautónomo) representaban a las clases trabajadoras. El
gobierno estaba encabezado por Largo Caballero, un socialista de
izquierdas, e incluía a ministros que representaban a la UGT (el
sindicato socialista) y la CNT (el sindicato controlado por los anarquistas). Al principio, la Generalidad catalana se vio reemplazada
por un comité de defensa antifascista,[2] integrado principalmente por delegados sindicales. Luego el comité de defensa se disolvió
y la Generalidad se reconstituyó para representar a los sindicatos y
a los diversos partidos de izquierdas. Pero cada reorganización del
gobierno supuso un paso hacia la derecha. Primero se expulsó al
POUM de la Generalidad; seis meses después, Negrín, un socialista de derechas, sustituyó a Largo Caballero; al poco tiempo se eli-
minó del gobierno a la CNT; luego a la UGT; luego se expulsó a la
CNT de la Generalidad, y finalmente, al cabo de un año del estallido de la guerra y la revolución, quedó un gobierno formado solo
por socialistas de derechas, liberales y comunistas.

Este giro a la derecha data de los meses de octubre y noviembre
de 1936, cuando la URSS empezó a suministrar armas al gobierno
y el poder fue pasando de los anarquistas a los comunistas. Excepto

2. El Comité Central de Milicias Antifascistas, cuyos delegados se elegían
en proporción a los miembros de sus organizaciones. Nueve delegados representaban a los sindicatos, tres a los partidos liberales catalanes y dos, a los diversos partidos marxistas (el POUM, los comunistas y otros).

Rusia y México, ningún país había tenido la decencia de acudir al rescate del gobierno y, por razones evidentes, México no podía enviar armas en grandes cantidades. Así que los rusos podían dictar sus condiciones. No caben muchas dudas acerca de cuáles fueron dichas condiciones, en esencia «si queréis armas, poned freno a la revolución», ni de que el primer movimiento contra los elementos revolucionarios, la expulsión del POUM de la Generalidad catalana, se llevó a cabo por orden de la URSS. Se ha negado que el gobierno ruso ejerciera directamente presión alguna, pero eso es totalmente irrelevante, pues los partidos comunistas de todos los países se encargan de llevar a cabo la política de Rusia y nadie ha negado nunca que el Partido Comunista fuese el principal responsable de las medidas tomadas contra el POUM, contra los anarquistas, contra la facción socialista de Largo Caballero y, en general, contra la política revolucionaria. Desde el momento en que se produjo la intervención de la URSS, el triunfo del partido comunista estaba garantizado. En primer lugar, la gratitud por las armas y el hecho de que el partido comunista, sobre todo desde la llegada de las Brigadas Internacionales, diera la impresión de poder ganar la guerra, acrecentaron inmensamente el prestigio de los comunistas. En segundo lugar, las armas rusas se suministraron a través del partido comunista y sus aliados, que se aseguraron de que sus oponentes políticos recibieran el menor número posible.[3] Y, en tercero, al adoptar una política no revolucionaria, los comunistas se aseguraron el apoyo de aquellos a quienes los extremistas habían asustado. Era fácil, por ejemplo, agitar a los campesinos ricos en contra de la política de colectivización de los anarquistas. El número de miem-

3. Por eso había tan pocas armas rusas en el frente de Aragón, donde las tropas eran principalmente anarquistas. Hasta abril de 1937, la única arma rusa que vi —salvo algunos aviones que lo mismo podían ser rusos o no— fue un fusil ametrallador.

bros del partido aumentó enormemente, y muchos de los nuevos
miembros procedían de la clase media (tenderos, funcionarios, oficiales del ejército, campesinos acomodados, etcétera, etcétera). La
guerra fue en esencia un combate a tres bandas. La lucha contra
Franco tenía que continuar, pero al mismo tiempo el objetivo del
gobierno era recuperar el poder, que aún seguía en manos de los
sindicatos. Lo hizo mediante una serie de pequeños movimientos
—una política de puñeterías, como la llamó alguien— y también
con una notable dosis de astucia. No recurrió a ninguna medida
contrarrevolucionaria general y, hasta mayo de 1937, apenas tuvo
que emplear la fuerza. Siempre se podía meter en cintura a los trabajadores con un argumento tan obvio que no vale la pena repetirlo: «Si no hacéis esto, aquello y lo de más allá, perderemos la guerra». Tampoco hace falta decir que, en todos los casos, resultaba
que lo que exigían las necesidades militares era prescindir de alguno de los logros conseguidos por los trabajadores en 1936. Pero el
razonamiento no fallaba nunca, porque lo último que querían los
partidos revolucionarios era perder la guerra; si eso sucedía, *democracia*, *revolución*, *socialismo* y *anarquismo* se convertirían en palabras
sin sentido. Los anarquistas, el único partido revolucionario lo bastante grande para tener importancia, se vieron obligados a ceder
una y otra vez. Se detuvo el proceso de colectivización, se elimi-
naron los comités locales, se abolieron las patrullas de trabajadores, volvieron a instaurarse, fuertemente armadas, las fuerzas policiales de antes de la guerra, varias industrias clave que habían
estado bajo el control de los sindicatos pasaron a manos del gobierno (la toma del edificio de la Telefónica en Barcelona fue un
incidente más en dicho proceso) y, por último pero lo más importante, las milicias de trabajadores se fueron disolviendo paulatina-
mente e incorporándose al nuevo Ejército Popular, un ejército
«apolítico» organizado según directrices más o menos burguesas,
con pagas diferentes, una casta privilegiada de oficiales, etcétera,

etcétera. Dadas las circunstancias, fue un paso decisivo; en Cataluña ocurrió más tarde que en ninguna otra parte porque allí los partidos revolucionarios eran más fuertes. Obviamente, la única forma que tenían los trabajadores de conservar lo que habían conquistado era mantener las fuerzas armadas bajo su control. Como de costumbre, la disolución de las milicias se hizo en nombre de la eficacia militar, y aunque nadie negaba que hacía falta una reorganización militar general, se habría podido reorganizar a las milicias y hacerlas más eficientes dejándolas bajo el control directo de los sindicatos; el principal propósito del cambio fue asegurarse de que los anarquistas no tuvieran un ejército propio. Además, el espíritu democrático de las milicias las convertía en un caldo de cultivo para las ideas revolucionarias. Los comunistas eran conscientes de ello y lanzaban constantes y amargas invectivas contra el principio defendido por el POUM y los anarquistas de equiparar los sueldos para todos los rangos. Se produjeron un aburguesamiento generalizado y una destrucción premeditada del espíritu igualitario de los primeros meses de la guerra. Y ello ocurrió tan deprisa que quienes visitaron España con unos pocos meses de diferencia afirmaban que no parecía el mismo país; lo que superficialmente y por un breve período dio la impresión de ser un Estado obrero, se convirtió ante sus ojos en una república burguesa normal y corriente, con la habitual división entre ricos y pobres. En otoño de 1937, el supuesto socialista Negrín declaraba en sus discursos públicos que «respetamos la propiedad privada», y varios miembros de las Cortes que al principio de la guerra habían tenido que huir del país porque se sospechaba que simpatizaban con los fascistas, estaban volviendo a España.

Es fácil comprender todo el proceso si se tiene presente que su origen arranca de la alianza temporal que el fascismo impone en ocasiones a la burguesía y los trabajadores. Dicha coalición, conocida como Frente Popular, es en esencia una alianza entre enemigos, y lo más probable es que uno de los aliados acabe devorando al otro. El único rasgo imprevisto en la situación española —y que ha causado un sinfín de malentendidos fuera de España— es que, entre los partidos del bando gubernamental, los comunistas no eran la extrema izquierda sino la extrema derecha. En realidad, eso no debería extrañarnos, porque en todas partes, y sobre todo en Francia, las tácticas del partido comunista han dejado claro que el comunismo es, al menos de momento, una fuerza antirrevolucionaria. Toda la política del Komintern está subordinada hoy (lógicamente, si se tiene en cuenta la situación mundial) a la defensa de la URSS, que depende de un sistema de alianzas militares. En particular, la URSS está aliada con Francia, un país capitalista e imperialista. Y esa alianza no le resulta útil a menos que el capitalismo francés goce de buena salud, por lo que la política de los comunistas en Francia debe ser antirrevolucionaria. Eso significa no solo que los comunistas franceses desfilan con la bandera tricolor y cantando «La marsellesa», sino, lo que es más importante, que también han tenido que renunciar a todas sus campañas de agitación en las colonias. No hace ni tres años que Thorez, el secretario general del partido comunista Francés, afirmó que los trabajadores franceses no combatirían jamás contra sus camaradas alemanes;[4] hoy es uno de los chovinistas más virulentos de Francia. La clave del comportamiento del Partido Comunista en cualquier país es la relación militar, real o potencial, de dicho país con la URSS. En Inglaterra, por ejemplo, dicha relación todavía es incierta, y por eso el Partido Comunista Inglés se opone al gobierno y al rearme. No obstante, si Gran Bretaña llegara a un acuerdo o a un entendimiento militar con la URSS, los comunistas ingleses, como los franceses, no tendrían otro remedio que convertirse en buenos patriotas y en imperialistas, tal como parecen señalar algu-

4. En la Asamblea Nacional, en marzo de 1935.

nos indicios. En España, no cabe duda de que la «línea» seguida por los comunistas se vio influida por el hecho de que Francia, el aliado de Rusia, se oponía a que se produjese una revolución en el país vecino y hubiera removido cielo y tierra para impedir la liberación del Marruecos español. El *Daily Mail* se equivocó aún más de lo habitual con sus mentiras sobre la revolución roja financiada por Moscú, pues, en realidad, quienes más se opusieron a la revolución en España fueron los comunistas. Y luego, cuando las fuerzas derechistas tomaron el poder, los comunistas se mostraron mucho más implacables que los propios liberales en la persecución de los dirigentes revolucionarios.[5]

He querido bosquejar el curso general de la revolución española durante su primer año, porque así es más fácil entender la situación en un momento dado. Sin embargo, no pretendo dar a entender que en febrero tuviese las mismas opiniones que he expuesto más arriba. Para empezar, los sucesos que acabaron de abrirme los ojos no habían ocurrido todavía, y en cualquier caso mis simpatías de entonces no eran las mismas que ahora; en parte porque el aspecto político de la guerra me aburría, arremetí, como es natural, contra la opinión que tenía más próxima (es decir, la del POUM y el ILP). Los ingleses con quienes estaba eran casi todos miembros del ILP, aunque algunos eran del Partido Comunista, y casi todos tenían mucha mejor formación política que yo. Semanas enteras, durante aquel aburrido período en que apenas sucedió nada en los alrededores de Huesca, me vi inmerso en interminables discusiones políticas. Las líneas del partido se discutían una y otra vez en el maloliente y ventoso granero de la granja donde estábamos acantonados, en la oscuridad opresiva de los refugios y detrás del parape-

---

5. La mejor descripción de las relaciones entre los partidos del bando gubernamental es la que hizo Franz Borkenau en *El reñidero español*, con mucho el mejor libro publicado hasta el momento sobre la guerra de España.

to con el gélido aire de la madrugada. Los españoles hacían lo mismo, y casi todos los periódicos publicaban en primera plana las disputas entre partidos. Habría tenido que ser sordo o imbécil para no hacerme una idea de lo que defendía cada uno de ellos.

Desde el punto de vista de la teoría política, solo había tres partidos de importancia, el PSUC, el POUM y la CNT-FAI, al que todo el mundo llamaba «los anarquistas». Empezaré por el PSUC por ser el más importante; fue el que salió triunfante y ya entonces se notaba que empezaba a adquirir predominio.

Conviene aclarar que, al hablar de la línea del PSUC, nos referimos en realidad a la línea del partido comunista. El PSUC (Partido Socialista Unificado de Cataluña) era el partido socialista de Cataluña y se había formado al principio de la guerra mediante la fusión de varios partidos marxistas, incluido el Partido Comunista Catalán, pero estaba ya bajo el control comunista y afiliado a la Tercera Internacional. En ningún otro sitio de España se había producido la unificación entre socialistas y comunistas, aunque el punto de vista comunista y el de los socialistas de derechas eran prácticamente idénticos. A grandes rasgos, el PSUC era el órgano político de la UGT (la Unión General de Trabajadores), el sindicato socialista, que tenía cerca de un millón y medio de afiliados en toda España. En él había muchos trabajadores manuales, pero desde el inicio de la guerra había aumentado mucho el número de afiliados de clase media, pues en los primeros días de la revolución la gente había creído útil afiliarse a la UGT o la CNT. Ambos sindicatos coincidían en parte, aunque la CNT era más claramente obrera. Así, el PSUC era tanto un partido de obreros como de la pequeña burguesía, tenderos, funcionarios y campesinos acomodados.

La línea del PSUC, que la prensa comunista y procomunista de todo el mundo proclamaba a los cuatro vientos era aproximadamente la siguiente: «De momento, lo único importante es ganar la guerra; sin la victoria, todo lo demás carece de sentido. Por tanto, ahora no conviene seguir adelante con la revolución. No podemos granjearnos la enemistad de los campesinos al imponerles la colectivización ni atemorizar a las clases medias que combaten a nuestro lado. Por encima de todo y en nombre de la eficacia, debemos acabar con el caos revolucionario. Necesitamos un gobierno central fuerte que sustituya a los comités locales, y un ejército bien adiestrado bajo un mando único. Aferrarse a las parcelas de poder de los trabajadores y cacarear consignas revolucionarias no solo es inútil y obstruccionista sino también contrarrevolucionario, porque conduce a divisiones que los fascistas podrían utilizar contra nosotros. En este momento no estamos combatiendo por la dictadura del proletariado, sino por la democracia parlamentaria. Quien intente convertir la Guerra Civil en una revolución social estará haciéndole el juego a los fascistas, y tanto por sus actos como tal vez por sus intenciones puede considerársele un traidor».

La línea del POUM era totalmente opuesta excepto, claro, en lo de la importancia que tenía ganar la guerra. El POUM (Partido Obrero de Unificación Marxista) era uno de esos partidos comunistas disidentes que han aparecido en los últimos años en muchos países como resultado de la oposición al estalinismo; es decir, al cambio, real o aparente, de la política comunista. Lo integraban en parte ex comunistas y en parte miembros de otro partido, el Bloque Obrero y Campesino. Numéricamente era un partido pequeño,[6] sin demasiada influencia fuera de Cataluña, y su importancia se debía sobre todo a que sus afiliados tenían mucha conciencia política. Su principal plaza fuerte en Cataluña era Lérida. No repre-

6. Según el POUM, el número de sus afiliados en julio de 1936 era de 10.000; en diciembre de 1936, de 70.000, y en junio de 1937 de 40.000. No obstante, una estimación hecha por otras fuentes probablemente dividiría por cuatro estos números. Lo único que puede decirse con seguridad de los partidos políticos españoles es que todos hinchan sus cifras.

sentaba a ningún sindicato. La mayoría de los milicianos del POUM eran de la CNT, pero los militantes con carnet por lo general estaban afiliados a la UGT. No obstante, el único sindicato en el que el POUM tenía cierta influencia era la CNT. La línea del POUM era aproximadamente la siguiente: «No tiene sentido enfrentarse al capitalismo mediante la democracia burguesa. Eso no es sino otro nombre del capitalismo; combatir el fascismo en nombre de la democracia equivale a combatir una forma de capitalismo en nombre de otra que podría convertirse en la primera en cualquier momento. La única alternativa real al fascismo es que el poder esté en manos de los trabajadores. Si nos fijamos cualquier otro objetivo, estaremos entregándole la victoria a Franco o, en el mejor de los casos, abriendo la puerta a otra forma de fascismo. Por tanto, los trabajadores deben defender con uñas y dientes todo lo que han conseguido; si ceden lo más mínimo al gobierno semiburgués, pueden estar seguros de que acabará engañándolos. Es necesario conservar las milicias de trabajadores y las fuerzas policiales tal como están ahora y resistirse a cualquier intento de aburguesarlas. Si los trabajadores no controlan las fuerzas armadas, las fuerzas armadas controlarán a los trabajadores. La guerra y la revolución son inseparables».

El punto de vista de los anarquistas es más difícil de explicar. En cualquier caso, el término *anarquistas* se utiliza para referirse a una multitud de personas de opiniones muy diferentes. El enorme bloque sindical de la CNT (Confederación Nacional del Trabajo), con cerca de dos millones de afiliados en total, tenía como órgano político a la FAI (Federación Anarquista Ibérica), una auténtica organización anarquista. Pero ni siquiera los miembros de la FAI, aunque estuvieran influidos, como casi todos los españoles, por la filosofía anarquista, eran necesariamente anarquistas en sentido estricto. A partir del inicio de la guerra habían derivado hacia el socialismo, porque las circunstancias los habían obligado a participar en la administración centralizada e incluso a incumplir todos sus principios al entrar a formar parte del gobierno. No obstante, discrepaban de los comunistas, al igual que el POUM, en que su objetivo no era la democracia parlamentaria, sino que el poder pasara a manos de los obreros. Daban por buena la consigna del POUM según la cual «la guerra y la revolución son inseparables», pero no eran tan dogmáticos. A grandes rasgos, la CNT-FAI propugnaba: 1) el control directo de las industrias por los obreros que trabajaban en ellas, por ejemplo los transportes, las fábricas textiles y demás; 2) un gobierno mediante comités locales que se opusiera a cualquier forma de autoritarismo centralizado, y 3) una guerra abierta contra la burguesía y la Iglesia. Este último punto, pese a ser el menos preciso, era el más importante de todos. Los anarquistas se distinguían de los demás supuestos revolucionarios en que, aunque sus principios políticos eran más bien vagos, su odio por cualquier forma de privilegio e injusticia era auténtico. Filosóficamente, el comunismo y anarquismo son polos opuestos. En la práctica —es decir, en el modelo social al que ambos aspiran— la diferencia es una mera cuestión de prioridades, aunque totalmente irreconciliable. Los comunistas siempre ponen por delante la eficacia y el centralismo y los anarquistas, la libertad y la igualdad. El anarquismo está profundamente arraigado en España, y es probable que sobreviva al comunismo cuando desaparezca la influencia rusa. Los anarquistas fueron quienes salvaron la situación durante los dos primeros meses de la guerra, y hasta mucho después las milicias anarquistas, a pesar de su indisciplina, se contaron entre los mejores combatientes de las fuerzas integradas solo por españoles. A partir de febrero de 1937, los anarquistas y el POUM casi podían ser metidos en el mismo saco. Si los anarquistas, el POUM y el ala izquierda de los socialistas hubiesen tenido el sentido común de aliarse desde el principio y presionar en pro de una política realista, el curso de la guerra habría sido muy diferente. Pero al princi-

pio, cuando los partidos revolucionarios creían tener la sartén por
el mango, eso era totalmente imposible. Entre los anarquistas y los
socialistas había antiguas rencillas, los del POUM, como buenos
marxistas, desconfiaban de los anarquistas, mientras que, desde el
punto de vista puramente anarquista, el trotskismo del POUM no
era mucho mejor que el estalinismo de los comunistas. En cualquier caso, la táctica de los comunistas sirvió para acercar a los dos
partidos. Cuando el POUM participó en los desastrosos combates
de mayo en Barcelona, lo hizo movido por el instinto de apoyar a
la CNT, y después, cuando se prohibió el POUM, los anarquistas
fueron los únicos que se atrevieron a alzar la voz en su defensa.

A grandes rasgos, la distribución de fuerzas era la siguiente: de
un lado estaban la CNT-FAI, el POUM y una facción de los socialistas, que defendían que el poder siguiera en manos de los trabajadores, y del otro los socialistas de derechas, los liberales y los comunistas, que propugnaban un gobierno centralizado y un ejército
militarizado.

Es fácil comprender que, en esa época, yo prefiriera el punto de
vista comunista al del POUM. Los primeros tenían una política
clara y bien definida que era mucho mejor a ojos del sentido común, que solo atiende al futuro más cercano. Y no cabe duda de
que la política cotidiana del POUM, su propaganda y demás eran
nefastas, de lo contrario habría tenido muchos más partidarios. El
pacto decisivo era que, daba la impresión de que los comunistas seguían con la guerra mientras nosotros y los anarquistas continuá-
bamos sin hacer nada. Al menos es lo que todo el mundo pensaba
en la época. En parte, los comunistas habían ganado poder y un
gran número de miembros apelando a la clase media contra los revolucionarios, y también porque eran los únicos que parecían capaces de ganar la guerra. El armamento ruso y la magnífica defensa de Madrid por tropas al mando de los comunistas los habían
convertido en los héroes de la guerra. Como dijo no sé quién,

cualquier avión ruso que sobrevolaba nuestras ciudades era propaganda comunista. El purismo revolucionario del POUM, aunque tenía su lógica, me parecía más bien fútil. Al fin y al cabo, lo único que de verdad importaba era ganar la guerra.

Entretanto, las enconadas disputas entre partidos proseguían en periódicos, panfletos, libros y carteles. En aquellos días, los periódicos que leía más a menudo eran los del POUM, *La Batalla* y *Adelante*, y sus incesantes críticas contra el PSUC y su política contrarrevolucionaria me parecían aburridas y mojigatas. Luego, cuando leí la prensa comunista y del PSUC con más atención, reparé en que los del POUM eran casi inocentes en comparación con sus adversarios. Por encima de todo, tenían muchas menos oportunidades. A diferencia de los comunistas, no contaban con el menor apoyo de la prensa en el extranjero, y dentro de España estaban claramente en desventaja porque la censura de la prensa estaba mayoritariamente en manos comunistas, lo que significaba que podían secuestrar o multar a los periódicos del POUM si publicaban algo inconveniente. También hay que decir en favor del POUM que, aunque soltaran sermones interminables sobre la revolución y citaran a Lenin *ad nauseam*, no acostumbraban a incurrir en la calumnia, y siempre limitaron sus disputas a los artículos periodísticos. Sus grandes y coloristas carteles, pensados para llegar a más gente (los carteles son muy importantes en España, donde gran parte de la población es analfabeta), no atacaban a los partidos rivales, sino que eran sencillamente antifascistas o revolucionarios en abstracto, igual que las canciones que cantaban los milicianos. Los ataques de los comunistas eran harina de otro costal. Ya hablaré de ello más adelante. De momento, tengo que limitarme a describirlos por encima.

En apariencia, la disputa entre los comunistas y el POUM era una cuestión de estrategia. El POUM apoyaba la revolución inmediata y los comunistas, no. Hasta ahí no hay problema; había argu-

mentos a favor de ambas partes. Además, los comunistas alegaban
que la propaganda del POUM dividía y debilitaba a las fuerzas gubernamentales y que, por tanto, ponía en peligro la guerra; una
vez más, aunque al final no estuviese de acuerdo con ellos, había
que admitir que no les faltaba razón. Tímidamente al principio y
más ruidosamente después, empezaron a insinuar que el POUM
estaba dividiendo a las fuerzas del gobierno no por un error de juicio, sino por un designio deliberado. Afirmaban que el POUM no
era más que un hatajo de fascistas a sueldo de Hitler y Franco que
estaban favoreciendo una política pseudorrevolucionaria con el fin
de ayudar a la causa fascista. El POUM era una organización trotskista y la quinta columna de Franco. Eso implicaba que decenas de
miles de obreros, entre ellos ocho mil o diez mil soldados que estaban helándose en las trincheras del frente y cientos de extranjeros
que habían ido a España a luchar contra el fascismo, sacrificando a
menudo sus medios de vida y su nacionalidad, no eran más que
traidores a sueldo del enemigo. Y eso lo proclamaban en toda España mediante carteles y demás, y lo repetía la prensa comunista y
pro comunista del mundo entero. Si me lo propusiera podría llenar
de citas media docena de libros.

Eso era lo que decían: que éramos trotskistas, fascistas, traidores, asesinos, cobardes, espías y qué sé yo más. Admito que no era
agradable, sobre todo cuando uno pensaba en los responsables de
aquello. Es repugnante ver cómo se llevan en camilla del frente a
un muchacho de quince años con el rostro lívido asomando entre
las mantas y pensar en las elegantes personas en Londres y París
que se dedican a escribir panfletos para demostrar que ese chico es
un fascista disfrazado. Una de las facetas más desagradables de la
guerra es que los gritos, las mentiras y el odio provienen siempre
de personas que no están combatiendo. Los milicianos del PSUC a
quienes conocí en el frente y los comunistas de las Brigadas Internacionales a quienes veía de vez en cuando, jamás me llamaron

trotskista o traidor; de eso se encargaban los periodistas de la retaguardia. Los autores de los panfletos contra nosotros y quienes se
dedicaban a vilipendiarnos en los periódicos estaban a salvo en sus
casas o, en el peor de los casos, en las delegaciones de los periódicos
en Valencia, a cientos de kilómetros de las balas y el barro. Y esa
gente que no estaba combatiendo y que en muchos casos habría salido corriendo antes que disparar un solo tiro, se dedicó no solo a
propagar las calumnias de la lucha entre partidos sino también,
como hace siempre en las guerras, al autobombo, a la exaltación
del heroísmo y a vilipendiar al enemigo. Uno de los efectos peores
que ha tenido esta guerra ha sido convencerme de que la prensa de
izquierdas es tan falsa y poco honrada como la de derechas.[7] Estoy
plenamente convencido de que, por parte de nuestro bando —el
bando gubernamental—, fue una contienda diferente de cualquier
guerra imperialista, pero desde el punto de vista de la propaganda
bélica nadie lo hubiera dicho. Apenas habían empezado los combates cuando los periódicos de izquierdas y de derechas se hundieron
en el mismo pozo negro de mentiras. Todos recordamos el titular
del *Daily Mail* «LOS ROJOS CRUCIFICAN A LAS MONJAS», mientras que
para el *Daily Worker* la Legión Extranjera de Franco estaba «integrada por asesinos, traficantes de esclavos, drogadictos y la peor
gentuza de Europa». Todavía en octubre de 1937, el *New Statesman*
estaba publicando historias de barricadas fascistas hechas con niños
vivos (un material muy poco manejable para la construcción de
barricadas), y el señor Arthur Bryant escribía que «aserrarle las
piernas a los comerciantes conservadores» era una «práctica habitual» en la España republicana. Quienes escriben cosas así nunca

---

7. Quisiera hacer constar la excepción del *Manchester Guardian*. Para escribir este libro he tenido que revisar los archivos de muchos periódicos ingleses.
De los principales, el *Manchester Guardian* es el único que sigue mereciendo mi
respeto por su honradez.

combaten, y tal vez crean que escribirlas es una forma de combatir. Ocurre lo mismo en todas las guerras: los soldados luchan, los
periodistas calumnian y ningún patriota se acerca siquiera a las
trincheras si no es en una visita de propaganda. A veces me con-
suela pensar que los aviones están cambiando las condiciones de la
guerra. Tal vez en la próxima gran guerra veamos algo insólito en
la historia: un patriotero con una herida de bala.

Desde el punto de vista periodístico, esta guerra fue una estafa
como cualquier otra. La diferencia fue que, mientras que los periodistas normalmente reservan sus peores invectivas para el enemigo, en este caso, a medida que fue pasando el tiempo, los comunistas y los del POUM llegaron a escribir con más acritud unos de
otros que de los fascistas. No obstante, en aquella época no me lo
tomé demasiado en serio. Las luchas entre partidos eran desagradables e incluso repugnantes, pero pensé que eran solo una riña
doméstica. No creí que pudieran alterar nada ni que hubiese diferencias verdaderamente irreconciliables. Comprendí que los comunistas y los liberales se habían empeñado en impedir que la revolución siguiera adelante, pero no imaginé que lograsen hacerla
retroceder.

Hay una explicación. Pasé todo ese tiempo en el frente, y allí el
clima político y social no cambió. Me fui de Barcelona a principios
de enero y no volví de permiso hasta finales de abril, y durante
todo ese tiempo —de hecho hasta bastante más tarde—, en la fran-
ja de Aragón controlada por las tropas anarquistas y del POUM
persistieron, al menos exteriormente, las mismas condiciones. El
ambiente revolucionario siguió tal como era al principio. Generales y soldados, campesinos y milicianos seguían tratándose de igual
a igual, todo el mundo cobraba la misma paga, vestía la misma
ropa, comía la misma comida y hablaba a los demás de «tú» y los
llamaba «camaradas»; no había jefes, ni subordinados, ni mendigos,
ni prostitutas, ni abogados, ni curas, ni aduladores, ni saludos mi-

litares. La igualdad se respiraba por todas partes, y fui lo bastante ingenuo de pensar que en el resto de España ocurría lo mismo. No reparé en que, más o menos por casualidad, había ido a parar al grupo más revolucionario de los trabajadores españoles.

Así que cuando mis camaradas más concienciados políticamente me dijeron que no se podía tener una opinión puramente militar sobre la guerra y que había que elegir entre fascismo y revolución, me reí de ellos. En general, compartía la opinión de los comunistas que se resumía en decir: «No tiene sentido hablar de revolución hasta que ganemos la guerra», y no la del POUM, que se reducía a: «Hay que avanzar o retrocederemos». Cuando después decidí que los del POUM tenían razón, o al menos más razón que los comunistas, no fue por una cuestión teórica. Sobre el papel, lo que decían los comunistas no estaba mal, lo malo era que sus actos hacían difícil creer que obrasen de buena fe. La manida consigna «Primero la guerra y luego la revolución», aunque se la creyeran los milicianos del PSUC, que estaban sinceramente convencidos de que la revolución podría continuarse después de ganar la guerra, no era más que un cuento. Lo que pretendían los comunistas no era posponer la revolución española hasta un momento mejor, sino asegurarse de que no ocurriera nunca. Con el paso del tiempo, y a medida que fueron quitando el poder a los obreros y encarcelando a los revolucionarios, estuvo cada vez más claro. Todos los movimientos se llevaban a cabo en nombre de las necesidades militares, porque, por así decirlo, era una buena excusa, pero el efecto era apartar a los obreros de su situación de ventaja y colocarlos en otra en la que, al terminar la guerra, no pudieran oponerse a la reintroducción del capitalismo. Quisiera insistir en que no hablo de los comunistas de base, y menos aún de todos los que murieron heroicamente en la defensa de Madrid. Pero ellos no decidían la política del partido. En cuanto a sus dirigentes, es inconcebible pensar que no supieran lo que hacían.

No obstante, valía la pena ganar la guerra aunque se perdiera la revolución. Pese a todo, al final llegué a dudar de si, a largo plazo, la política comunista conduciría a la victoria. Muy poca gente parece haberse parado a pensar que, en distintos momentos de la guerra, puede ser necesaria una política diferente. Es probable que los anarquistas salvaran la situación durante los primeros dos meses, pero eran incapaces de organizar la resistencia más allá de cierto punto; los comunistas probablemente la salvaron entre octubre y diciembre, pero ganar la guerra era algo muy distinto. En Inglaterra, la política bélica de los comunistas se ha aceptado sin discusión, porque se han publicado muy pocas críticas y porque su línea general —poner fin al caos revolucionario, acelerar la producción y militarizar el ejército— parece realista y eficaz. Vale la pena subrayar su debilidad inherente.

Para contrarrestar cualquier tendencia revolucionaria y hacer que la guerra fuese como cualquier otra, era necesario desperdiciar las oportunidades estratégicas que ya existían. He descrito cómo estábamos armados, o más bien desarmados, en el frente de Aragón. Caben pocas dudas de que las armas fueran retenidas a propósito para que no cayeran en manos de los anarquistas, que tratarían de utilizarlas luego con propósitos revolucionarios; en consecuencia, la gran ofensiva en Aragón, que habría alejado a Franco de Bilbao y posiblemente de Madrid, no llegó a producirse. Pero eso era, comparativamente, una minucia. Lo más importante es que, en cuanto la guerra se redujo a una «guerra por la democracia», se hizo imposible pedir la ayuda de los trabajadores extranjeros. Si consideramos los hechos, es preciso admitir que los trabajadores del mundo han visto la Guerra Civil española con desapego. Decenas de miles fueron a combatir allí, pero decenas de millones permanecieron apáticos. En el primer año de la guerra, se cree que casi toda la población británica suscribió los diversos fondos de «ayuda a España» por valor de un cuarto de millón de libras, probablemente la mitad de lo que gastarían a la semana en ir al cine. Los trabajadores del mundo podrían haber ayudado a sus camaradas españoles mediante acciones industriales (huelgas y boicots), pero eso no llegó a ocurrir siquiera. Los líderes laboristas y comunistas del mundo entero lo consideraron impensable y sin duda tenían razón, ya que estaban proclamando a los cuatro vientos que la España «roja» no era «roja». Desde 1914-1918, la «guerra por la democracia» ha adquirido tintes siniestros. Los propios comunistas llevan años adoctrinando a sus militantes y diciéndoles que la «democracia» no es más que un eufemismo para referirse al «capitalismo». Decir primero «¡La democracia es una estafa!» y luego «¡Combatid por la democracia!» no es una buena táctica. Si, apoyados por el enorme prestigio de la Rusia soviética, hubiesen apelado a los trabajadores del mundo en nombre no de la «España democrática» sino de la «España revolucionaria», se me hace difícil creer que no hubiesen obtenido respuesta.

Pero lo más importante es que con una política no revolucionaria era difícil, si no imposible, atacar la retaguardia de Franco. En el verano de 1937, Franco controlaba una población mayor que el gobierno (mucho mayor si se tienen en cuenta las colonias) con casi las mismas tropas. Como todo el mundo sabe, con una población hostil a tus espaldas es imposible mantener un ejército en el campo de batalla sin contar con otro ejército para proteger las comunicaciones, impedir el sabotaje y demás. Es evidente que Franco no tenía el apoyo popular. Resulta inconcebible que la gente que había en su territorio, al menos los trabajadores de las ciudades y los campesinos más pobres, quisiera o apoyara a Franco, pero, con cada giro a la derecha, la superioridad moral del gobierno se volvió menos evidente. Lo que lo demuestra es el caso de Marruecos. ¿Por qué no se produjo un alzamiento en Marruecos? ¿Franco estaba tratando de establecer una dictadura infame y los moros lo preferían al gobierno del Frente Popular? La verdad palpable es que no se hizo nada por fo-

mentar una sublevación en Marruecos, porque eso habría supuesto
dar un tinte revolucionario a la guerra. La primera necesidad para
convencer a los moros de la buena fe del gobierno habría sido proclamar la independencia de Marruecos. ¡Y cualquiera puede imaginar la alegría que se habrían llevado los franceses! La mejor
oportunidad estratégica de la guerra se desperdició para aplacar al
capitalismo francés y británico. El objetivo de la política comunista
fue reducir la guerra a un conflicto corriente, no revolucionario, en
el que el gobierno estaba en franca desventaja, pues una guerra de
ese tipo tiene que vencerse por medios mecánicos, es decir, por un
suministro de armas ilimitado, y el principal proveedor de armas
del bando gubernamental, la Unión Soviética, estaba en clara desventaja, desde el punto de vista geográfico, con respecto a Italia y
Alemania. Tal vez el eslogan anarquista y del POUM, «La guerra
y la revolución son inseparables», no fuese tan ilusorio como parecía.

He expuesto mis motivos para pensar que la política comunista antirrevolucionaria estaba equivocada, aunque en lo tocante a la
guerra espero, una y mil veces, no estar en lo cierto. Desearía que
esta guerra se ganase por cualquier medio. Y, por supuesto, no hay
forma de saber lo que ocurrirá. El gobierno podría volver a girar a
la izquierda, los moros podrían alzarse por su cuenta, Inglaterra
podría decidir sobornar a Italia, la guerra podría ganarse por medios puramente militares... Es imposible saberlo. Ahí dejo mis
opiniones, y el tiempo dirá si me equivoco o no.

No obstante, en febrero de 1937 no veía las cosas de ese modo.
Estaba harto de la inactividad en el frente de Aragón y era consciente de no haber contribuido a la guerra como debía. Recordaba
el cartel de reclutamiento de Barcelona que preguntaba acusadora-
mente a los viandantes: «¿Qué has hecho por la democracia?», y tenía la sensación de que solo podía responder: «Comerme el rancho
a diario». Cuando me alisté en la milicia me prometí matar a un
fascista —al fin y al cabo, si cada uno de nosotros mataba a uno, no

tardaríamos en acabar con ellos—, y no lo había conseguido porque no había tenido ocasión de hacerlo. Y, por supuesto, quería ir a Madrid. Todo el mundo, con independencia de cuáles fueran sus opiniones políticas, quería ir a Madrid. Eso significaba pasarme a las Brigadas Internacionales, pues el POUM tenía muy pocas tropas allí y los anarquistas, muchas menos que antes.

Por el momento, claro, había que quedarse en el frente, pero siempre decía que, cuando me fuese de permiso, trataría de pasarme a las Brigadas Internacionales, lo que equivalía a ponerme bajo control comunista. Muchos intentaron disuadirme, pero nadie trató de impedírmelo. Hay que decir en justicia que en el POUM se perseguía poco a los disidentes, tal vez demasiado poco dadas las circunstancias; a menos que uno fuese pro fascista, a nadie se le castigaba por sostener opiniones políticas equivocadas. Mientras estuve en la milicia pasé mucho tiempo criticando amargamente la «línea» del POUM, pero nunca me causó el menor problema. Ni siquiera me presionaron para que me convirtiera en miembro del partido, aunque creo que la mayoría de los milicianos lo eran. No llegué a afiliarme nunca y luego, cuando ilegalizaron el POUM, lo lamenté mucho.

Apéndice II

Antiguo capítulo 11 de la primera edición, ubicado entre los capítulos 9 y 10 de esta edición y precedido por el párrafo final del capítulo 10 de la primera (capítulo 9 de esta).

Repito que quien no esté interesado en la controversia política y en la multitud de partidos y grupúsculos de nombre confuso (al estilo de los de los generales de las guerras chinas), puede saltarse este capítulo. Es horrible tener que entrar en los detalles de la polémica entre partidos, casi como bucear en un pozo negro. Pero también es necesario tratar de establecer la verdad en la medida de lo posible. Esta trifulca insignificante que se produjo en una ciudad lejana es más importante de lo que parece a primera vista.

Jamás se podrá disponer de un relato exacto e imparcial de los combates de Barcelona, porque carecemos de los registros necesarios. Los futuros historiadores contarán solo con una montaña de acusaciones y con la propaganda de los partidos. Yo mismo cuento con muy pocos datos aparte de lo que vi con mis propios ojos y de lo que he sabido por otros testigos a quienes considero fiables. No obstante, sí puedo rebatir algunas de las mentiras más flagrantes y ayudar a ver el asunto con cierta perspectiva.

En primer lugar, ¿qué ocurrió en realidad?

Hacía tiempo que había tensiones en toda Cataluña. Antes he

hablado de las luchas entre los comunistas y los anarquistas. En mayo de 1937, las cosas llegaron a un punto en que un estallido violento se volvió inevitable. La principal causa del conflicto fue la orden del gobierno de entregar todas las armas que estuviesen en manos particulares al tiempo que se decidía formar un cuerpo policial de carácter «apolítico» armado hasta los dientes del que estarían excluidos los sindicatos. Todo el mundo comprendió lo que eso significaba, y también que el paso siguiente sería la toma de algunas de las industrias clave controladas por la CNT. Por si fuera poco, entre las clases trabajadoras reinaba cierto descontento por las crecientes diferencias entre ricos y pobres y una sensación vaga y generalizada de que habían saboteado la revolución. Muchos se llevaron una agradable sorpresa cuando vieron que el Primero de Mayo no se produjeron disturbios. El 3 de mayo el gobierno decidió tomar la Telefónica, que llevaba desde el principio de la guerra en manos de obreros de la CNT, con la excusa de que estaba mal gestionada y de que estaban pinchando las llamadas oficiales. Salas, el jefe superior de policía (que quizá se extralimitara en el cumplimiento de las órdenes), envió tres camiones cargados de guardias de asalto armados para tomar el edificio, mientras policías de paisano despejaban las calles adyacentes. Al mismo tiempo, grupos de guardias de asalto ocuparon otros edificios ubicados en lugares estratégicos. Fueran cuales fuesen sus verdaderas intenciones, lo cierto es que todo el mundo creyó que era la señal para un ataque general contra la CNT por parte de los guardias de asalto y del PSUC (comunistas y socialistas). El rumor de que estaban atacando los edificios de los trabajadores corrió como la pólvora, los anarquistas armados se echaron a la calle y dejaron de trabajar, y enseguida empezaron los combates. Esa noche y a la mañana siguiente se levantaron barricadas por toda la ciudad, y hasta la mañana del 6 de mayo no cesaron los disparos. Sin embargo, los combates fueron mayoritariamente defensivos por ambas partes. Se puso cerco a algunos edificios, pero que yo sepa no se tomó ninguno al asalto ni se utilizó artillería. A grandes rasgos, la CNT-FAI y el POUM controlaban los barrios obreros, y las fuerzas armadas de la policía y el PSUC, el centro y los barrios administrativos de la ciudad. El 6 de mayo se produjo un alto el fuego, pero los combates pronto volvieron a empezar, probablemente por los intentos prematuros de los guardias de asalto de desarmar a los trabajadores de la CNT. Al día siguiente, no obstante, la gente empezó a dejar las barricadas por voluntad propia. Hasta más o menos la noche del 5 de mayo, la CNT había llevado las de ganar y muchos guardias de asalto se habían rendido. Pero no había ningún liderazgo claro ni un plan determinado; de hecho, daba la impresión de que no había ningún plan, como no fuese una vaga determinación de oponerse a los guardias de asalto. Los dirigentes oficiales de la CNT se habían unido a los de la UGT para implorar a todo el mundo que volvieran al trabajo; lo peor era que la comida empezaba a escasear. En tales circunstancias, era imposible predecir cuál sería el resultado de seguir combatiendo. El 7 de mayo por la tarde la situación casi había vuelto a la normalidad. Esa noche seis mil guardias de asalto, enviados en barco desde Valencia, llegaron y se hicieron con el control de la ciudad. El gobierno dio orden de entregar todas las armas que no estuviesen en posesión de las fuerzas de seguridad. Las cifras oficiales de las bajas durante los combates fueron de cuatrocientos muertos y cerca de un millar de heridos. Cuatrocientos muertos tal vez sea exagerado, pero ya que no hay forma de verificarlo, habrá que dar la cifra por buena.

En segundo lugar, y respecto a las consecuencias de los combates, es evidente que no puede afirmarse con exactitud cuáles fueron. No hay pruebas de que los disturbios tuviesen un efecto directo sobre el curso de la guerra, aunque, lógicamente, lo habrían tenido si se hubiesen prolongado unos días más. Sirvieron de excusa para poner a Cataluña bajo el control directo del gobierno de

Valencia, para acelerar la disolución de las milicias y la ilegalización del POUM, y sin duda también tuvieron que ver con la caída del gobierno de Largo Caballero. Pero no cabe duda de que todas esas cosas habrían ocurrido de todos modos. La cuestión es si los trabajadores de la CNT que se echaron a la calle salieron ganando o perdiendo por ofrecer resistencia. No son más que conjeturas, pero mi opinión es que ganaron más que perdieron. La toma de la Telefónica fue solo un incidente en el contexto de un largo proceso. Desde el año anterior se había ido privando gradualmente de poder a los sindicatos, y la situación general había escapado del control de la clase obrera y tendía a la centralización, el capitalismo de Estado o tal vez a la reintroducción del capitalismo de iniciativa privada. El hecho de ofrecer resistencia tal vez ralentizara el proceso. Un año después de los disturbios, los obreros catalanes habían perdido mucho poder, pero su situación seguía siendo comparativamente favorable. Podría haberlo sido mucho menos si hubiesen dado a entender que estaban dispuestos a soportar cualquier provocación. Hay momentos en que es mejor combatir y salir derrotado antes que no presentar batalla.

En tercer lugar, ¿qué intenciones, si es que había alguna, tenían quienes combatieron? ¿Fue un golpe de Estado o una especie de intentona revolucionaria? ¿Se buscaba el derrocamiento del gobierno? ¿Fue algo premeditado?

Mi opinión personal es que solo lo fue en el sentido de que todo el mundo lo esperaba. No había indicios de que ninguno de los dos bandos tuviese un plan definido. Por parte de los anarquistas, es casi seguro que se trató de algo espontáneo, porque fueron las bases las que se echaron a la calle y los líderes solo los siguieron a regañadientes. Los únicos que recurrieron a la retórica revolucionaria fueron los Amigos de Durruti, un pequeño grupo extremista perteneciente a la FAI, y el POUM. Pero también ellos se dejaron arrastrar y, aunque distribuyeron un panfleto revolucionario, este no apareció hasta el día 5, por lo que no puede decirse que sirviera para iniciar los combates que habían empezado espontáneamente dos días antes. Los dirigentes oficiales de la CNT se desentendieron del asunto desde el principio. Había varios motivos para hacerlo. Para empezar, el hecho de que la CNT siguiera formando parte del gobierno y de la Generalidad hizo que los dirigentes fuesen más conservadores que sus seguidores. Por otro lado, el objetivo principal de los dirigentes de la CNT era formar una alianza con la UGT, y los combates solo servirían para agrandar las distancias entre ambos, al menos de momento. Por último —aunque poca gente lo supo en aquel momento—, los dirigentes anarquistas temieron que si las cosas iban demasiado lejos y los trabajadores se apoderaban de la ciudad, como tal vez pudo ocurrir el 5 de mayo, se produjera una intervención extranjera. Un crucero y dos destructores británicos habían fondeado cerca del puerto, y era evidente que había más barcos de guerra cerca. Los periódicos ingleses publicaron que esos barcos se dirigían a Barcelona «para proteger los intereses británicos», pero lo cierto es que no hicieron nada por protegerlos; es decir, no desembarcaron soldados ni subieron a bordo a ningún refugiado. Es imposible estar seguro, pero parecía al menos probable que el gobierno británico, que no había movido un dedo para salvar al gobierno español de Franco, interviniera para salvarlo de su propia clase trabajadora.

Los dirigentes del POUM no solo no se desentendieron, sino que animaron a sus seguidores a seguir en las barricadas e incluso dieron su aprobación (en *La Batalla* del 6 de mayo) al panfleto extremista publicado por los Amigos de Durruti. (Hay mucha incertidumbre sobre este panfleto, del que nadie parece haber conservado un ejemplar. En algunos periódicos extranjeros se describió como un «cartel incendiario» que habían «pegado» por toda la ciudad. Pero no hubo ningún cartel. Por lo que he deducido a partir de diversas fuentes, diría que el panfleto pedía: i) la formación de una junta revolucionaria, ii) el fusilamiento de los responsables del ataque a la Telefónica y iii) el desarme de la Guardia de Asalto. También hay incertidumbre respecto de hasta qué punto expresó *La Batalla* su aprobación. Yo no leí el panfleto ni *La Batalla* de esa fecha. Lo único que vi durante el tiempo que duraron los combates fueron unas octavillas que repartió el minúsculo grupo de los trotskistas [«bolchevique-leninistas»] el 4 de mayo, y que decían: «Todos a las barricadas, huelga general en todas las industrias, excepto en la industria bélica». En otras palabras, se limitaban a pedir lo que ya estaba ocurriendo.) No obstante, en realidad los dirigentes del POUM se mostraron titubeantes. Nunca habían defendido la insurrección hasta que se ganara la guerra contra Franco, pero los obreros se habían echado a la calle, así que adoptaron la pedante línea marxista de que, cuando los obreros se echan a la calle, la obligación de los partidos revolucionarios es apoyarlos. Por eso, a pesar de todas sus consignas revolucionarias sobre el «renacer del espíritu del 19 de julio» y demás, hicieron lo posible por que sus seguidores se mantuvieran a la defensiva. No ordenaron, por ejemplo, atacar ningún edificio; se limitaron a mandar a sus seguidores que se mantuvieran en guardia y, como conté en el capítulo 9, que no disparasen si podían evitarlo. *La Batalla* también publicó instrucciones de que las tropas no abandonaran el frente.[1] Por lo que he podido deducir, diría que la responsabilidad del POUM se limita a haber animado a la gente a seguir en las barricadas y, probablemente, a haber convencido a unos cuantos de quedarse allí más tiempo de lo que habrían hecho de otro modo. Quienes estuvieron en contacto con los dirigentes del POUM en aquel momento (yo no lo estuve), me han contado que en realidad estaban conster-

---

1. Un número reciente de *Inprecor* afirma justo lo contrario, ¡que *La Batalla* ordenó a las tropas del POUM abandonar el frente! La cuestión puede zanjarse fácilmente leyendo *La Batalla* de esa fecha.

nados, pero aun así no quisieron desentenderse del asunto. Luego, claro, aprovecharon los réditos políticos como se hace siempre. Gorkin, uno de los dirigentes del POUM, incluso llegó a hablar de «las gloriosas jornadas de mayo». Desde el punto de vista propagandístico, puede que fuese la línea adecuada; de hecho, el número de militantes del POUM aumentó en los días previos a su ilegalización. Estratégicamente, es probable que fuese un error apoyar el panfleto de los Amigos de Durruti, que era un grupúsculo muy pequeño y por lo general opuesto al POUM. Teniendo en cuenta la inquietud general y las cosas que se decían en ambos bandos, el panfleto venía a decir tan solo «seguid en las barricadas», pero al dar a entender que lo aprobaban cuando *Solidaridad Obrera*, el periódico anarquista, lo rechazaba, los dirigentes del POUM se lo pusieron fácil a los comunistas, que pudieron afirmar después que los combates habían sido una especie de sublevación orquestada solo por el POUM. No obstante, no cabe duda de que lo habrían dicho de todos modos. Y eso no fue nada comparado con las acusaciones que vertieron antes y después con muchas menos pruebas. De poco les valió su prudencia a los dirigentes de la CNT; se los alabó por su lealtad, pero los echaron del gobierno a la primera oportunidad.

Por lo que puede deducirse de lo dicho por la gente en aquel entonces, no hubo una auténtica intención revolucionaria. Quienes estaban en las barricadas eran solo obreros de la CNT y algunos de la UGT, y lo que trataban de hacer no era derribar al gobierno sino hacer frente a lo que consideraban, con razón o sin ella, un ataque de la policía. Fue una acción básicamente defensiva, y dudo mucho que pueda tildársela, como hicieron casi todos los periódicos extranjeros, de «levantamiento». Un levantamiento requiere una acción agresiva y un plan definido. Más bien se trató de un motín… un motín sangriento, porque ambos bandos tenían armas de fuego y estaban dispuestos a utilizarlas.

Pero ¿qué hay de las intenciones del otro bando? Si no fue un golpe de Estado anarquista, ¿no sería una intentona comunista, un esfuerzo planificado para aplastar el poder de la CNT de un solo golpe?

No creo que lo fuera, aunque haya indicios que parezcan insinuarlo. Es muy significativo que algo muy similar (la toma de la Telefónica por la policía a las órdenes del gobierno de Barcelona) ocurriera en Tarragona dos días después. Y en Barcelona el asalto al edificio de la Telefónica no fue un hecho aislado. En varias zonas de la ciudad, grupos de guardias de asalto locales y de militantes del PSUC tomaron edificios estratégicos, si no antes de que empezaran los combates, al menos con una rapidez sorprendente. Pero conviene recordar que todo esto estaba sucediendo en España y no en Inglaterra. Barcelona es una ciudad con una larga historia de algaradas callejeras. En sitios así las cosas pasan deprisa, la gente ha tomado partido de antemano, todo el mundo conoce la geografía local, y cuando se empiezan a oír los disparos la gente ocupa su lugar como si fuese un simulacro de incendio. Es posible que los responsables de la toma de la Telefónica contaran con que tendrían dificultades —aunque no a esa escala— y que se hubiesen preparado para hacerles frente. Pero de ahí no se deduce que estuviesen planeando un ataque general contra la CNT. Hay dos motivos por los que no creo que ningún bando hubiese hecho preparativos para un combate a gran escala:

i) Ninguno de los dos había llevado soldados a Barcelona. Los combates se produjeron entre los que ya estaban allí, sobre todo entre civiles y la policía.

ii) La comida empezó a escasear casi de inmediato. Cualquiera que haya combatido en España sabe que la única operación bélica que los españoles saben llevar a cabo es la de alimentar a las tropas. Es muy improbable que si cualquiera de los dos bandos hubiese previsto una semana o dos de combates callejeros y una huelga general, no hubiera almacenado comida de antemano.

Por último, hablemos de la justicia o injusticia del asunto.

En la prensa antifascista se levantó una terrible polvareda, pero, como siempre, solo se dio pábulo a una de las versiones. El resultado fue que los combates de Barcelona se describieron como una sublevación de anarquistas y trotskistas desleales que habían «apuñalado al gobierno español por la espalda» y otras cosas por el estilo. La cuestión no es tan sencilla. Sin duda, cuando estás en guerra con un enemigo mortal es mejor no pelearte con tu aliado, pero vale la pena recordar que dos no se pelean si uno no quiere y que la gente no se pone a construir barricadas sin que medie provocación alguna.

Los disturbios estallaron cuando el gobierno ordenó a los anarquistas entregar las armas. En la prensa inglesa eso se tradujo a términos ingleses y adoptó la siguiente forma: las armas se necesitaban desesperadamente en el frente de Aragón y no podían enviarse allí porque los traidores anarquistas se negaban a entregarlas. Explicarlo así equivale a ignorar la situación existente en España. Todo el mundo sabía que tanto los anarquistas como el PSUC habían hecho acopio de armas, y eso quedó aún más claro cuando empezaron los combates y se vio que ambos bandos tenían armas en abundancia. Los anarquistas sabían que, incluso aunque entregaran las armas, el PSUC, la principal fuerza política de Cataluña, seguiría sin entregar las suyas. Entretanto, en las calles se veía a gente con armas que habrían sido muy necesarias en el frente, pero que se retenían para las fuerzas policiales «apolíticas» de la retaguardia. Por debajo de aquello estaban las diferencias irreconciliables entre comunistas y anarquistas, que antes o después tenían que conducir a un enfrentamiento. Desde el inicio de la guerra, el Partido Comunista Español había crecido enormemente en número de militantes y se había hecho con casi todo el poder. Además, habían llegado a España miles de comunistas extranjeros, muchos de los cuales expresaban abiertamente su intención de «liquidar» el anarquismo en cuanto ganaran la guerra contra Franco. En esas circunstancias, difícilmente podía esperarse que los anarquistas entregaran las armas que habían conseguido en el verano de 1936.

La toma de la Telefónica fue solo la chispa que encendió una bomba ya existente. Tal vez sea concebible que los responsables contaran con que no se producirían disturbios. Se dice que Companys, el presidente catalán, unos días antes había dicho entre risas que los anarquistas tragarían con cualquier cosa.[2] Pero es evidente que no fue una acción inteligente. Hacía meses que se estaban produciendo enfrentamientos armados entre los comunistas y los anarquistas en distintos lugares de España. Cataluña, y sobre todo Barcelona, estaban en un estado de tensión que ya había llevado a refriegas callejeras, asesinatos y demás. De pronto circuló por la ciudad el rumor de que hombres armados estaban atacando los edificios que los trabajadores habían tomado en los combates de julio y que tenían una gran importancia sentimental. Conviene recordar que la Guardia Civil no estaba bien vista por las clases trabajadoras. Durante muchas generaciones había sido un mero apéndice del terrateniente y el patrón, y además se les odiaba porque muchos dudaban, y con razón, de su lealtad contra los fascistas.[3] Es probable

2. *New Statesman*, 14 de mayo.
3. Al estallar la guerra, los guardias civiles se pusieron de parte del más fuerte. Después, en varias ocasiones, por ejemplo en Santander, los guardias civiles locales se pasaron en masa a los fascistas. [Orwell al principio confundió a los guardias de asalto de Barcelona con los guardias civiles y pensó que solo las tropas llegadas de Valencia pertenecían a la Guardia de Asalto. En su fe de erratas pidió que se sustituyera «civil» por «asalto» en los capítulos originales 10 y 11 (ahora el 11 y el Apéndice II), pero también quiso dejar claro que la gente odiaba a la Guardia Civil. Cumplir con sus deseos plantea ciertos problemas textuales. Basta con decir que en esta ocasión se conserva la palabra *civil*; en el resto del libro, lo que al principio llamó «guardias civiles» se ha sustituido por «guardias de asalto locales», y a los llegados de Valencia se les llama guardias de asalto «valencianos». *(N. del E.)*]

que las emociones que empujaron a la gente a echarse a la calle en las primeras horas fuesen las mismas que les hicieron resistir a los generales rebeldes al principio de la guerra. Por supuesto, puede argumentarse que los obreros de la CNT debieron entregar la Telefónica sin protestar. La opinión de cada cual depende de lo que opine sobre la cuestión del gobierno centralizado y de que el poder esté en manos de los trabajadores. Otra cosa es decir: «Sí, muy probablemente la CNT tuviese razón. Pero, después de todo, había una guerra en marcha y no tenían por qué iniciar una lucha en la retaguardia». En eso estoy totalmente de acuerdo. Era probable que un desorden interno ayudara a Franco. Pero ¿qué fue lo que precipitó los combates? El gobierno podía tener o no derecho a tomar el edificio de la Telefónica; la clave está en que, en aquellas circunstancias, era inevitable que se produjera una refriega. Fue una provocación, un gesto que afirmaba y probablemente quería afirmar: «Vuestro tiempo ha pasado; a partir de ahora mandamos nosotros». Cualquiera con sentido común habría contado con encontrar resistencia. Si se considera con imparcialidad, es evidente que la culpa no puede ni podía tenerla solo un bando. La razón por la que se ha aceptado solo una de las dos versiones es sencillamente que los partidos revolucionarios españoles no tienen influencia en la prensa extranjera. En la prensa inglesa, en particular, habría que buscar mucho hasta encontrar una referencia favorable, en algún momento de la guerra, a los anarquistas españoles. Se los ha denigrado sistemáticamente, y me consta por experiencia propia que es casi imposible conseguir que alguien publique algo en su defensa.

He tratado de escribir con objetividad sobre los combates de Barcelona, aunque es evidente que nadie puede ser totalmente objetivo en un asunto así. Es casi inevitable tomar partido y conviene saber de parte de quién se está. Una vez más repito que debo de haber cometido errores, no solo aquí sino en otras partes de mi narración. Es muy difícil escribir con exactitud sobre la guerra de

España debido a la falta de documentación que no sea propagandística. Vuelvo a prevenir a todos de mi parcialidad y de esos posibles errores, aunque me he esforzado por ser sincero. No obstante, se verá que mi relato es totalmente diferente del que apareció en la prensa extranjera, sobre todo en la comunista. Es imprescindible revisar la versión comunista, porque es la que se ha publicado en el mundo entero, la que más se ha repetido desde entonces y, probablemente, la más aceptada.

En la prensa comunista y pro comunista, se echó toda la culpa de los combates de Barcelona al POUM. El suceso fue descrito no como un estallido espontáneo, sino como una sublevación deliberada y planificada contra el gobierno, orquestada solo por el POUM con la ayuda de unos cuantos «incontrolados» mal informados; más aún, como una conspiración fascista ejecutada por orden de los fascistas con la intención de iniciar una guerra civil en la retaguardia y paralizar al gobierno. El POUM era la «quinta columna de Franco», una organización trotskista que actuaba en connivencia con los fascistas. Según el *Daily Worker* (11 de mayo):

> Los agentes italianos y alemanes que llegaron en gran número a Barcelona, en apariencia para «preparar» el famoso «Congreso de la IV Internacional», tenían una importante tarea. Era esta:
>
> Debían promover, en colaboración con los trotskistas locales, una situación en la que se produjeran desórdenes y derramamiento de sangre a fin de que los alemanes e italianos pudiesen declarar que les era imposible «ejercer con eficacia el control naval de las costas catalanas debido a los desórdenes de Barcelona» y que, por tanto, no les había «quedado otro remedio que desembarcar tropas en Barcelona».
>
> En otras palabras, lo que se preparaba era una situación en la que los gobiernos alemán e italiano pudieran desembarcar tropas del ejército o la marina en las costas catalanas con la excusa de que lo hacían «para mantener el orden» ...

El medio con que contaban los alemanes y los italianos para conseguirlo era la organización trotskista llamada POUM.

El POUM, en colaboración con conocidos criminales y algunos anarquistas mal informados, planeó, organizó y dirigió el ataque en la retaguardia, concebido milimétricamente para coincidir con la ofensiva en el frente de Bilbao, etcétera, etcétera.

Luego, en ese mismo artículo, los combates de Barcelona se convierten en «el ataque del POUM», y en otro artículo del mismo ejemplar se afirma que «no cabe duda de que la responsabilidad por el baño de sangre en Cataluña es exclusivamente del POUM». *Inprecor* (29 de mayo) asegura que quienes levantaron las barricadas en Barcelona eran «solo militantes del POUM organizados por su partido».

Podría citar muchos más ejemplos, pero está bastante claro. El POUM fue el único responsable y obedecía órdenes fascistas. Luego reproduciré más extractos de los informes aparecidos en la prensa comunista y se verá que son tan contradictorios que carecen de la menor credibilidad. Pero antes vale la pena señalar varias razones a priori por las que esta versión de los combates de mayo como un levantamiento fascista planeado por el POUM roza lo increíble.

i) El POUM no tenía influencia ni militantes suficientes para causar desórdenes de esa magnitud, y menos aún capacidad para convocar una huelga general. Era una organización política sin apenas relevancia en los sindicatos, y su capacidad para paralizar Barcelona habría sido más o menos la misma que la que tendría, pongamos por caso, el Partido Comunista Inglés para hacer lo propio en Glasgow. Como indiqué antes, la actitud de los dirigentes del POUM tal vez contribuyese a prolongar hasta cierto punto los combates, pero no podrían haberlos causado ni aunque se lo hubiesen propuesto.

ii) La supuesta conspiración fascista se basa en meras afirmaciones, mientras que las pruebas apuntan justo en la dirección contraria. Se nos dice que el plan de los gobiernos alemán e italiano era desembarcar tropas en Cataluña, pero ningún barco alemán o italiano se acercó siquiera a la costa. En cuanto a lo del «Congreso de la IV Internacional» y los «agentes italianos y alemanes» son pura fantasía. Que yo sepa, nunca se habló de un Congreso de la IV Internacional. Había planes muy vagos de celebrar un congreso del POUM y los partidos hermanados a él (el ILP inglés, el SAP alemán, etcétera, etcétera) en el mes de julio —dos meses después—, y todavía no había llegado un solo delegado. Los «agentes italianos y alemanes» no existieron fuera de las páginas del *Daily Worker*. Cualquiera que cruzara la frontera en esa época sabe que no era tan fácil entrar «en gran número» en España ni, ya puestos, tampoco salir.

iii) No ocurrió nada ni en Lérida, principal plaza fuerte del POUM, ni en el frente. Es obvio que si los dirigentes del POUM hubiesen querido ayudar a los fascistas, habrían ordenado a las milicias retirarse del frente y permitido que los fascistas pasaran por esas brechas. Pero no se hizo ni ordenó nada parecido. Tampoco se retiraron disimuladamente hombres del frente, aunque habría sido muy fácil llevar a mil o dos mil hombres a Barcelona con diversas excusas. Y no se produjo tampoco el menor intento de sabotaje indirecto en el frente. El transporte de víveres, municiones y otros pertrechos siguió como de costumbre, tal como comprobé mediante indagaciones posteriores. Pero lo más importante de todo es que una sublevación de semejantes características habría requerido meses de preparación, propaganda subversiva entre los milicianos, etcétera. Pero no hubo ningún indicio o rumor que apuntara en esa dirección. El hecho mismo de que la milicia en el frente no participara en la «sublevación» debería ser una prueba concluyente. Si el POUM hubiese estado planeando dar un golpe de Estado, es inconcebible que no recurriera a los diez mil hombres armados que constituían su única fuerza de choque.

Todo esto deja bastante claro que la tesis comunista de que el POUM tramó una sublevación por orden de los fascistas no tiene fundamento alguno. Añadiré unos cuantos pasajes más, procedentes de la prensa comunista. Los informes del incidente que desencadenó los combates, la toma de la Telefónica, no pueden ser más reveladores; en lo único que coinciden es en culpar al otro bando. Es notable que los periódicos comunistas ingleses empezaran echándole la culpa a los anarquistas y luego al POUM. Hay una razón evidente. En Inglaterra casi nadie ha oído hablar del trotskismo, mientras que cualquier inglés se echa a temblar al oír la palabra *anarquista*. Si se da a entender que los anarquistas están implicados, se establece un clima de prejuicios necesario para poder trasladar después la culpa a los trotskistas. El *Daily Worker* empieza así (6 de mayo):

> El lunes y el martes un reducido grupo de anarquistas asaltó y trató de retener las oficinas de teléfono y telégrafos, y empezó a disparar a la calle.

Es imposible tergiversar más las cosas. Los guardias de asalto atacaron un edificio defendido por la CNT, pero la explicación es que la CNT atacó su propio edificio, es decir, que se atacaron a sí mismos. Por otro lado, el *Daily Worker* del 11 de mayo afirma:

> El ministro catalán de Seguridad, el izquierdista Aignader, y el comisario general de Orden Público, el socialista Rodríguez Salas, enviaron a la policía armada republicana al edificio de la Telefónica para desarmar a los empleados, que en su mayoría eran militantes de la CNT.

Lo cual no parece casar muy bien con la afirmación anterior; no obstante, el periódico no incluye ninguna nota explicando que fuese falsa. También afirma que el panfleto de los Amigos de Durruti, que la CNT rechazó, apareció el 4 y el 5 de mayo, durante los combates. *Inprecor* (22 de mayo) afirma que se publicó el 3 de mayo, antes de que empezaran los disparos, y añade que «ante estos hechos» (la aparición de diversos panfletos):

> La policía, capitaneada por el comisario en persona, ocupó el edificio de la Telefónica la tarde del día 3 de mayo. Mientras cumplía con su deber abrieron fuego contra ella. Fue la señal para que los agentes provocadores iniciaran una serie de refriegas y tiroteos por toda la ciudad.

Y he aquí lo que dice *Inprecor* el 29 de mayo:

> A las tres de la tarde el comisario general de Orden Público, el camarada Salas, acudió al edificio de la Telefónica, que la noche anterior habían tomado cincuenta militantes del POUM y varios elementos incontrolados.

Qué curioso. La ocupación del edificio de la Telefónica por cincuenta militantes del POUM es un suceso como mínimo pintoresco, y lo lógico es que alguien se hubiese dado cuenta. Sin embargo, parece que no se descubrió hasta tres o cuatro semanas después. En otro número de *Inprecor*, los cincuenta militantes del POUM se han transformado en cincuenta milicianos del POUM. Sería imposible acumular más contradicciones que las que contienen estos pasajes. Unas veces la CNT ataca la Telefónica, y otras es atacada allí; un panfleto aparece antes de la toma de la Telefónica y acaba siendo la causa del ataque, o aparece después y es una consecuencia del mismo; quienes asaltan el edificio de la Telefónica son alternativamente militantes de la CNT y del POUM… Y en un número posterior del *Daily Worker* (3 de junio) el señor J. R. Campbell nos informa de que el gobierno asaltó la Telefónica ¡porque ya se habían levantado barricadas!

Por razones de espacio me he centrado solo en las versiones de un único incidente, pero se aprecian las mismas discrepancias en todas las noticias publicadas en la prensa comunista. Además, hay varias afirmaciones que son pura invención. He aquí, por ejemplo, una cita del *Daily Worker* (7 de mayo) basada teóricamente en un comunicado de la embajada española en París:

> Un rasgo significativo de la sublevación ha sido que en los balcones de varias casas de Barcelona ondeara la antigua bandera monárquica, sin duda con el convencimiento de que los sublevados dominaban la situación.

Es probable que el *Daily Worker* publicara esta afirmación de buena fe, pero los responsables de la embajada debieron de mentir deliberadamente. Cualquier español entendería mejor la situación interna. ¡Una bandera monárquica en Barcelona! Es justo lo único que habría podido unir a las facciones enfrentadas. Incluso los comunistas debieron de echarse a reír al leerlo. Lo mismo ocurre con las noticias publicadas en diversos periódicos comunistas sobre las armas que supuestamente utilizó el POUM durante la sublevación. Solo resultan creíbles si uno lo ignora todo sobre el caso. En el *Daily Worker* del 17 de mayo, el señor Frank Pitcairn afirma:

> Utilizaron toda clase de armas para aquel ultraje. Tenían las que llevaban meses robando y ocultando, y además los tanques que robaron de los cuarteles al principio de la sublevación. Es evidente que cientos de ametralladoras y varios miles de fusiles siguen en su poder.

Inprecor (29 de mayo) también afirma:

> El 3 de mayo el POUM tuvo a su disposición varias docenas
> de ametralladoras y miles de fusiles ... En la plaza de España, los
> trotskistas utilizaron cañones de 75 pulgadas que estaban destina-
> dos al frente de Aragón y que la milicia había escondido en sus
> edificios.

El señor Pitcairn no explica cuándo y cómo fue tan evidente
que el POUM poseyera cientos de ametralladoras y varios miles de
fusiles. Ya he ofrecido una estimación de las armas que había en tres
de los principales edificios del POUM: unos ochenta fusiles, unas
cuantas granadas y ninguna ametralladora; es decir, suficiente para
los guardias armados que todos los partidos políticos pusieron a la
puerta de sus edificios. Es raro que luego, cuando se ilegalizó el
POUM y se confiscaron sus edificios, no salieran a la luz esos miles
de fusiles, y sobre todo los tanques y los cañones ligeros, que no son
precisamente algo que uno pueda esconder debajo de la cama. Pero
lo más revelador de tales afirmaciones es la completa ignorancia que
demuestran acerca de las circunstancias locales. Según el señor Pitcairn, el POUM robó tanques «de los cuarteles». No especifica qué
cuarteles. Los milicianos del POUM que había en Barcelona (relativamente pocos, pues los partidos ya no reclutaban directamente a
los milicianos) compartían el cuartel Lenin con un número consi-
derable de soldados del Ejército Popular. Por tanto, el señor Pitcairn nos está pidiendo que creamos que el POUM robó tanques
en connivencia con el Ejército Popular. Lo mismo ocurre con los
«edificios» donde ocultaron los cañones de 75 pulgadas. No se dice
dónde estaban dichos edificios. Esas baterías de cañones que se dispararon en la plaza de España aparecieron en muchos periódicos,
pero creo poder afirmar con certeza que nunca existieron. Como
expliqué antes, no oí fuego de artillería durante los combates, aun-

que la plaza de España estaba a poco más de un kilómetro de donde
me encontraba. Pocos días después visité la plaza y no vi ningún
edificio con impactos de obuses, y un testigo ocular que estuvo en
el barrio durante los combates afirma que no vio ningún cañón.
(Dicho sea de paso, la historia de los cañones robados pudo origi-
narse en Antonov-Ovseenko, el cónsul general ruso. En todo caso,
fue él quien se lo contó a un conocido periodista inglés, que después lo publicó de buena fe en un semanario. Antonov-Ovseenko
fue después víctima de una purga, aunque no sé hasta qué punto
eso afecta a su credibilidad.) Lo cierto es, claro, que lo de los tanques y cañones ligeros se lo inventaron, porque si no hubiera sido
muy difícil atribuir la autoría de los combates en Barcelona a un
grupo tan reducido como el POUM. Necesitaban afirmar que el
POUM era el único responsable y también que era solo un partido
insignificante con pocos seguidores y apenas «un puñado de militantes», según *Inprecor*. La única forma de que ambas afirmaciones
resultaran creíbles era dar a entender que el POUM contaba con el
armamento de un ejército mecanizado moderno.

Es imposible leer las noticias publicadas en la prensa comunista
sin reparar en que están pensadas para despertar los prejuicios de
una opinión pública totalmente ignorante de los hechos. De ahí,
por ejemplo, afirmaciones como la que hace el señor Pitcairn en el
Daily Worker del 11 de mayo, según las cuales quien aplastó la sublevación fue el Ejército Popular. Su propósito es dar la impresión
a los extranjeros de que toda Cataluña estaba en contra de los trotskistas. Sin embargo, el Ejército Popular se mantuvo neutral mientras duraron los combates; todo el mundo en Barcelona lo sabía y
resulta difícil creer que el señor Pitcairn lo ignorara. Lo mismo
puede decirse del baile de cifras en la prensa comunista respecto a
los muertos y heridos con la intención de exagerar la magnitud
de los desórdenes. José Díaz Ramos, el secretario general del partido comunista de España, muy citado en la prensa comunista, dio

la cifra de 900 muertos y 2.500 heridos. El ministro catalán de Propaganda, de quien difícilmente puede pensarse que se quedara corto, habló de 400 muertos y 1.000 heridos. El Partido Comunista dobla la apuesta y añade unos cientos más por si acaso.

Por lo general, los periódicos capitalistas extranjeros responsabilizaron de los combates a los anarquistas, pero unos cuantos se hicieron eco de la versión comunista. Uno de ellos fue el *News Chronicle* inglés, cuyo corresponsal, el señor John Langdon-Davies, se encontraba a la sazón en Barcelona. A continuación reproduzco parte de su artículo:

UNA REVUELTA TROTSKISTA

… Esto no ha sido una sublevación anarquista, sino un golpe frustrado de los trotskistas del POUM, llevado a cabo mediante organizaciones controladas por ellos, como los Amigos de Durruti y Juventudes Libertarias … La tragedia se inició el lunes por la tarde, cuando el gobierno envió la policía al edificio de la Telefónica para desarmar a los trabajadores que se encontraban allí, sobre todo militantes de la CNT. Hacía tiempo que las graves irregularidades en el servicio eran motivo de escándalo. En el exterior del edificio de la plaza de Cataluña se congregó una gran multitud, mientras los militantes de la CNT se resistían retirándose de uno a otro piso hasta llegar a la azotea … El incidente fue muy confuso, pero corrió el rumor de que el gobierno iba a por los anarquistas. Las calles se llenaron de hombres armados … Al caer la noche se habían levantado barricadas delante de todos los centros obreros y edificios gubernamentales, y a las diez en punto se oyeron los primeros disparos y las ambulancias empezaron a abrirse paso con sus sirenas por las calles. Al amanecer la refriega se había extendido por toda Barcelona … A medida que transcurría el día y el número de muertos superaba el centenar, se hizo imposible saber lo que pasaba. En teoría, los anarquistas de la CNT y los socialistas de la

UGT no se habían «echado a la calle». Mientras siguieran en las barricadas estarían solo vigilando expectantes, una actitud que incluía el derecho a disparar a cualquiera a quien vieran con armas en la calle … [las] refriegas generalizadas se vieron agravadas por culpa de los *pacos*, francotiradores solitarios, casi siempre fascistas, que disparaban desde las azoteas con la única intención de sembrar el pánico … No obstante, la tarde del miércoles empezó a estar claro quién se hallaba detrás de la revuelta. Las paredes aparecieron empapeladas con un cartel incendiario llamando a la revolución inmediata y exigiendo el fusilamiento de todos los dirigentes republicanos y socialistas. Lo firmaban los Amigos de Durruti. El jueves por la mañana, el periódico anarquista negó cualquier relación con él, pero *La Batalla*, el periódico del POUM, reimprimió el documento entre grandes elogios. Barcelona, la primera ciudad de España, se hundió en un baño de sangre a causa de los agentes provocadores que utilizaron esta organización subversiva.

Esto no acaba de coincidir con las versiones comunistas que he citado antes, pero se verá que, incluso así, se contradice a sí mismo. En primer lugar, el incidente se describe como «una revuelta trotskista», pero luego se demuestra que las causas fueron el asalto al edificio de la Telefónica y el convencimiento general de que el «gobierno iba a por los anarquistas». La ciudad se llena de barricadas y tanto la CNT como la UGT se atrincheran en ellas; dos días después aparece el cartel incendiario (en realidad un panfleto) y se afirma que eso fue lo que causó todo el conflicto…; el efecto precede a la causa. Pero hay también un par de errores de bulto. El señor Langdon-Davies afirma que los Amigos de Durruti y las Juventudes Libertarias eran «organizaciones controladas» por el POUM, pero ambas eran organizaciones anarquistas y no tenían nada que ver con dicho partido. Las Juventudes Libertarias eran la sección juvenil de los anarquistas, el equivalente de las JSU del PSUC. Los Amigos de Durruti eran una pequeña organización perteneciente a la FAI, por lo general opuesta al POUM. Por lo que he podido averiguar, no había nadie que militara en ambas al mismo tiempo. Sería como decir que la Liga Socialista es una «organización controlada» por el Partido Liberal inglés. ¿Acaso lo ignoraba el señor Langdon-Davies? Si lo sabía, debería haber escrito con más prudencia sobre un asunto tan complejo.

No dudo de la buena fe del señor Langdon-Davies, pero él mismo ha reconocido que se fue de Barcelona en cuanto cesaron los combates, es decir, en el momento en que podría haber hecho más averiguaciones, y de su artículo se deduce que dio por buena la versión oficial de la «revuelta trotskista» sin antes verificarla como es debido. Eso resulta aún más evidente en los pasajes que he citado. «Al caer la noche» las barricadas están levantadas y «a las diez en punto» se oyen los primeros disparos. No son las palabras de un testigo ocular. Leyéndolas, cualquiera diría que es normal esperar a que el enemigo levante una barricada antes de empezar a dispararle. La impresión que da es que pasaron varias horas desde que se levantaron las barricadas hasta que se oyeron los primeros disparos, mientras que, como es lógico, fue justo al revés. Muchos otros y yo vimos que los primeros disparos tuvieron lugar a primera hora de la tarde. Lo mismo pasa con los francotiradores solitarios, «casi siempre fascistas», que disparaban desde las azoteas. El señor Langdon-Davies no nos explica cómo supo que esos hombres eran fascistas. Es de presumir que no subió a preguntárselo. Sencillamente, se limita a repetir lo que le han contado y, como coincide con la versión oficial, no lo cuestiona. De hecho, indica una probable fuente de sus informaciones al referirse imprudentemente al ministro de Propaganda al principio del artículo. Los corresponsales extranjeros en España confiaban ciegamente en el Ministerio de Propaganda, aunque cualquiera diría que el nombre mismo de dicho ministerio bastaría para ponerle a uno sobre aviso. Como es lógico, era tan probable que el ministro de Propaganda

diese una versión fiable de los disturbios en Barcelona como, digamos, que el difunto lord Carson diera una versión imparcial del levantamiento en Dublín de 1916.

He expuesto los motivos por los que considero que la versión
comunista sobre los combates en Barcelona no puede tomarse en
serio. Además, debo decir algo sobre la acusación generalizada de
que el POUM era una organización secreta fascista a sueldo de Franco y de Hitler.

Dicha acusación se ha repetido hasta la saciedad en la prensa comunista, sobre todo a partir de 1937. Formó parte de la ofensiva
mundial del Partido Comunista oficial contra el «trotskismo», del
que se suponía que el POUM era el representante en España. El
«trotskismo», según *Frente Rojo* (el periódico comunista de Valencia), «no es una doctrina política, sino una organización capitalista,
una banda terrorista fascista dedicada al crimen y el sabotaje contra
el pueblo». El POUM era una organización «trotskista» confabulada
con los fascistas y parte de la «quinta columna de Franco». Desde el
primer momento, lo más llamativo fue que no se aportaran pruebas
para apoyar esa acusación, sino que solo se afirmara con mucho convencimiento. La ofensiva se acompañó de toda suerte de descalifica-
ciones personales y sin tener en cuenta lo más mínimo el efecto que
pudiera tener en la guerra. Muchos escritores comunistas parecen
haber considerado que la revelación de secretos militares carecía de
importancia en comparación con la necesidad de calumniar al
POUM. En un *Daily Worker* del mes de febrero, por ejemplo, se permitió que una escritora (Winifred Bates) afirmara que el POUM tenía solo la mitad de las tropas que decía tener en su sector del frente.
No era cierto, aunque probablemente la escritora lo pensara, y tanto ella como el *Daily Worker* se creyeron con derecho a proporcio-
narle al enemigo la información más importante que puede darse en
las columnas de un periódico. En el *New Republic*, el señor Ralph
Bates afirmó que los soldados del POUM estaban «jugando al fútbol

con los fascistas en la tierra de nadie» en un momento en que, en realidad, las tropas del POUM estaban sufriendo numerosas bajas y varios amigos míos resultaron muertos o heridos. Y no olvidemos la malintencionada caricatura que circuló tanto por Madrid como por Barcelona, aquella que representaba al POUM despojándose de una máscara marcada con la hoz y el martillo y revelando un rostro marcado con la esvástica. Si el gobierno no hubiese estado virtualmente en manos de los comunistas, jamás habría permitido que algo así circulase en tiempos de guerra. Fue un golpe deliberado a la moral no solo de las milicias del POUM, sino de cualquiera que estuviera cerca; no es muy alentador que le digan a uno que los soldados que combaten a su lado son un hatajo de traidores. Lo cierto es que dudo mucho que las calumnias vertidas sobre ella desde la retaguardia sirviesen para desmoralizar a la milicia del POUM. Aunque sin duda estaban pensadas para eso y los responsables antepusieron las rencillas políticas a la unidad ante el fascismo.

La acusación contra el POUM se reducía a afirmar que varias decenas de miles de personas, en su mayor parte de clase obrera, amén de numerosos simpatizantes y colaboradores extranjeros, sobre todo refugiados de países fascistas, y de miles de milicianos, no eran más que una vasta organización de espías a sueldo de los fascistas. Bastaba un vistazo a la historia del POUM para darse cuenta de que eso era increíble y de que atentaba contra el sentido común. Todos los dirigentes del POUM tenían un historial revolucionario. Algunos habían participado en la revuelta de 1934, y la mayoría habían estado en la cárcel por actividades socialistas durante el gobierno Lerroux o la monarquía. En 1936 su líder, Joaquín Maurín, fue uno de los diputados que advirtió a las Cortes del inminente golpe de Franco. Poco después del inicio de la guerra, los fascistas lo hicieron prisionero cuando intentaba organizar la resistencia en la retaguardia franquista. Cuando por fin se produjo el alzamiento, el POUM desempeñó un papel muy relevante y muchos de sus militantes, sobre todo en Madrid, murieron en los combates callejeros. Fue uno de los primeros partidos en formar columnas de la milicia en Cataluña y Madrid. Resulta casi imposible sostener que semejantes acciones las llevara a cabo un partido a sueldo de los fascistas. Un partido así se habría limitado a pasarse al otro bando.

No hubo ningún indicio de actividades pro fascistas durante la guerra. Es discutible —aunque yo no estoy de acuerdo— si, al presionar a favor de una política más revolucionaria, el POUM dividió a las fuerzas gubernamentales y ayudó así a los fascistas; y es comprensible que cualquier gobierno reformista considerase al POUM una molestia. Pero una cosa es eso y otra, la traición directa. No se explica que, si el POUM era de verdad un partido fascista, su milicia se mantuviera leal. Hete ahí que, en lo más crudo del invierno de 1936-1937, ocho mil o diez mil hombres siguieron combatiendo en varios sectores de gran importancia del frente. Muchos pasaron cuatro o cinco meses en las trincheras. Cuesta entender por qué no desertaron o simplemente se pasaron al enemigo. Pudieron hacerlo en todo momento, y las consecuencias podrían haber sido decisivas. Sin embargo, siguieron combatiendo y, justo después de la ilegalización del POUM como partido político, cuando el suceso seguía presente en el recuerdo de todos, la milicia —a la que todavía no habían redistribuido entre el Ejército Popular— participó en el sangriento ataque contra el este de Huesca, en el que murieron varios miles de hombres en uno o dos días. Como mínimo, hubiera sido de esperar cierta confraternización con el enemigo y un constante goteo de desertores. Pero, como ya dije antes, se produjeron poquísimas deserciones. También habría sido de esperar que hubiese propaganda fascista, «derrotismo» y demás, pero no hubo nada de todo eso. Es evidente que debe de haber habido espías fascistas y agentes provocadores infiltrados en el POUM, igual que los hay en todos los partidos de izquierdas, pero no hay pruebas de que hubiese más que en otras partes.

Es cierto que algunos de los ataques en la prensa comunista afirmaron, más bien a regañadientes, que quienes estaban a sueldo de los fascistas eran los dirigentes del POUM y no las bases. Pero eso fue solo un intento de separarlas de sus líderes. La naturaleza de la acusación implicaba que los militantes de base, los milicianos y demás participaran en el complot, pues era evidente que, si Nin, Gorkin y otros dirigentes recibían dinero de los fascistas, era más probable que se enterasen los militantes, que mantenían un estrecho contacto con ellos, que los periodistas en Londres, París y Nueva York. Y, en todo caso, cuando se ilegalizó el POUM, la policía secreta controlada por los comunistas actuó bajo la presunción de que todos eran culpables y detuvo a cualquiera que tuviese algo que ver con el POUM y a quien pudo echarle el guante, incluyendo a heridos, enfermeras, mujeres de militantes y, en algunos casos, incluso niños.

Por fin, el 15-16 de junio, el POUM pasó a ser una organización ilegal. Fue uno de los primeros actos del gobierno de Negrín, que llegó al poder en mayo. Con el Comité Ejecutivo del POUM en la cárcel, la prensa comunista anunció el supuesto descubrimiento de una enorme conjura fascista. Por un tiempo, la prensa comunista del mundo entero se dedicó a publicar cosas como esta (*Daily Worker* del 21 de junio, resumiendo varios periódicos comunistas españoles):

LOS TROTSKISTAS ESPAÑOLES CONSPIRAN CON FRANCO

Tras la detención de un numeroso grupo de destacados trotskistas en Barcelona y otros sitios … el fin de semana se hicieron públicos los detalles de uno de los casos más flagrantes de espionaje conocidos en tiempos de guerra y la peor revelación de la traición trotskista hasta el momento … Los documentos en manos de la policía, además de la confesión completa de no menos de 200 detenidos, demuestran que …

Lo que «demostraban» esas revelaciones era que los líderes del POUM estaban transmitiendo por radio secretos militares al general Franco, estaban en contacto con Berlín y actuaban en colaboración con la organización secreta fascista de Madrid. Además, se publicaron jugosos detalles sobre mensajes secretos escritos con tinta simpática, un misterioso documento firmado con la letra N (de Nin) y un sinfín de cosas más.

El resultado fue que mientras escribo estas líneas, seis meses después de lo sucedido, la mayoría de los dirigentes del POUM continúan en la cárcel, sin haber sido llevados a juicio y sin que nadie haya formulado siquiera la acusación de comunicarse con Franco por radio y demás. Si de verdad hubiesen sido culpables de asesinato, los habrían juzgado y fusilado en una semana, igual que se ha hecho antes con tantos espías de los fascistas. Pero no se ha presentado una sola prueba aparte de las afirmaciones de la prensa comunista. En cuanto a las doscientas «confesiones completas», que, de haber existido, habrían bastado para condenar a cualquiera, nadie ha vuelto a saber de ellas. En realidad no fueron sino doscientos esfuerzos de la imaginación de alguien.

Por si fuese poco, la mayor parte de los miembros del gobierno español han negado creer en las acusaciones realizadas contra el POUM. Hace poco, el consejo de ministros decidió por cinco votos a dos la liberación de los prisioneros políticos antifascistas; los dos ministros que votaron en contra eran comunistas. En agosto, una delegación internacional encabezada por el parlamentario británico James Maxton viajó a España para investigar las acusaciones contra el POUM y la desaparición de Andrés Nin. Indalecio Prieto, el ministro de Defensa Nacional, Irujo, el ministro de Justicia, Zugazagoitia, el ministro de la Gobernación, Ortega y Gasset, el fiscal general de la República, Prat García y otros negaron creer que los dirigentes del POUM fuesen culpables de espionaje. Irujo añadió, tras haber leído los informes, que ninguna de las pruebas eran creíbles, así como que el documento supuestamente firmado por Nin «carecía de valor», es decir, que era una falsificación. Prieto consideraba a los dirigentes del POUM responsables de los combates de mayo en Barcelona, pero descartó la idea de que fuesen espías fascistas. «Lo más grave —añadió— es que la detención de los líderes del POUM no la decidió el gobierno y que la policía practicó las detenciones por cuenta propia. Los responsables no son los jefes de policía sino su entorno, donde como de costumbre hay infiltrados agentes comunistas.» Citó otros casos de detenciones ilegales. Irujo declaró también que la policía había llegado a ser «casi independiente» y que estaba en realidad bajo el control de elementos comunistas extranjeros. Prieto insinuó a la delegación que el gobierno no podía permitirse ofender al Partido Comunista mientras los rusos siguieran proporcionándoles armas. Cuando otra delegación, encabezada por el parlamentario británico John McGovern, viajó a España en diciembre, obtuvo más o menos las mismas respuestas que antes, y Zugazagoitia, el ministro de la Gobernación, repitió la insinuación de Prieto en términos aún más claros: «Hemos recibido ayuda de Rusia y hemos tenido que permitir ciertas acciones que no nos gustaban». Para ilustrar la autonomía de la policía, es interesante saber que McGovern y los demás no pudieron entrar en una de las «prisiones secretas» que el Partido Comunista tiene en Barcelona, ni siquiera con una orden firmada por el director de prisiones y el ministro de Justicia.[4]

Creo que esto debería bastar para dejar las cosas claras. La acusación de espionaje contra el POUM se basaba solo en los artículos de la prensa comunista y en las actividades de la policía secreta

4. Si se quieren consultar las noticias sobre las dos delegaciones, véanse *Le Populaire*, 7 de septiembre, *La Flèche*, 18 de septiembre, el informe de la delegación Maxton publicado en *Independent News* (Rue Saint-Denis, 219, París) y el panfleto de McGovern *Terror in Spain*.

controlada por los comunistas. Los dirigentes del POUM y cientos o miles de sus militantes siguen en prisión, y desde hace seis meses la prensa comunista sigue pidiendo la ejecución de los «traidores». Sin embargo, Negrín y los demás han conservado la cabeza fría y se han negado a perpetrar una matanza de «trotskistas». Teniendo en cuenta la presión a la que se los ha sometido, dice mucho en su favor que lo hayan hecho. Entretanto, en vista de lo que he citado más arriba, se hace muy difícil creer que el POUM fuese realmente una organización de espías fascistas, a menos que uno piense que Maxton, McGovern, Prieto, Irujo, Zugazagoitia y los demás también están a sueldo de los fascistas.

Por último, respecto a la acusación de que el POUM era «trotskista», se trata de una palabra que últimamente se utiliza con mucha libertad, de un modo muy turbio y a menudo con ánimo evidente de confundir. Vale la pena pararse a definirla. La palabra *trotskista* se utiliza para significar tres cosas distintas:

i) Alguien que, como Trotski, preconiza la «revolución mundial» en lugar del «socialismo en un solo país». En sentido amplio, un extremista revolucionario.

ii) Un miembro de la organización que lidera Trotski.

iii) Un fascista camuflado que se hace pasar por revolucionario y comete actos de sabotaje, sobre todo en la URSS, y que, por lo general, se dedica a dividir y minar a las fuerzas de la izquierda.

En el sentido i) es probable que el POUM pudiera ser descrito como trotskista, igual que el ILP inglés, el SAP alemán, los socialistas de izquierda en Francia y demás. Pero el POUM no tenía relación con Trotski o la organización trotskista (bolchevique-leninista). Al inicio de la guerra, los trotskistas extranjeros que fueron a España (unos quince o veinte en total) colaboraron con el POUM por ser el partido más próximo a su punto de vista, aunque no ingresaron en él; luego Trotski ordenó a sus seguidores oponerse a la política del POUM y este expulsó a los trotskistas de los cargos del partido, aunque unos cuantos siguieron en la milicia. Nin, el líder del POUM después de que los fascistas capturasen a Maurín, había sido secretario de Trotski, pero hacía años que se había distanciado de él y fundado el POUM uniendo a diversos opositores comunistas con un partido anterior, el Bloque Obrero y Campesino. La prensa comunista ha utilizado la antigua relación de Nin con Trotski para demostrar que el POUM era trotskista. Con semejante argumento podría demostrarse que el Partido Comunista Inglés es en realidad una organización fascista porque John Strachey estuvo vinculado a sir Oswald Mosley.

En el sentido ii), el único sentido exacto de la palabra, el POUM no era trotskista. Vale la pena aclararlo, porque la mayoría de los comunistas dan por supuesto que un trotskista en el sentido ii) es invariablemente un trotskista en el sentido iii), es decir, que toda la organización trotskista es una conjura fascista. El trotskismo no llegó a oídos del público hasta que se produjeron los juicios por sabotaje en Rusia, y llamar a alguien «trotskista» prácticamente equivale a llamarle «asesino», «agente provocador», etcétera. Pero, al mismo tiempo, cualquiera que critique la política comunista desde un punto de vista de izquierdas se arriesga a que lo acusen de trotskista. ¿Se afirma entonces que cualquiera que defienda el extremismo revolucionario está a sueldo de los fascistas?

En la práctica, es así o no según las circunstancias locales. Cuando Maxton viajó a España con la delegación que he citado antes, *Verdad*, *Frente Rojo* y otros periódicos comunistas españoles lo acusaron enseguida de ser un «trotskista-fascista», un espía de la Gestapo y no sé qué más. Sin embargo, los comunistas ingleses se cuidaron mucho de no repetir dicha acusación. En la prensa comunista inglesa, Maxton se convirtió solo en un «enemigo reaccionario de la clase trabajadora», que es bastante vago. La razón,

claro, es que varias claras lecciones han inculcado en la prensa comunista inglesa un sano temor por la legislación contra la calumnia. El hecho de que la acusación no se repitiera en un país donde
sería necesario probarla, basta para demostrar que es falsa.

Quizá esté dando la impresión de discutir las acusaciones contra el POUM con más detalle de lo necesario. En comparación con
las penalidades de una guerra civil, esta clase de disputas internas
entre partidos, con sus inevitables injusticias y falsas acusaciones,
puede parecer trivial. En realidad no lo es. Estoy convencido de
que las calumnias y las campañas de prensa de este tipo y la mentalidad que demuestran pueden ocasionar un daño mortal a la causa
antifascista.

Cualquiera que haya considerado el asunto siquiera por encima, sabe que la táctica comunista de atacar a los oponentes políticos mediante acusaciones falsas no es nueva. Hoy la palabra clave
es *trotskista-fascista*, ayer era *social-fascista*. Hace apenas seis o siete
años que los juicios de Estado en Rusia «demostraron» que los líderes de la Segunda Internacional, incluidos, por ejemplo, Léon
Blum y miembros destacados del Partido Laborista británico, estaban tramando una gigantesca conjura para la invasión militar de la
URSS. Sin embargo, hoy los comunistas franceses están encanta-
dos de tener a Blum como líder y los comunistas ingleses están
moviendo cielo y tierra para ingresar en el Partido Laborista. Dudo
que estas cosas sean beneficiosas, ni siquiera desde el punto de vista sectario. Y, desde luego, no cabe duda del odio y las disensiones
que está causando la acusación de «trotskista-fascista». Se está azu-
zando a las bases comunistas de todo el mundo para que se embar-
quen en una absurda caza de brujas contra los «trotskistas», y los
partidos como el POUM se ven empujados a la terriblemente esté-
ril situación de convertirse en meros partidos anticomunistas. Ya
está empezando a producirse una peligrosa división en los movimientos obreros del mundo. Unas cuantas calumnias más contra

los socialistas de toda la vida, unos cuantos montajes más como las acusaciones vertidas contra el POUM, y la escisión será irreparable. La única esperanza es mantener las controversias políticas en un plano en que la discusión sea posible. Entre los comunistas y quienes están o afirman estar a su izquierda hay una auténtica diferencia. Los comunistas sostienen que se puede derrotar al fascismo mediante una alianza con sectores de la clase capitalista (el Frente Popular), mientras que sus oponentes defienden que esa maniobra solo sirve para dar alas al fascismo. Es preciso dirimir esa cuestión, pues si optamos por la decisión equivocada podemos acabar sometidos durante siglos a un estado de semiesclavitud. Pero, mientras no haya más argumentos que los gritos de «¡trotskista-fascista!», es imposible empezar siquiera a hablar. Yo mismo, por ejemplo, no podría discutir sobre lo justo o injusto de los combates de Barcelona con un miembro del Partido Comunista, porque ningún comunista —es decir, ningún «buen comunista»— podría admitir que he ofrecido un relato sincero de los hechos. Si siguiera fielmente la «línea» de su partido, tendría que afirmar que estoy mintiendo, o, en el mejor de los casos, que estoy totalmente equivocado y que cualquiera que lea los titulares del *Daily Worker* a mil quinientos kilómetros de distancia del escenario de los hechos sabe más que yo de lo ocurrido en Barcelona. En tales circunstancias no puede haber discusión y es imposible alcanzar un mínimo acuerdo. ¿De qué sirve afirmar que personas como Maxton están a sueldo de los fascistas? Solo para que sea imposible discutir en serio. Es como si, en mitad de un torneo de ajedrez, uno de los jugadores empezara de pronto a gritar que su contrincante es culpable de incendio premeditado o de bigamia. La cuestión que está en juego sigue sin dirimirse. La calumnia no resuelve nada.